首届全国教材建设奖全国优秀教材二等奖获奖教材《会计学》
（第九版）（赵德武　主编）配套辅导书
“十二五”普通高等教育本科国家级规划教材配套辅导书
教育部普通高等学校优秀教材配套辅导书
国家级精品课程建设教材配套辅导书

会计学学习指导

（第五版）

KUAIJIXUE XUEXI ZHIDAO

主　编　黄增玉
副主编　吴学斌
参　编　于晓谦　张雪南　沈纪琼　何本芳

西南财经大学出版社

图书在版编目(CIP)数据

会计学学习指导/黄增玉主编.—5版.—成都:西南财经大学出版社,2019.1(2025.1重印)
ISBN 978-7-5504-3876-7

Ⅰ.①会… Ⅱ.①黄… Ⅲ.①会计学—高等学校—教学参考资料 Ⅳ.①F230

中国版本图书馆CIP数据核字(2019)第013992号

会计学学习指导(第五版)

主　编:黄增玉
副主编:吴学斌

责任编辑:高小田
责任校对:雷　静
封面设计:墨创文化　白少二
责任印制:朱曼丽

出版发行	西南财经大学出版社(四川省成都市光华村街55号)
网　　址	http://cbs.swufe.edu.cn
电子邮件	bookcj@swufe.edu.cn
邮政编码	610074
电　　话	028-87353785
照　　排	四川胜翔数码印务设计有限公司
印　　刷	郫县犀浦印刷厂
成品尺寸	185 mm×260 mm
印　　张	15.875
字　　数	327千字
版　　次	2019年2月第5版
印　　次	2025年1月第9次印刷
印　　数	17001— 18000册
书　　号	ISBN 978-7-5504-3876-7
定　　价	36.00元

第五版说明

赵德武教授1998年主编的《会计学》多次再版和重印，如今已经出到第九版了，该教材的第二版于2002年荣获教育部优秀教材二等奖，为教育部确定的“十二五”普通高等教育本科国家级规划教材、教育部普通高等学校优秀教材。该教材是西南财经大学国家级重点学科会计学系列教材、国家级精品资源共享课程指定教材，与之配套的《会计学学习指导》于2008年7月出版以来多次再版和重印，在此谨向使用和关心本书的读者致以诚挚的感谢。

国家税务总局2016年3月23日颁发的《关于全面推开营业税改征增值税试点的通知》规定，从2016年5月1日起中国正式全面实行营业税改增值税。2016年12月3日财政部印发的《增值税会计处理规定》（财会〔2016〕22号）将“营业税金及附加”科目名称调整为“税金及附加”，核算内容取消了“营业税”，并包括原来由“管理费用”核算的全部税费。2017年财政部陆续修订发布了《企业会计准则第16号——政府补贴》《企业会计准则第22号——金融工具确认和计量》《企业会计准则第23号——金融资产转移》和《企业会计准则第24号——套期会计》四项相关会计准则，发布了《企业会计准则第42号——持有待售的非流动资产、处置组和终止经营》准则。2017年6月财政部又发布了企业会计准则解释第9、10、11、12号。修改后的《企业会计准则第14号——收入》于2018年1月1日开始施行，为适应修改和增加的会计准则，财政部2018年6月15日颁布了财会〔2018〕15号文《关于修订印发一般企业财务报表格式的通知》，新报表的格式于2018年7月1日施行。《会计学（第九版）》根据最新准则内容进行了较大规模的修订，与其配套的《会计学学习指导》也对相关内容进行了较大的修改。

此次改版为教与学提供符合税法、准则的练习题、案例等。本书在改版时还根据读者反馈修改了原书中的一些差错，删除了原书中不适应税法、准则的内容，增加了新的练习、案例和补充阅读资料。

主编黄增玉老师负责全书的统稿和修订，具体分工是：第一章、第十二章、第十三章由黄增玉执笔；第二章、第三章由吴学斌执笔；第四章、第八章由于晓谦执笔；第五章、第九章由张雪南执笔；第六章、第七章由沈纪琼执笔；第十章、第十一章由何本芳执笔。

书中疏漏仍然在所难免，请读者不吝赐教。如果您发现第五版的《会计学学习指导》书中有不当之处，或者有其他建议，恳请来电或通过其他方式，将您的意见反馈给我们，以便我们及时与作者取得联系，及时修正，为您提供更好的服务。

编者

2018 年 12 月

目　录

第一章
会计系统

重点提示：会计概念、会计基本假设、会计信息质量要求、会计要素、会计计量属性、会计目标。

难点提示：会计假设、会计要素、会计信息质量要求。

一、单项选择题

1. 最初的会计只是(　　)。
   A. 生产职能的组成内容之一　　B. 生产职能的附带部分
   C. 一种简单的职能工作　　D. 生产职能之外的一项独立工作
2. 反映和监督是会计的(　　)。
   A. 基本方法　　B. 基本职能　　C. 基本任务　　D. 基本内容
3. 会计主要利用的计量单位是(　　)。
   A. 实物　　B. 货币
   C. 劳动　　D. 工时
4. 市场参与者在计量日发生的有序交易中，出售一项资产或者转移一项负债所需要支付的价格是会计计量属性的(　　)。
   A. 现值　　B. 可变现净值　　C. 历史成本　　D. 公允价值
5. 会计信息要有用，就必须满足一定的质量要求。企业应当以实际发生的交易或事项为依据进行确认、计量和报告，体现的会计信息质量要求是(　　)。
   A. 可靠性　　B. 相关性　　C. 可比性　　D. 重要性
6. 下列不属于负债特征的是(　　)。
   A. 负债是企业承担的现时义务
   B. 负债的清偿预期会导致经济利益流出企业
   C. 负债是由企业过去的交易或事项形成的
   D. 未来流出的经济利益的金额不能够可靠地计量
7. 明确会计工作时间范围的基本前提是(　　)。
   A. 会计主体　　B. 币值不变　　C. 会计分期　　D. 货币计量

8. 反映会计静态要素之间数量关系的会计等式是(　　)。

A. 利润 = 费用 - 收入

B. 资产 = 负债 + 所有者权益

C. 资产 = 负债 - 所有者权益

D. 利润 = 收入 - 成本

9. 会计使用的计量属性不包括(　　)。

A. 历史成本

B. 重置成本

C. 公允价值

D. 客观价值

10. 会计要素是对经济事项按照(　　)。

A. 管理要求所做的分类

B. 具体内容所做的分类

C. 核算项目所做的分类

D. 其经济特征所做的分类

11. 一般说来会计主体与法律主体是(　　)。

A. 有区别的　　B. 相互一致的　　C. 不相关的　　D. 相互可替代的

12. 会计主体假设对会计工作限定了(　　)。

A. 内容范围　　B. 人员范围　　C. 时间范围　　D. 空间范围

13. 企业资产以历史成本计价,而不以现行成本或清算价格计价,必须满足(　　)的前提。

A. 会计主体　　B. 持续经营　　C. 会计分期　　D. 货币计量

14. 企业欠供应单位的材料款 50 万元应归入的会计要素项目是(　　)。

A. 资产项目的应收账款　　B. 负债项目的应收账款

C. 负债项目的应付账款　　D. 资产项目的应付账款

15. 明确了会计工作的时间范围的会计假设是(　　)。

A. 会计主体　　B. 收付实现制　　C. 会计分期　　D. 货币计量

16. 各会计要素之间的基本关系通过(　　)来表示。

A. 会计准则　　B. 会计制度　　C. 会计等式　　D. 会计账户

17. 下列项目中,符合资产定义的是(　　)。

A. 购入的某项专利权　　B. 经营租入的设备

C. 待处理的财产损失　　D. 计划购买的某项设备

18. 下列各项中,属于反映企业财务状况的会计要素是(　　)。

A. 收入　　B. 所有者权益　　C. 费用　　D. 利润

19. 关于收入,下列说法中错误的是(　　)。

A. 收入是指企业在日常活动中形成的、会导致所有者权益增加的、与所有者投

入资本无关的经济利益的总流入

B. 收入只有在经济利益很可能流入从而导致企业资产增加或者负债减少，且经济利益的流入额能够可靠计量时才能予以确认

C. 符合收入定义和收入确认条件的项目，应当列入利润表

D. 收入是指企业日常活动中形成的、会导致所有者权益或者负债增加的、与所有者投入资本无关的经济利益的总流入

20. 关于费用，下列说法中错误的是(　　)。

A. 费用是企业在生产经营过程中发生的各种耗费

B. 费用的发生会导致企业资产减少或者负债增加

C. 费用会导致经济利益的流出，该流出不包括向所有者分配利润

D. 符合费用定义和费用确认条件的项目，应当列入资产负债表

21. 关于利润，下列说法中错误的是(　　)。

A. 利润是指企业在一定会计期间的经营成果

B. 直接计入当期利润的利得和损失

C. 利润项目应当列入利润表

D. 利润金额取决于收入和费用的计量、不涉及利得和损失金额的计量

22. 下列对会计核算基本前提的表述中恰当的是(　　)。

A. 持续经营和会计分期确定了会计核算的空间范围

B. 一个会计主体必然是一个法律主体

C. 货币计量为会计核算提供了必要的手段

D. 会计主体确立了会计核算的时间范围

23. 企业提供的会计信息应当反映与企业财务状况、经营成果和现金流量等有关的所有重要交易或事项，所反映的是会计信息质量要求中的(　　)。

A. 重要性　　B. 实质重于形式

C. 谨慎性　　D. 及时性

24. 我国企业会计准则规定，企业的会计核算应当以(　　)为基础。

A. 永续盘存制　　B. 实地盘存制

C. 权责发生制　　D. 收付实现制

25. 企业对交易或事项进行会计确认、计量和报告应当保持应有的谨慎，不应高估资产或收益、低估负债或费用，体现了会计信息质量要求中的(　　)要求。

A. 可比性　　B. 谨慎性　　C. 重要性　　D. 相关性

26. 企业对已经发生的交易或事项应当及时进行会计确认、计量和报告，不得提前或者延后，所反映的是会计信息质量要求中的(　　)。

A. 重要性　　B. 实质重于形式

C. 谨慎性　　D. 及时性

27. 下列可以确认为费用的是(　　)。

A. 向股东分配的现金股利
B. 固定资产清理净损失
C. 企业为在建工程购买工程物资发生的支出
D. 到银行办理转账支付的手续费

二、多项选择题

1. 表示企业财务状况的会计要素是(　　)。
A. 资产　B. 负债　C. 所有者权益　D. 收入
E. 费用
2. 根据权责发生制要求,应该计入本期收入和费用的有(　　)。
A. 本期实现的收入,尚未收款　B. 本期实现的收入,已经收款
C. 属于本期的费用,尚未付款　D. 属于以后各期的费用,已经付款
E. 本期预付的费用中应由本期负担的部分
3. 会计计量属性是指用货币对会计要素进行计量时采用的标准,包括(　　)。
A. 历史成本　B. 重置成本　C. 可变现净值　D. 现值
E. 公允价值
4. 下列属于会计信息质量要求的是(　　)。
A. 可靠性　B. 一贯性　C. 可理解性　D. 及时性
E. 谨慎性
5. 下列属于负债特征的有(　　)。
A. 负债是企业对债权人所承担的经济责任
B. 负债的清偿预期会导致经济利益流出企业
C. 负债是由企业过去的交易或事项形成的现时义务
D. 未来流出的经济利益的金额能够可靠地计量
E. 与该义务有关的经济业务很可能流出企业
6. 关于会计要素的表述,下列正确的有(　　)。
A. 资产、负债、利润是反映财务状况的要素
B. 收入、费用、利润是反映经营成果的要素
C. 资产、负债、所有者权益是反映财务状况的要素
D. 收入、费用、所有者权益是反映经营成果的要素
E. 收入、费用、利润是反映财务状况的要素
7. 资产具有以下几个方面的基本特征(　　)。
A. 资产是由过去的交易或事项形成的
B. 资产必须是投资者投入或向债权人借入的
C. 资产是企业拥有或者控制的
D. 资产预期能够给企业带来经济利益

E. 资产必须是企业拥有的

8. 下列资产中，属于本企业资产范围的有(　　)。

A. 融资租入设备　　B. 经营方式租出设备

C. 发出商品　　D. 经营方式租入设备

E. 委托代销商品

9. 关于资产，下列说法中正确的有(　　)。

A. 企业过去的交易或者事项形成的资产包括购买、生产、建造行为或者其他交易或者事项

B. 由企业拥有或者控制，是指企业享有某项资源的所有权，或者虽然不享有某项资源的所有权，但该资源能被企业所控制

C. 符合资产定义和资产确认条件的项目，应当列入资产负债表；符合资产定义但没有存放在企业的资产，不应当列入资产负债表

D. 预期在未来发生的交易或者事项也会形成资产

E. 近期将要购入的固定资产

10. 关于负债，下列说法中正确的有(　　)。

A. 负债是指企业过去的交易或者事项形成的、预期会导致经济利益流出企业的现时义务

B. 符合负债定义和负债确认条件的项目，应当列入资产负债表；符合负债定义，但不符合负债确认条件的项目，不应当列入资产负债表

C. 现时义务是指企业在现行条件下已承担的义务

D. 未来发生的交易或者事项形成的义务，不属于现时义务，不应当确认为负债

E. 将来很可能发生的交易或者事项形成的义务

11. 关于所有者权益，下列说法中错误的有(　　)。

A. 所有者权益是指企业资产扣除负债后由所有者享受的剩余权益

B. 利得和损失不属于所有者权益

C. 所有者权益金额应单独计量，不取决于资产和负债的计量

D. 所有者权益项目应当列入资产负债表

E. 所有者权益在企业正常经营时可以任意抽取

12. 下列项目中，属于所有者权益项目的有(　　)。

A. 所有者投入的资本　　B. 计入所有者权益的利得和损失

C. 留存收益　　D. 应付职工薪酬

E. 所有者投入的无形资产

13. 下列各项，属于反映企业经营成果的会计要素有(　　)。

A. 收入　　B. 费用　　C. 负债　　D. 利润

E. 资产

14. 下列各项中,企业能够确认为资产的有(　　)。

A. 融资租入的设备　　B. 经营租入的设备

C. 已支付货款,但尚未到达企业的原材料

D. 近期将要购入的债券　　E. 对外出租的固定资产

15. 企业在取得收入时可能会影响到的会计要素是(　　)。

A. 资产　　B. 负债　　C. 所有者权益　　D. 费用

E. 利润

16. 可靠性要求(　　)。

A. 必须以实际发生的经济业务为依据

B. 真实反映企业的财务状况和经营成果

C. 会计信息处理过程中,会计人员应持公允立场不偏不倚

D. 会计确认、计量、记录和报告是可以验证的

17. 关于收入,下列说法中正确的有(　　)。

A. 收入是指企业在日常活动中形成的、会导致所有者权益增加的、与所有者投入资本无关的经济利益的总流入

B. 收入可以分为主营业务收入和其他业务收入

C. 符合收入定义和收入确认条件的项目,应当列入利润表

D. 收入是指企业在日常活动中形成的、会导致所有者权益或负债增加的、与所有者投入资本无关的经济利益的总流入

E. 收入是按照权责发生制确认的

三、判断题

1.《企业会计准则》规定,会计计量过程中只能采用历史成本计量。(　　)

2. 会计信息的价值,关键是看其与使用者的决策需要是否相关,是否有助于决策或者提高决策水平。(　　)

3. 编制财务报表的目的就是向财务报表使用者提供决策有用的信息。(　　)

4. 资产是指由于过去的交易或事项引起的,企业拥有或控制的经济资源。(　　)

5. 根据《企业会计准则》的规定,我国境内企业必须以人民币作为记账本位币。(　　)

6. 负债是指过去的交易和事项形成的现时义务,履行该业务预期不会导致经济利益流出企业。(　　)

7. 按照我国会计准则的规定,所有单位都应以权责发生制为基础进行会计核算。(　　)

8. 企业的所有者对企业的全部资产都具有所有权。(　　)

9. 会计信息质量要求的相关性是指企业之间的会计信息相关一致。(　　)

10. 会计信息质量要求的谨慎性是针对经济活动中一些有风险的因素在会计处理时采取谨慎小心的态度。 （ ）

11. 某一会计事项是否具有重要性，在很大程度上取决于会计人员的职业判断。同一会计事项可能在某一企业具有重要性，而在另一企业则不一定具有重要性。 （ ）

12. 对于一项资产，只有拥有所有权才能作为企业的资产予以确认。 （ ）

13. 对于某一会计主体来说，收入可以表现为资产的增加或负债的减少，但是不可以两者兼而有之。 （ ）

14. 货币计量是企业正确选择会计政策的前提和基础。 （ ）

15. 收入是指企业在经营活动中形成的、会导致所有者权益增加的、与所有者实收资本无关的经济利益总流入。 （ ）

16. 费用和损失是指企业在日常活动中发生的、会导致所有者权益减少的、与向所有者分配利润无关的经济利益的总流出。 （ ）

17. 直接计入当期利润的利得和损失，是指应当计入当期损益、不会导致所有者权益发生增减变动的、与所有者投入资本或者向所有者分配利润无关的利得或者损失。 （ ）

18. 企业在一定期间发生亏损，则该企业在这一会计期间的所有者权益一定减少。 （ ）

19. 如果某项资产不能再为企业带来经济利益，即使是由企业拥有或者控制的，也不能作为企业的资产在资产负债表中列示。 （ ）

20. 企业取得收入和发生费用，最终会导致所有者权益发生变化。 （ ）

21. 由于会计分期，产生了权责发生制和收付实现制的区别，所以企业进行会计确认、计量和报告以会计分期为前提就够了。 （ ）

22. 在公允价值计量下，资产和负债按照在公平交易中，熟悉情况的交易双方自愿进行资产交换或者债务清偿的金额计量。 （ ）

23. 2017 年财务机器人以及财务机器人解决方案的面市，或将成为会计发展史上的第四个里程碑。 （ ）

四、案例分析题

员工是公司的资产吗？

2014 年 9 月，阿里巴巴在美国纽约证券交易所上市，是轰动全球资本市场的一件大事，本次交易也成为当时全球范围内规模最大的一次 IPO（首次公开募股）交易。截至 2014 年 10 月 29 日，阿里巴巴的市值换算成人民币已经达到 16 817 亿元，而阿里巴巴 2014 年 6 月 30 日的半年报显示，公司净资产总额为 572.39 亿元人民币。2014 年 9 月融资 250.3 亿美元，折算成人民币为 1 529.3 亿元，不考虑中间 6 月 30 日至 10 月 29 日的日常交易导致的净资产变化，阿里巴巴的净资产折算下来累计达 2 101.7 亿元

（人民币）。从这里可以发现，阿里巴巴在财务报表上体现出来的股东财富（所有者权益）与其股票的市场价值相差巨大。所以，有学者指出，对于这类高科技企业，其公司最关键的资产是人力资本，而现行财务会计是没有在报表中体现出"人"的价值，而只是反映公司物质资本的价值，所以这种信息披露是不完全的，我们应该在财务报表中将人的价值体现出来。马云也指出，阿里巴巴最为宝贵的资产是员工。

阿里巴巴2018年9月21日市值达4 299.1亿美元，为全球十大互联网公司之一。2018财年阿里巴巴营业收入约377.7亿美元，利润96.73亿美元，2018年7月19日，全球同步《财富》世界500强排行榜发布，阿里巴巴集团排名第300位。2018年9月19日，阿里巴巴首席技术官张建锋在云溪大会上表示，阿里巴巴将成立平头哥半导体有限公司，这使得阿里巴巴成为继IBM、微软、谷歌和英特尔之后，全球第五家启动量子硬件研发项目的大型科技企业。

分析：（1）根据财务会计中"资产"的定义，分析公司员工是否满足现行会计准则关于资产的定义。（2）分析现行财务会计不将企业的人力资本直接纳入核算体系的原因。作为报表的使用者，可以从哪些报表内容中获取关于公司人力资本的信息？

五、补充阅读资料

会计之最

- 中国最早有关会计事项记载的文字，始见于商代的"甲骨书契"（甲骨文）。
- 中国"会计"称号和职称均起源于西周。
- 中国最早设置会计机构的是西周（公元前1046年—公元前771年），设"司会"，"主天下之大计，计官之长。以参互考日成，以月要考月成，以岁会考岁成"。
- 中国最早对会计进行论述与评价的是孔子，他曾主管仓库，有"会计当而已矣"的名言。
- 中国最早记载珠算的著作是古算书《数术记遗》。
- 中国最早的记账方法是秦代诞生的以"入、出"为会计记录符号的定式简明会计记录方法，结算的基本公式"入－出＝余"，即"三柱结算法"，也称为"入出（或收付）记账法"。
- 中国第一个创造"朱出墨入记账法"的是南北朝时期的苏绰，他规定以红记出，以墨记入。
- 中国的收付记账法最早传入外国，是唐代贞观末年（649年）传入日本。
- "飞钱"是在唐宪宗元和年间（806年）出现的一种汇钱法。
- 中国最早的会计专著为唐朝的《元和国计簿》，由史官李吉甫撰写，元和二年（807年）十二月面世，共十卷。
- 中国最早的会计结账方法是四柱结算法，四柱是指旧管、新收、开除、实在。四柱结算法的计算公式是旧管＋新收－开除＝实在。根据四柱结算法所建立的账册叫四柱清册。四柱清册奠定了中式会计的基本原理。

- 中国最早设置“会计司”机构，是在宋神宗熙宁七年(1074 年)。
- 中国第一部研究会计史的著作是《玉海》，作者是南宋的王应麟。
- 中国最早的复式记账法是明末清初产生的龙门账，相传为山西人傅山所创。龙门账就是把所有的经济业务分为进、缴、存、该四大类，四者的关系是：进 - 缴 = 存 - 该。清代的“三脚账”(跛形账)、“四脚账”(天地合账)均为复式记账。
- “零星算之为计，总合算之为会”，出自清朝焦循的《孟子正义》。
- 我国最早的公债是清朝光绪年间发行的“昭信票”。
- 中国第一部介绍西式簿记的专著是清朝末年蔡锡勇蔡璋父子的《连环账谱》，该书于光绪三十一年冬(1905 年)在湖北出版。
- 中国最早采用西式簿记法记账的是大清银行。大清银行于公元 1908 年聘日本人为顾问，用的是现金收付分录法。
- 中国第一部会计法是北洋政府在 1914 年 10 月 2 日颁布的，共九章三十六条款。
- 中国最早创办的会计刊物是在 1915 年创刊的，是上海银行主编的《中国银行会计通讯录》和上海沪宁铁路局主编的《铁路会计、统计年报》。
- 中国确认会计师职业始见于北洋政府农商部 1918 年 9 月 7 日颁布的《会计师暂行章程》。
- 中国第一位会计师是谢霖，他于 1918 年 9 月取得北洋政府农商部核发的第一号会计师证书。他与秦开于 1918 年在北京创办了中国第一所会计师事务所——正则会计师事务所。
- 新中国成立后，会计核算制度方面的第一个统一规定是金库会计制度。
- 会计师潘序伦 20 世纪 20 年代创办于上海的“立信会计学校”是我国第一所会计学校。中国第一尊会计学者纪念铜像是潘序伦先生铜像，落成于 1987 年上海立信会计专科学校。
- 我国最早设置会计系的大学是复旦大学。1921 年左右，复旦大学商学院开设会计系。
- 中国最早发起组织会计师公会的是上海会计学界。上海中华民国会计师公会于 1925 年 3 月正式成立。最初，入会者仅三四十人。
- 中国第一位女会计师是张蕙生，她于 1930 年取得会计师执照。
- 1934 年，自学成才的会计学家顾准写出了《银行会计》，当年他年仅 19 岁。
- 人民币上的“中国人民银行”六个字是由马文蔚书写的。
- 新中国第一部会计制度是 1950 年由重工业部、中央贸易部、中国人民银行、财政部等共同制定的。
- 1951 年 1 月，《新会计》创刊，这是新中国第一本全国性会计月刊。
- 1964 年中国首创并试点推行增减复式记账法。
- 中国第一位取得会计学博士学位的是厦门大学的林志军(1986 年)，其导师是葛家澍。

• 世界最大规模的会计大赛是 1989 年 4 月 20 日至 1990 年 4 月 14 日由中国会计学会等单位举办的全国首届会计知识大赛,发放试卷 400 万份,回收试卷 260 万份。

• 欧洲最早的一部用阿拉伯数字记录的簿记是德国人约翰·戈狄里卜创造的。

• 世界上第一本复式簿记著作是意大利的卢卡·帕乔利(Luca Pacioli)所著的《数学大全》,该书于 1494 年 11 月 10 日在意大利威尼斯出版。卢卡·帕乔利因此被誉为"近代会计之父""近代会计的奠基人"。

• 世界上第一所会计学校是 1581 年在意大利威尼斯创立的威尼斯会计学院。该学院也是最早的会计师组织。

• 最早规定会计师收费章程的是 1742 年意大利的米兰。

• 1973 年,美、英、法等九国最早发起成立了国际会计标准委员会。

• 世界上第一个会计师协会——爱丁斯堡会计协会成立于 19 世纪中叶的英国。这标志着会计成为独立的职业。

• 国际会计师联合会成立于 1977 年。

• "会计原则"一词最早在 20 世纪 30 年代美国执业会计师协会所发表的《公司账目审计》文件中出现。

资料来源:佚名. 会计之最[J]. 会计之友,2007(4).

会计人怎么从"账房先生"到企业的"数字神经网络"

财务的未来将是信息化、自动化、数字化和智能化的融合,实现财务数字化转型才能真正帮助企业经营。近年来,中兴新云服务有限公司总裁陈虎带领团队通过著书、咨询和信息系统实施等各种方式,希望把自己的经验传递给中国企业,帮助中国企业进步。

"我们帮助上百家企业建立了共享服务中心。"陈虎说,但财务共享中心只是工具和手段,真正发挥作用还需要财务部门的充分运用。

突破传统会计的三大限制

改革开放四十年来,我国的数字化进程不断加快。"数字化时代已经到来,财务人需要做出的最大改变就是要从账房先生转化成企业的'数字神经网络',其实就是要重新获取财务人在企业经营过程中、在整个市场决策中的地位和作用。"陈虎说。

传统会计存在封闭、分散和手工三大限制。只有突破传统会计的三大限制,才能让会计信息成为更高质量的决策依据。"有些企业的财务部门有成百上千人,而他们所做的财务分析却不被重视。"陈虎说。

财务部门如何重回企业经营的中心?显然,财务部门需要转型。"企业财务要从账房先生转型为'数字神经网络',企业首席财务官带领的团队要从传统的封闭、分散、手工的模式,转化为在企业经营和管理中发挥重要作用的信息中枢。"陈虎说。

财务数字化转型要“三步走”

在陈虎看来，企业财务部门的数字化转型要分三步来走。

第一步就是要建立财务共享服务中心。

“财务共享服务是财务的工业化革命，是将财务基础业务不断专业化、标准化和流程化的过程，这样才能实现有效的管理。”陈虎说。

但是，共享服务中心只是工具、方法和手段，而不是目的。

“真正的目的是要让企业财务人员走向经营管理，让会计信息真正地为企业所用。这就要求企业建立一支‘走出去’的财务队伍，能够真正走到企业经营过程中。所以，要从经营的角度理解企业，从管理的高度理解财务，才能使财务数据为经营管理所用。这个时候需要财务人理解企业的商业模式和经营过程，熟悉管理循环，提供财务支持，才能最终创造财务价值。这是财务转型的第二步。”陈虎说。

在共享服务的支持下，企业的财务部门应该做什么？

“财务部门要成为企业的总参谋部，而不是企业的后勤部门。财务部门仅提供会计报表就相当于汽车的‘后视镜’，仅能反映当前现状就相当于汽车的‘仪表盘’。”陈虎说，而财务部门如果能将企业的战略方向与经营相结合，计算出企业需要的资源和路径，并实时调整，那么财务部门就会成为企业“导航仪”。这也是财务部门战略转型的第三步。

财务转型需要两个基础

陈虎表示，企业财务部门要实现上述“三步走”转型需要两个基础：一是推进信息化，二是财务人员转型。

“财务就是IT，因为财务部门自身就是采集信息、加工信息和提供信息的部门。所以，离开信息技术的支持，很多事情财务部门只能想到而做不到。”陈虎说。

信息化会对财务产生巨大的影响。据陈虎介绍，中兴新云帮助很多企业建立了信息系统，完成了信息化改造，让这些企业从会计电算化走向财务信息化。比如，企业应该有自己的电子报账系统、档案管理系统和资金管理系统等，这些系统聚合在一起，形成一个财务信息网络。

同时，财务机器人可以在很大程度上提高财务工作效率。财务智能化可以实现智能识别、智能审核和智能分析等。因此，人工智能会对财务产生深远的影响，会使财务基础工作人员大大减少，在一定程度上提高了财务人员的能力。

实现财务转型“三步走”的第二个基础是财务人员的转型。

“财务人员要实现基于自我的转型，才能实现整个行业的转型。在企业的实务中，我们未来需要的财务人员不仅要精通财务，还要擅长管理，熟悉IT，洞察业务，有战略远见。只有具备了这些条件，才能真正成为企业需要的财务人员。”陈虎说。

来源：中国会计报，2018年12月1日。

会计准则二三事

会计准则简释：

“会计准则”是会计人员从事会计工作的规则和指南。按其使用单位的经营性质，会计准则可分为营利组织的会计准则和非营利组织的会计准则。制定会计准则的目的在于把会计处理建立在公允、合理的基础之上，并使不同时期、不同主体之间的会计结果的比较成为可能。会计准则促使企业的生产经营合理合法，税款交纳按时足额，会计信息的提供可靠、及时、相关、可比。

（**解释：**营利组织，是指经工商行政管理机构核准登记注册的以营利为目的，自主经营、独立核算、自负盈亏的具有独立法人资格的单位，如企业、公司及其他各种经营性事业单位等。）

（**解释：**非营利组织是指不以营利为目的的组织，它的目标通常是支持或处理个人关心或者公众关注的议题或事件。非营利组织所涉及的领域非常广，包括艺术、慈善、教育、学术、环保等。它的运作并不是为了产生利益，这一点通常被视为这类组织的主要特性，同时它具有非营利性、民间性、自治性、志愿性、非政治性、非宗教性等重要特征。）

会计准则按其所起的作用，可分为基本准则和具体准则。

基本准则：基本准则是概括组织会计核算工作的基本前提和基本要求，说明会计核算工作的指导思想、基本依据、主要规则和一般程序。企业会计的账务处理程序、方法等都必须符合基本准则的要求。基本会计准则还是制定具体准则的主要依据和指导原则。具体准则涉及会计核算的具体业务，它必须体现基本准则的要求才能保证各具体准则之间的协调性、严密性及科学性。

具体准则：具体准则是按照基本准则的内容要求，针对各种经济业务作出的具体规定。它的特点是操作性强，可以根据其直接组织该项业务的核算。例如：存货会计、固定资产会计、无形资产会计、资产减值会计等准则。根据世界各国的实践经验和中国的实际情况，我国的具体准则包括通用业务会计准则（主要是基本准则的具体化）、特殊业务会计准则、财务报表会计准则。

具体准则一般包括三类：

（1）通用业务会计准则。通用业务会计准则主要是基本准则的具体化，主要解决各行业共同业务，如：应收账款、投资性房地产等业务的处理。

（2）特殊业务会计准则。特殊业务会计准则主要解决如债务重组、或有事项、外币折算、租赁等特殊业务的会计处理。

（3）财务报表会计准则。财务报表会计准则是规范企业主要会计报表编制方法和信息披露的准则。

企业有着变化多端的经济业务，而不同行业的企业又有各自的特殊性，会计准则的制定，使会计人员进行会计核算时有了共同遵循的标准，各行各业的会计工作可在同一标准的基础上进行,会计准则能够大大提升会计工作的基本规范。

国际会计准则理事会简释

IASB 的前身是国际会计准则委员会(International Accounting Standards Committee,简称 IASC),在 2000 年进行全面重组,并于 2001 年年初改为国际会计准则理事会。IASC 是由来自澳大利亚、加拿大、法国、德国、日本、墨西哥、荷兰、英国和爱尔兰以及美国的会计职业团体于 1973 年发起成立的。从 1983 年起,作为国际会计师联合会(International Federation of Accountants,简称"IFAC")成员的所有会计职业团体均已成为 IASC 的成员。中国于 1998 年 5 月正式加入 IASC 和国际会计师联合会。

在国际化资本市场快速发展的大背景下,实现国际统一协调发展的会计准则已成为必然趋势。

中国会计准则发展简释

改革开放前,我国企业是单一所有制形式,实行的是高度集中的计划经济体制,采用的是统收统支体制下的资金平衡会计模式。这一时期的会计制度没有太多变化,也没有改变会计报告的体系和会计制度的框架。改革开放以来,为适应市场经济发展的需要,我国会计准则、会计制度不断改进、完善,变化频繁。我国会计准则、制度的变迁是伴随着经济体制改革开始的,改革开放 40 年来,可以将我国会计准则、制度变迁历程分为这样四个阶段:国际会计惯例引入学习阶段、国际会计准则学习借鉴阶段、会计制度统一完善阶段、国际会计准则全面趋同阶段。

国际会计惯例引入学习阶段(1979—1992 年)

这一阶段的起点标志是 1979 年颁布的《关于中外合资工业企业财务会计问题的若干规定》,终点标志是 1992 年 11 月财政部颁布的《企业会计准则》和《企业财务通则》,以及 13 项行业会计制度和 10 项行业财务制度(简称"两则""两制")。这一阶段的主要特点是 1979 年颁布的《关于中外合资工业企业财务会计问题的若干规定》和 1985 年的《中外合资企业会计制度》第一次参照国际惯例设计了会计制度,其规定的会计核算一般要求、会计核算原则和会计处理方法、会计科目和会计报表等内容均学习和借鉴了市场经济条件下通用的会计处理方法和程序。

1979—1992 年第一阶段变迁的背景是 1980 年年初,我国开始实施"改革开放、对内搞活、对外开放、引进外资"政策,中外合资经营企业、中外合作经营企业、外商独资经营企业三类外商投资企业(统称三资企业)的出现,迫切需要借鉴国际会计惯例改变我国过去长期计划经济体制下的会计核算制度,以适应三资企业会计核算的需要。

国际会计准则学习借鉴阶段(1993—2000 年)

这一阶段的起点标志是 1993 年 7 月 1 日正式实施 1992 年颁布的"两则""两制",终点标志是财政部于 2000 年 12 月根据《企业财务会计报告条例》的要求发布的《企业会计制度》。这一阶段的主要特点是学习借鉴国际会计准则,开始采用会计准则,并结合国情,采取会计准则与会计制度并存的办法实施"两则""两制"。针对"琼民源”等上市公司的财务舞弊案，我国于1997年发布了第一项具体会计准则《企业会计准则——关联方关系及其交易的披露》（从1998年起开始实施），到2001年年底我国已颁布了16项具体准则，标志着与国际惯例相适应的中国会计准则体系逐步建立。

1993—2000年第二阶段变迁的背景是1993年我国明确提出要建立社会主义市场经济体制、进一步改革开放、实行现代企业制度。为改变实施了40多年的计划经济条件下的会计制度，开始全面借鉴国际会计惯例采用会计准则，并结合国情，采取会计准则与会计制度并存的办法实施“两则”“两制”。1997年“琼民源”等上市公司的财务舞弊案发，更是直接催生了我国第一项具体会计准则的颁布。

会计制度统一完善阶段（2001—2006年）

这一阶段的起点标志是自2001年1月1日起《企业会计制度》的正式施行（暂在股份有限公司执行，并鼓励国有企业和其他企业执行），终点标志是2006年2月财政部正式发布39项新会计准则和48项注册会计师审计准则。这一阶段的主要特点是：《企业会计制度》实现了与国际会计惯例的充分协调，实现了不同所有制、不同行业企业的会计制度的统一。2001年颁布的《金融企业会计制度》、2004年颁布的《小企业会计制度》和《民间非营利组织会计制度》，进一步完善了会计制度体系。

2001—2006年第三阶段变迁的背景是1999年11月15日中美就我国加入世贸组织（WTO）达成协议，2001年12月11日我国正式加入WTO。为适应加入WTO后经济全球化的要求，特别是市场经济中最重要的资本市场的发展，以及“走出去、请进来”发展战略的实施，要求会计标准形成完整的统一体系，要与国际惯例趋同，迫切需要解决原“两则”“两制”时期不同行业企业会计制度不统一的问题，从2001年陆续实施《企业会计准则》《金融企业会计制度》《小企业会计制度》和《民间非营利组织会计制度》等成体系的统一会计制度。

新会计准则体系的建立，顺应中国经济快速市场化和国际化的需要，以提高会计信息质量为核心，强化为投资者和社会公众提供决策有用会计信息的理念，2006年我国首次构建了与社会主义市场经济相适应，与国际准则趋同、涵盖企业各项经济业务、可独立实施的企业会计准则体系，并为改进国际财务报告准则提供了有益借鉴，实现了我国企业会计准则建设新的跨越和历史性的突破。

与国际会计准则全面趋同阶段（2007年以后）

这一阶段的起点标志是从2007年1月1日正式实施的39项新会计准则和48项注册会计师审计准则。这一阶段以会计准则全面取代会计制度（除少数准则保持中国特色外），与国际会计准则实现了全面趋同，进一步缩小了我国企业会计标准与国际会计准则的差异，是中国会计国际化趋同的显著标志。2006年2月15日颁发1项基本准则和38项具体准则形成企业会计准则体系，并在2007年1月1日正式实施，这些会计准则的制定颁布和实施，规范了中国会计实务的核算，大大改善了中国上市公司的会计信息质量和企业财务状况的透明度，为企业经营机制的转换和证券市场的发展、国家间经济技术交流起到了积极的推动作用。

2007 年以后的第四阶段变迁的背景是 2002 年安然事件及随后美国资本市场发生的一系列大公司丑闻之后，美国对制度（规则）导向的会计准则制定模式的反思，以及国际上普遍采取原则导向的会计准则制定模式。为更好地实现与国际会计准则的趋同和等效，我国也以会计准则体系替代会计制度体系，于 2007 年正式实施新的会计准则体系。

为了规范会计准则的使用，财政部从 2007 年颁布第一个企业会计准则解释第 1 号以来，到 2017 年共颁布了 12 个准则解释，2017 年第 12 号是企业会计准则解释第 12 号——关于关键管理人员服务的提供方与接受方是否为关联方。

自 2011 年来，国际会计准则理事会先后发布、修订了公允价值计量、合并财务报表等一系列准则，发起了国际财务报告准则的新一轮变革。为保持我国会计准则与国际财务报告准则的持续趋同，财政部在 2012 年发布了一系列准则征求意见稿后，于 2014 年正式修订了五项、新增了三项企业会计准则，发布了一项准则解释，并修改了《企业会计准则——基本准则》中关于公允价值计量的表述。①《企业会计准则第 2 号——长期股权投资》（2014 年修订）；②《企业会计准则第 9 号——应付职工薪酬》（2014 年修订）；③《企业会计准则第 30 号——财务报表列报》（2014 年修订）；④《企业会计准则第 33 号——合并财务报表》（2014 年修订）；⑤《企业会计准则第 37 号——金融工具列报》（2014 年修订）。

2014 年 1 月至 7 月，财政部陆续发布/新增了八项企业会计准则，要求于 2014 年 7 月 1 日开始实施。其中新增《企业会计准则第 39 号——公允价值计量》《企业会计准则第 40 号——合营安排》《企业会计准则第 41 号——在其他主体中权益的披露》。

财政部于 2017 年陆续发布了七项新增或修订的企业会计准则：①《企业会计准则第 22 号——金融工具确认和计量》（2017 年修订）；②《企业会计准则第 23 号——金融资产转移》（2017 年修订）；③《企业会计准则第 24 号——套期会计》（2017 年修订）；④《企业会计准则第 37 号——金融工具列报》（2017 年修订）；⑤《企业会计准则第 16 号——政府补助》（2017 年修订）；⑥《企业会计准则第 14 号——收入》（2017 年修订）；⑦《企业会计准则第 42 号——持有待售的非流动资产、处置组和终止经营》（2017 年新增）。

财政部 2018 年 6 月 15 日发布：《关于修订印发 2018 年度一般企业财务报表格式的通知》。

会计准则发展趋势简释

改革开放 40 年来，我国社会经济发展取得了巨大成就，GDP 从 1978 年的 3 679 亿元跃升至 2017 年的 82.7 万亿元，稳居世界第二位，占世界经济比重从 1.8% 提高到 15%。中国的 GDP 至改革开放 40 年来增长了 224 倍。经济越发展，会计越重要，这是人类历史证明了的。改革开放 40 年的实践也告诉我们，随着中国经济的快速发展，世界经济的发展变化以及我国市场经济体制的不断完善和发展，会计准则一直处在不断的完善中。因为会计准则永远落后于会计实务，随着经济的发展，现有准则没有涉及的新业务、新内容随时可能出现，由于我国会计准则一直坚持国际趋同，所以会计准则的增加或修订一直在路上，从事相关工作的人员任重道远。

随着互联网、大数据、人工智能、云计算、区块链等的发展，特别是区块链对于财务会计的影响非常大，有专业人士认为区块链是未来互联网技术最大的趋势。未来财务记账、合同审批、审计等工作都将因区块链的应用发生变革，提高财务运作的及时性，并从根本上降低财务资金筹集与调配的成本，其透明性与安全性也得到了保障。可以预见，区块链去中心化、分布式的信息处理方式，对财务而言可能是比人工智能更具颠覆性的东西，财务人员要尽早做好准备。

关于企业会计准则相关信息读者可登录财政部官网关注：www. mof. gov. cn。

参考答案

一、单项选择题

1. B　2. B　3. B　4. D　5. A　6. D　7. C　8. B　9. D　10. D
11. A　12. D　13. B　14. C　15. C　16. C　17. A　18. B　19. D　20. D
21. D　22. C　23. A　24. C　25. B　26. D　27. D

二、多项选择题

1. ABC　2. ABCE　3. ABCDE　4. ACDE　5. ABD　6. BC
7. ACD　8. ABCE　9. AB　10. ABCD　11. BCE　12. ABCE
13. ABD　14. ACE　15. ABCE　16. ABCD　17. ABCE

三、判断题

1. ×　2. √　3. √　4. ×　5. ×　6. ×　7. ×　8. ×　9. ×　10. ×
11. √　12. ×　13. ×　14. ×　15. ×　16. ×　17. ×　18. ×　19. √　20. √
21. ×　22. ×　23. √

【22－解析】×。公允价值是指在计量日发生的有序交易中，出售一项资产所能收到或者转移一项负债所需支付的价格。

四、案例分析题

（1）根据会计准则关于资产的定义，财务会计中的资产是指“过去的交易或者事项形成的，由企业拥有或者控制的，预期会给企业带来经济利益的资源”。对于企业现有的人力资本而言，其满足“过去的交易或者事项形成”“预期会带来经济利益的资源”，但是并不满足“企业拥有或者控制”的条件。“拥有”是指“主体对于人力资本”至少具有在人力资本工作存续期间的“使用权、收入享受权和转让权”。在现代民主社会，主体基本上不可能对“人力资本”享有这方面的完整权利，而控制权往往意味着与人力资本相关的绝大部分风险与报酬是由会计主体在承担或者享受的。企业人力资本也并不满足该条件，在人力资本可以自由流动的情形下，这方面的风险与报酬，往往是由人力资本自身承担的。所以，从现行准则关于资产的定义来看，人力资本是不满足资产定义的。

（2）首先，财务报表的主要目标是向公司的外部使用者提供相关信息，而这里的外部使用者，主要是指公司的股东和债权人，也即公司的财务资本所有者。一般情况下，财务资本所有者并不享有公司人力资本所有者的所有价值，而只是享受在特定工作范围内，由员工所创造出来的价值归属股东或者债权人的部分。所以，试图对公司人力资本整体价值估价，对于股东和债权人而言，并没有太大的现实意义。其次，单个员工为公司创造的价值可能难以估计，因为员工并不是在企业独立发挥价值，而是与其他员工共同创造价值，要试图分离出单个员工给股东或者债权人创造的价值，难度较大，所以，作为外部投资者，往往只能估计公司整体人力资本所创造的由股东或者债权人享受的部分价值。同时，由于员工创造未来收益具有较大的不确定性，这可能还要取决于公司的管理能力、组织能力、组织文化等，而这些东西更难量化。所以，试图在财务报表中将公司人力资本的价值体现出来，基本上是不可能的。但是，从另一方面来讲，企业的人力资本确实在为股东或者债权人创造价值，不同公司的人力资本所创造出来的价值，存在着明显差异，这就需要人们能够在一定程度上度量公司人力资本所创造出来的价值。在现行报表中，人们往往主要从损益表和资产负债表来观察公司人力资本方面的信息。公司人力资本要具有价值，总是要体现出来，这种体现可能是与同行业相比，产生更高的收入、更低的资源耗费、更少的资金占用等，而现有财务报表实际上通过资产负债表、利润表等信息，能够体现出这方面的信息。

第二章
会计信息生成的方法

重点提示:借贷复式记账法的特点、原理和运用,会计凭证的种类和填制方法,会计账簿的种类和登记方法。

难点提示:借贷复式记账法的特点、原理和运用。

一、单项选择题

1. 会计科目和账户之间的联系是(   )。
   A. 内容相同　　B. 结构相同　　C. 格式相同　　D. 两者不相关

2. 账户的对应关系是指(   )。
   A. 总分类账户与明细分类账户之间的关系
   B. 有关账户之间的应借应贷关系
   C. 资产类账户与负债类账户之间的关系
   D. 成本类账户与损益类账户之间的关系
3. 最基本的会计等式是(   )。
   A. 收入 - 费用 = 利润　　B. 收入 - 成本 = 利润
   C. 资产 = 负债 + 所有者权益　　D. 资产 + 负债 = 所有者权益
4. 会计账户四个金额要素是(   )。
   A. 期末余额、本期发生额、期初余额、本期余额
   B. 期初余额、本期增加发生额、本期减少发生额、期末余额
   C. 期初余额、期末余额、本期借方增加额、本期借方减少额
   D. 期初余额、本期增加发生额、本期减少发生额、本期发生额
5. 在复式记账法下,对每项经济业务都可以以相等的金额,在(   )。
   A. 一个或一个以上账户中登记
   B. 两个账户中登记
   C. 两个或两个以上账户中登记
   D. 相互关联的两个或两个以上账户中登记
6. 从复式记账原理分析,一项资产增加,不可能引起(   )。

A. 另一项资产的减少　　　　B. 一项负债的增加
C. 一项所有者权益的增加　　D. 一项负债的减少

7. 企业以银行存款支付应付账款,表现为(　　)。
A. 一项资产增加,另一项资产的减少
B. 一项资产减少,一项负债增加
C. 一项资产减少,一项负债减少
D. 一项负债减少,另一项负债增加

8. 采用借贷记账法时,资产账户的结构特点是(　　)。
A. 借方登记增加、贷方登记减少,期末余额在借方
B. 借方登记减少、贷方登记增加,期末余额在贷方
C. 借方登记增加、贷方登记减少,期末一般无余额
D. 借方登记减少、贷方登记增加,期末一般无余额

9. 某企业6月初的资产总额为60 000元,负债总额为25 000元。6月取得收入共计28 000元,发生费用共计18 000元,则6月末该企业的所有者权益总额为(　　)。
A. 85 000元　　B. 35 000元　　C. 10 000元　　D. 45 000元

10. 企业月初资产总额300万元,本月发生下列经济业务:①赊购材料10万元;②用银行存款偿还短期借款20万元;③收到购货单位偿还欠款15万元,存入银行。月末资产总额为(　　)。
A. 310万元　　B. 290万元　　C. 295万元　　D. 305万元

11. 某企业"原材料"账户月初余额为380 000元,本月验收入库的原材料共计240 000元,发出材料共计320 000元。则该企业"原材料"月末余额为(　　)。
A. 余额在借方,金额为460 000元　　B. 余额在借方,金额为300 000元
C. 余额在贷方,金额为460 000元　　D. 余额在贷方,金额为300 000元

12. 某公司资产总额为6万元,负债总额为3万元;以银行存款2万元偿还短期借款,并以银行存款1.5万元购设备。上述业务入账后该公司的资产总额为(　　)元。
A. 3万　　B. 4万　　C. 2.5万　　D. 1万

13. 下列业务中,应该填制现金收款凭证的是(　　)。
A. 出售材料一批,款未收　　B. 从银行提取现金
C. 出租设备,收到一张转账支票　　D. 报废一台电脑,出售残料收到现金

14. 原始凭证不得涂改、刮擦、挖补。对于金额有错误的原始凭证,正确的处理方法是(　　)。
A. 由出具单位重开
B. 由出具单位在凭证上更正并由经办人员签名
C. 由出具单位在凭证上更正并由出具单位负责人签名

D. 由出具单位在凭证上更正并加盖出具单位印章

15. 企业记账后发现会计人员将应计入销售费用的 1 000 元误记为 10 000 元，清查原因后发现是因为凭证错误造成的，则应采用的错账更正方法是(　　)。

A. 划线更正　B. 红字更正　C. 蓝字更正　D. 补充登记

16. 下列原始凭证中，属于企业自制原始凭证的是(　　)。

A. 购货取得的增值税发票　B. 出差取得的飞机票

C. 工资结算单　D. 出租车票

17. 下列人员中应对原始凭证进行审核的是(　　)。

A. 总经理　B. 经办人员　C. 会计人员　D. 董事长

18. 下列各项，不属于原始凭证审核内容的是(　　)。

A. 凭证反映的内容是否真实

B. 凭证各项基本要素是否齐全

C. 会计科目的使用是否正确

D. 凭证是否有填列单位的公章和填制人员的签章

19. 下列凭证中，不能用来登记总分类账的是(　　)。

A. 火车票　B. 记账凭证　C. 科目汇总表　D. 汇总记账凭证

20. 下列经济业务中，应填制转账凭证的是(　　)。

A. 用银行存款偿付水电费　B. 收回应收账款存入银行

C. 用现金支付职工差旅费　D. 生产车间领用原材料

21. 不涉及货币收付的经济业务应编制的记账凭证是(　　)。

A. 收款凭证　B. 付款凭证　C. 转账凭证　D. 原始凭证

22. 借记"管理费用"，贷记"应付职工薪酬"的会计分录，应填制(　　)。

A. 收款凭证　B. 付款凭证　C. 转账凭证　D. 原始凭证

23. 企业外购材料一批，已验收入库，货款已付，根据这笔业务的有关原始凭证应该填制的记账凭证是(　　)。

A. 收款凭证　B. 付款凭证　C. 转账凭证　D. 累计凭证

24. 现金日记账应采用(　　)。

A. 活页账簿　B. 卡片账簿　C. 订本账簿　D. 备查账簿

25. 以款项的收入、支出是否应属于本期为标准计算本期损益的记账基础是(　　)。

A. 实地盘存制　B. 权责发生制　C. 收付实现制　D. 永续盘存制

26. 若记账凭证上的会计科目和应借应贷方向未错，但所记金额大于应记金额，并据以登记入账，对此应采用(　　)更正。

A. 划线更正法　B. 红字更正法

C. 补充登记法　D. 编制相反分录冲减

27. 会计分录"借：A 账户，贷：B、C 账户"所表明的 C 账户的对应账户是(　　)。

A. B 账户　B. A 或 B 账户　C. A 账户　D. A 和 B 账户

28. 资产类账户的基本模式是(　　)。

A. 贷记增加借记减少余额在贷方　B. 贷记增加借记减少余额在借方

C. 借记增加贷记减少余额在借方　D. 借记增加贷记减少余额在贷方

29. “对照表”的主要作用是验算(　　)。

A. 总分类账户发生额和余额　B. 总分类账户余额

C. 总分类账户发生额　D. 明细分类账户发生额和余额

30. 原始凭证是由(　　)。

A. 会计人员填制的

B. 出纳人员填制的

C. 经办业务的部门或人员填制的

D. 经办业务的部门或人员取得或填制的

31. 银行存款日记账应根据有关凭证(　　)。

A. 逐日逐笔登记　B. 逐日汇总登记

C. 定期汇总登记　D. 一次汇总登记

二、多项选择题

1. 账户的金额要素包括(　　)。

A. 期初余额　B. 期末余额

C. 本期增加发生额　D. 本期减少发生额

2. 一项所有者权益减少的同时，可能会引起(　　)。

A. 一项资产增加　B. 一项负债增加

C. 一项负债减少　D. 一项资产减少

E. 另一项所有者权益减少

3. 关于会计要素的表述，下列正确的有(　　)。

A. 资产、负债、利润是反映财务状况的要素

B. 收入、费用、利润是反映财务状况的要素

C. 资产、负债、所有者权益是反映财务状况的要素

D. 收入、费用、所有者权益是反映经营成果的要素

E. 收入、费用、利润是反映经营成果的要素

4. 下列经济业务中，引起资产项目此增彼减的有(　　)。

A. 从银行提取现金　B. 以银行存款购买材料

C. 收回应收账款存入银行　D. 以银行存款购买设备

E. 以银行存款偿还前欠货款

5. 若记账出现错误，可供选择的更正方法有(　　)。

A. 补充登记法　B. 技术推算盘点法

C. 划线更正法
D. 红字更正法
E. 实地盘点法

6. 以下所列属于原始凭证的有（　　）。
A. 领料单
B. 付款凭证
C. 差旅费报销单
D. 发料凭证汇总表

7. 下列原始凭证中，属于自制原始凭证的有（　　）。
A. 发料单
B. 产品出库单
C. 存货盘存报告表
D. 住宿发票

8. 下列属于原始凭证审核的主要内容有（　　）。
A. 合法性
B. 完整性
C. 正确性
D. 借贷方向是否正确

9. 各种记账凭证应具备的基本内容包括（　　）。
A. 会计科目的名称和金额
B. 记账凭证的名称
C. 接受单位的名称
D. 有关人员的签字盖章

10. 账簿按其格式不同，可以分为（　　）。
A. 活页账簿
B. 三栏式账簿
C. 多栏式账簿
D. 数量金额式

11. 下列各项中，可以用来登记明细分类账的是（　　）。
A. 原始凭证　B. 经济业务　C. 经济合同　D. 记账凭证

12. 下列明细账，可采用数量金额式账簿的有（　　）。
A. 原材料明细账
B. 库存商品明细账
C. 管理费用明细账
D. 应付账款明细账

13. 下列账簿记录中，可以使用红色墨水的有（　　）。
A. 结账　B. 改错　C. 冲账　D. 登记期初余额

14. 因记账凭证错误而导致的账簿记录错误，可采用的更正方法有（　　）。
A. 划线更正法
B. 红字差额冲销法
C. 补充登记法
D. 红字全部冲销法

15. 发现下列错误，可用红字更正法更正的是（　　）。
A. 发现记账凭证中账户有错误，并已登记入账。
B. 发现记账凭证错误金额大于应记金额，并已登记入账。
C. 发现记账凭证错误金额小于应记金额，并已登记入账。
D. 发现记账凭证错误金额大于应记金额，尚未登记入账。
E. 发现记账凭证错误金额小于应记金额，尚未登记入账。

16. 下列会计方法中，属于会计核算的方法有（　　）。
A. 设置和运用账户
B. 复式记账
C. 登记账簿
D. 成本计算

E. 财产清查

17. 根据借贷记账法的账户结构,账户贷方登记的内容有(　　)。

A. 收入的增加　　B. 所有者权益的增加

C. 费用的减少　　D. 资产的减少

18. 下列错误中,能够通过试算平衡发现的有(　　)。

A. 一项经济业务被漏记了借方金额　　B. 借贷方科目方向颠倒

C. 贷方多计了金额　　D. 借贷双方同时多计了金额

19. 在借贷记账法下,账户借方记录的内容是(　　)。

A. 资产、费用的增加　　B. 资产、费用的减少

C. 收入、负债的增加　　D. 收入、负债的减少

E. 利润和权益的增加

20. 会计分录"借:A 账户,贷:B、C 账户"所表明的账户对应关系有(　　)。

A. A 账户与 B 账户　　B. A 账户与 C 账户

C. B 账户与 A、C 账户　　D. B、C 账户与 A 账户

E. B 账户与 A、C 账户

21. 期末应予结清的过渡账户包括(　　)。

A. 资产类账户　　B. 费用类账户

C. 收入类账户　　D. 负债类账户

E. 权益类账户

三、判断题

1. 会计科目和会计账户的口径一致,性质相同,都具有一定的格式和结构,所以在实际工作中,对会计科目和账户不加严格区分。(　　)

2. 记账凭证既是记录经济业务发生和完成情况的书面证明,也是登记账簿的依据。(　　)

3. 各种会计凭证的填制,都应由会计人员填写,非会计人员不得填写,以保证会计凭证填制的正确。(　　)

4. 在填制记账凭证时,误将 5 100 元记为 1 500 元,并已登记入账,月终结账前发现错误,更正时应采用划线更正法。(　　)

5. 在填制记账凭证时,误将 3 500 元记为 5 300 元,在登账前发现,则应采用划线更正法。(　　)

6. 在采用科目汇总表的情况下,总分类账必须逐日逐笔登记。(　　)

7. 会计凭证是会计人员根据审核无误的原始凭证,按照经济业务的内容加以归类,并据以确定会计分录后填制的,是登记账簿的直接依据。(　　)

8. 任何会计期间,企业所有账户借方发生额合计必然等于贷方发生额合计。(　　)

9. 设置和登记会计账簿是编制会计报表的基础,是连接会计凭证和会计报表的中间环节。 ( )

10. 正常情况下,资产账户和负债账户的余额都在账户记录增加金额的一方。 ( )

11. 为了实现钱账分管原则,通常由出纳人员填制收款凭证和付款凭证,由会计人员登记现金日记账和银行存款日记账。 ( )

12. 设置和登记日记账可以提供对经济业务的及时、连续和完整的会计记录。 ( )

13. 总分类账户及其明细分类账户必须在同一会计期间内登记。 ( )

14. 现金和银行存款的总分类账可以根据现金和银行存款的收、付款凭证分别汇总登记。 ( )

15. 记账凭证和会计账簿如发生笔误时,均可采用划线更正法予以更正。( )

16. 凡是余额在借方的账户称为资产账户;凡是余额在贷方的账户称为负债账户。 ( )

四、业务题

1. 华胜工厂 2014 年 8 月 31 日有关账户的期初余额如下:

固定资产:120 000	实收资本:162 700
原材料:20 000	累计折旧:20 000
银行存款:50 000	短期借款:15 000
库存现金:300	应付账款:90 000
其他应收款:400	应交税费:3 000
应收账款:100 000	

该工厂当年 9 月份发生下列经济业务:

(1)9 月 4 日,以现金 200 元借支采购员李山的差旅费。

(2)9 月 5 日,从银行提取现金 300 元备用。

(3)9 月 7 日,收到购买单位甲前欠的购货款 55 000 元,存入银行。

(4)9 月 7 日,以银行存款支付上月欠供应单位 A 的材料款及代垫运费 4 500 元。

(5)9 月 8 日,生产车间领用材料 15 000 元,直接用于产品生产。

(6)9 月 9 日,收到购买单位乙前欠购货款 41 000 元,存入银行。

(7)9 月 10 日,以银行存款 24 000 元支付前欠供应单位的购料款。

(8)9 月 18 日,收到国家投入的机床一台,价值 40 000 元。

(9)9 月 19 日,向供应单位 A 购进钢材 15 吨,计货款 2 000 元,材料已入库,货款尚未支付。

(10)9 月 22 日,以银行存款支付前欠供应单位 A 的购料款 20 000 元。

(11)9 月 22 日,以银行存款 3 000 元上交上月欠交税金。

(12)9月26日,向供应单位B购进材料一批,价款15 000元,材料已验收入库,货款已用银行存款支付。

(13)9月27日,以银行存款支付到期短期借款10 000元。

(14)9月28日,开出现金支票一张,面额200元,支付厂长外出差旅费。

(15)9月30日,生产车间生产产品领用燃料100千克,计1 200元。

要求:(1)根据上述资料开设有关"T"型账户并登记期初余额;(2)根据上述业务编制会计分录;(3)根据会计分录登记账户;(4)月末,计算出每个账户的本期发生额和期末余额;(5)编制"发生额和余额试算平衡表"。

2. 某公司2014年6月发生下列经济业务:

(1)从银行取现金400元。

(2)刘学外出学习,借差旅费150元,付现金。

(3)用银行存款购买材料1 000元,已验收入库。

(4)购买办公用品28元,付现金。

(5)国家投入资金20 000元,存入银行。

(6)用银行存款购买办公用品1 000元。

(7)从第一无线电厂购进材料1 500元,已验收入库未付款。

(8)从银行借款10 000元,存入银行。

(9)因销售产品收到货款15 000元,存入银行。

(10)刘学报销差旅费140元,余款未交。

(11)出售多余材料,收入现金1 000元。

(12)支付本月水电费2 000元,付现金。

要求:练习记账凭证的编制。

3. 某企业会计人员在结账前进行对账时,查找出以下错误:

(1)结转完工入库的产品生产成本10 000元,编制的会计分录为:

借:主营业务成本　　1 000
　贷:生产成本　　1 000

(2)用银行存款支付工人工资30 000元,编制的会计分录为:

借:应付职工薪酬　　300 000
　贷:银行存款　　300 000

(3)计提生产车间固定资产折旧50 000元,编制的会计分录为:

借:制造费用　　5 000
　贷:累计折旧　　5 000

要求:编制更正错账的有关会计分录。

五、案例分析题

【案例一】

下列是光华公司会计人员对经济业务所做的判断和处理：

A. 洪水毁坏了200 000元的未保险存货，这一损失应计入销货成本。

B. 2013年12月已开出销售发票销售的产品，符合收入确认的相关规定，但是货款72 000元于2014年2月6日才收到，应确认为2014年2月份的销售收入。

C. 公司预提当月银行借款利息36 000元，由于没有实际支付，所以不能作为本月的费用。

D. 由于公司货币资金的收付业务量很大，因此采取将收、付款记账凭证按旬汇总以后登记银行存款日记账和现金日记账。

分析：光华公司会计人员对上述经济业务所做的判断和处理是否正确？为什么？

【案例二】

小刘从某财经大学会计系毕业刚刚被聘任为柳林公司的会计员。今天是他来公司上班的第一天。会计科里那些同事们忙得不可开交，一问才知道，大家正在忙于月末结账。"我能做些什么?"会计科长看他那急于投入工作的表情，也想检验一下他的工作能力，就问："试算平衡表的编制方法在学校学过了吧?""学过。"小刘很肯定地回答。

"那好吧，趁大家忙别的事情的时候，你先编一下我们公司这个月的试算平衡表。"科长帮他找到了本公司所有的总账账簿，让他在早已为他准备好的办公桌开始工作。不到一个小时，一张"总分类账户发生额及余额试算平衡表"就完整地编制出来了。看到表格上那相互平衡的三组数字，小刘激动的心情无以言表，兴冲冲地去向科长交差。

"呀，昨天车间领材料的单据还没记到账上去呢，这也是这个月的业务啊!"会计员李媚说道。还没等小刘缓过神来，会计员小张手里又拿着一些会计凭证凑了过来，对科长说，"这笔账我核对过了，应当记入'原材料'和'生产成本'的是10 000元，而不是9 000元。已经入账的那部分数字还得改一下。"

"试算平衡表不是已经平衡了吗？怎么还有错账呢?"小刘不解地问。

分析：为什么小刘所编试算平衡表已经平衡却还会出现记账错误?

【案例三】

某企业本月份发生以下经济业务：

(1)支付上月份电费50 000元；

(2)收回上月的应收账款100 000元；

(3)收到本月的营业收入款80 000元；

(4)支付本月应负担的办公费9 000元；

(5)支付下季度保险费3 800元；

（6）应收营业收入 250 000 元，款项尚未收到；

（7）预收客户货款 50 000 元；

（8）负担上季度已经预付的保险费 1 600 元。

分析：（1）比较权责发生制与收付实现制的区别。（2）通过计算说明权责发生制与收付实现制对收入、费用和盈亏的影响。（3）权责发生制与收付实现制各有何优缺点。

【案例四】

刘丹从一所普通大学计算机学院毕业后，5 年来一直在一座沿海大城市里的一家大型电脑公司当程序员，她很喜爱这份工作。现在，她的年薪为 80 000 元。她工作的这家公司，每年要增加 4 ~6 个部门，这样发展下去，公司的前景还是很好的，近来还增加了很多新的管理职位。其中有些职位，包括优厚的年终分红在内，公司每年要付给 150 000 元。有时，公司还会提升程序员为分公司的经理。虽然，过去没有让女性担任过这样的管理职位，但是刘丹相信，凭她的工作资历和这一行业女性的不断增加，在不久的将来她会得到这样的机会。

刘丹的父亲自己在浙江老家开了一家生产特色工艺品的家族工厂，最近由于健康和年龄等原因，刘丹的父亲不得不退休。他雇用了一位刚从大学毕业的学生临时经营自家的工厂，工厂的销售、市场及售后服务继续由刘丹的母亲经营。父亲想让女儿回来经营她最终要继承的家族工厂。而且，由于近年来家族工厂的产品质量优良、特色鲜明，国内国外的订单排得满满的，因此家族工厂的发展前景也是很不错的。

刘丹和父母讨论后，得知自家工厂现在一年的营业额大约为 5 000 000 元，而毛利润差不多是 1 600 000 元。由于父亲的退休，父母亲要支取工资 160 000 元，加上每年 600 000 元的经营费用，交税前的利润为每年 840 000 元（所得税税率为 20%）。自刘丹的父亲退休以来，从家族工厂得到的利润基本上和从前相同。目前，他付给新雇佣的大学毕业生的薪金为每年 80 000 元，刘丹母亲得到的薪金为每年 100 000 元，刘丹的父亲已不再从家族工厂支取薪金了。

如果刘丹决定担任起家族工厂的管理工作，刘丹的父亲打算按他退休前的工资数付给刘丹 100 000 元的年薪。他还打算，开始时把家族工厂经营所得到利润的 25% 作为刘丹的分红，两年后增加到 50%。因为刘丹母亲将不再在该公司任职，还必须再雇一个非全日制的办事员帮助刘丹经营家族工厂，他估计这笔费用大约需要 45 000 元。

刘丹的父亲已知有人试图出 6 000 000 元买他的家族工厂，刘丹在不久的将来要继承这笔款项的大部分。对刘丹和父母来说，他们的经济状况并不需要过多地去用这笔资产来养老送终。

分析：刘丹该如何决策？

六、补充阅读材料

“跨界”财会人

“跨界”已成为现代社会的一种常态,实业企业跨界做电商平台,电商企业跨界做金融理财……本以为在新的领域,这些“后来者”应该是弱势竞争者,但没想到的是他们却拥有原产业内其他参与者并不具备的竞争力。

在职场,财会技能越来越像是理科中的数学、文科中的语文,成为一种基本技能,具有帮助职场人快速、高效适应岗位并提升岗位价值的作用。那么,对于扎根于会计界、拥有良好专业背景的财会人而言,跨界能否成为其拓宽职业路径的有效通道?他们是否也可以在跨界时迸发出更加强劲的竞争力呢?

跨界管理者是主流

在当前的职场背景下,有越来越多的财会人成功实现“跨界”。而会计人中跨界群体的增多,一方面在于有越来越多财会人的视角更为开放,具备强烈的跨界愿望,另一方面在于企业发展中新出现的一些岗位急需财会跨界人才。

据了解,财会人跨界大致包括几类:成为有财务分析背景的新锐营销专家;成为可迅速进行信息整合的职业经理人;跨界到信息管理部门成为大数据领域的排头兵;另外,还有一部分财会人成功实现了“另类跨界”,其所从事的职业不在大多数财会人的考虑范围内。

当然,在诸多实现跨界的财会人中,从财务管理者向管理者跨界,显然是最为主流的一个方向。据河南省汝州市地矿局孙利芳介绍,在她的同学中,实现跨界发展的人并不少,其中,从财会管理者向一个机构整体的管理者进行跨界的占绝大多数,有人成为企业的 CEO(首席执行官),也有人自主创业开公司,还有一开始在行政部门做财会工作的同学已成为一乡之长。

对于这个问题,荆州正信会计师事务所副所长杨良成认为,很多时候,财会人向管理层的跨界并非一蹴而就的,而需要通过中间环节,比如说有些具备较强综合素质的财会人会获得担任企业董事会秘书的机会。董事会秘书能起到很好地帮助董事会处理相关财务、税务以及法律等方面问题的作用,是财会人向管理层发展的一个很好的过渡。

据广西联通财务部总经理杨军介绍,她之前的两个副手分别跨界到“经营支撑中心”和“市场营销部”,分别负责经营数据监控、大数据分析和市场类成本的管控以及拓展公司国际业务。

杨军说:“在业务部门的财会人是一群更为理性的市场人,他们所带领的业务部门和财会部门之间较少会发生因业务部门认为财会部门风险控制过严、财会部门认为业务部门业务拓展冒进而难以沟通的情况,他们更能够掌握好业务发展与风险管控之间的度。而能够跨界到其他部门,尤其是业务部门,相较于一直在财务部门工作的会计人来说,其上升至企业管理层的机会更多,速度也可能更快。”

跨界的智慧与勇气

跨界就像一场冒险，需要智慧和勇气才能成功到达彼岸。

14 年前，孙利芳的一个男同学从百货公司的会计岗位辞职，成为一家物流公司的创业者。当时的物流行业完全不能与今天相提并论，但是，是什么让他那么自信地放弃了稳定的工作，成为一名创业者？孙利芳介绍说，在百货商店做会计时，她的这位同学就发现，百货公司有很多必须得有但销售量并不大的小商品，尽管进货量小，但这些商品的运费却不少。这说明，百货商店在这些商品上付出的成本很大，他从中发现了商机，开了一家物流公司，从包揽这些小商品的物流业务开始，现在已发展成一家大型的综合物流公司。

孙晔绝对是一个“另类跨界”的代表。他曾是一个县级市商业局的会计，但现在已做了 10 多年的律师。年轻时，最大的梦想就是离开家乡小城，去省会发展。为了这个目标，他成功跨界成为一名律师。

在准备司法考试过程中，他就感到会计与律师有很多相通之处，会计涉及很多法律法规，如会计法、合同法、经济法、各种税法等，而律师也同样要考这些内容。当了律师以后，这种感受更为明显，因为他具有扎实的财会背景，在处理经济类案件时，相比其他律师总是更得心应手，这也为他成功跨界、在律师界站稳脚跟奠定了基础。

孙利芳表示，财会人本身所具有的细致的思维、认真的态度、强烈的责任感、刻苦的钻研精神等都使其在跨界时具有明显的优势。即便是跨领域的发展，财会技能也能够帮助财会人更快地进入角色，更好地完成工作。

跨界特征总结

在财会职场，跨界已经成为一种趋势，越来越多的财会人“走出会计看会计”，将会计的作用发挥到极致。而仔细观察成功跨界的财会群体，你会发现他们有很多共同的特征。

比如，成功实现跨界的财会人中男士居多。孙利芳列了一组数据，她所在的会计班中，女生实现跨界的很少，大概 25 人中仅有 3 人实现了跨界，更多的人是在财会相关的岗位上“一站到底”，而班内 25 个男生中几乎有一半都跨界了，而且很多人甚至实现了大幅度的跨界。

实现跨界后不太愿意再回到财会岗位，也是财会跨界群体的一个共同特征。杨军介绍说，她经常和已经跨界到其他部门的两个同事聊天，可以感觉到，跨界到业务部门的压力并不是不大，但承受这种压力的感觉与在财会部门承受压力的感觉很不同，那是一种“痛并快乐着”的体验。而来自财会部门的压力则带有一种天然的烙印，相较而言排解不易，而这与财会人长期形成的不够广阔和不够灵活的工作环境息息相关。或许，通过这些已经跨界的财会人，财会界也应该反思如何去改变现有的思维定式、工作环境、教育体系等。

财会人跨界的大潮仍方兴未艾。作为一名省级领军人才的代表人物，杨军不无感慨地说，各级领军班多元化培养模式的建立、开拓财会人视野的课程设置以及始终坚持的“跳出会计看会计”的培养理念，已然在这一代的财会人中显现效果。其中，财会人的跨界潮就是一种印证。

资料来源：张瑶瑶．“跨界”财会人[N]．中国会计报，2014－10－11.

混迹财务职场的八大技巧

企业对首席财务官（CFO）从未如此求才若渴。各公司努力应对金融危机的后果和适应双速经济的不平衡发展，员工要求领导者能够在当前这个不确定的世界中给企业带来安慰和信心。CFO 所拥有的独特分析技术和战略能力意味着他们或许是担当这一责任的最佳人选。

股东和企业董事要求 CFO 进入公司董事会的呼声越来越高。监管方面的压力也导致企业提高了对 CFO 的财务专业背景的要求。在某些国家，法律法规强制要求董事会必须拥有具备财务知识背景的成员。

在安永（Ernst & Young LLP）为新的调研报告“CFO and Beyond — the Possibilities and Path Ways Outside Finance”而访问的 800 位 CFO 中，有 79% 的受访者表示财务专业背景使得他们在寻求董事会级别的职位时变得更加受欢迎。有分析探讨了世界各大经济体的董事会构成在过去十年间发生的变化，从而为这一观点提供了佐证。2002 年，全世界最大规模的公司的 CFO 中 36% 拥有非执行董事身份。十年之后，拥有非执行董事身份的比例上升到了 46%。

安永此前开展过一次名为 The DNA of the CFO 的调研，他们发现大部分 CFO 要么打算留在当前的位置上，要么想要换家公司继续做 CFO。我们在新调研报告中的发现与这个结论一致。那就是十年过后，曾经在 2002 年于公司集团中担任 CFO 的受访者中有 62% 要么仍是 CFO，要么已经不再担任行政职务。有趣的是，其中有 15% 已经转到了 CEO 的职位上，或者在担任 CEO 的同时兼任董事会主席，另有 4% 已经坐上了董事会主席的位子，还有 3% 成为首席运营官（COO）。

但这种情况可能也会变。在新的那份调研中，我们调查的 CFO 中有 82% 对卸任 CFO 职位选择其他的某种职位表示有兴趣，这意味着更多的人未来会寻求 CFO 之外的行政职位，或者有更大的可能性尝试非行政类职务，比如说企业董事。有一点很明显，对大多数 CFO 来说，他们在这个职位上磨炼的技能会被用到其他某些职位上。

三种情况导致 CFO 人才的供不应求：

第一，监管要求的变化让组织迫切地需要具有财务专业背景的人才，而且法律法规往往有这方面的强制要求。在许多国家，监管环境的变化——自从 21 世纪初公司治理方面传出丑闻之后就出现了，导致了监管机构提高了对董事会的财务专业背景的要求。

第二，宏观经济形势的不稳定也使得 CFO 的传统技能重新成为焦点。经济和市场方面的挑战要求公司将精力集中到成本、风险和现金流的管理上——这三个领域恰好属于 CFO 的技能。

第三，职权范围的扩展增加了 CFO 在董事会里的价值。现代财务领导者的职权范围广泛且内容复杂，包括战略贡献、企业合作、内外部利益相关人的管理以及运营职责。这已经远远超出了 CFO 这一职位过去所代表的核心技术和财务能力。

寻找时机

尽管对高级财务人才的需求十分旺盛，许多 CFO 还是选择将他们的部分时间分配给核心工作之外的非行政或志愿性职务。接受调研的 CFO 中超过四分之一已经承担了额外的工作，还有 40% 未来有此打算。

CFO 兼任另外的职务能够同时给他带来个人和职业两方面的好处，他们在担任不同的职务时要应对各种挑战，因此就有了接触不同部门和观点的机会。接受我们调研的受访者认为不同领域的工作经验特别宝贵，让他们有机会获得新的知识，并将最佳实践转化后应用于不同的领域。如果 CFO 有幸在本职工作之外加入其他大型知名企业的董事会，还会给他们带来“光环效应”，让他们所在的企业从中受益。

遗憾的是，CFO 的时间通常都很紧张。超过 40% 的 CFO 认为兼任其他职务不妥。对许多人来说，企业对其核心职责的要求已经够高了。由于企业治理的法律要求变得更加严格，有效地承担非执行董事职务所需的时间也随之增加。

尽管 CFO 有兴趣承担非行政职务，他们觉得能够用于此类职务的时间（平均每周约四小时）与实际所需的时间之间存在的缺口越来越大。比如，英国的沃克报告（Walker Report）就推荐每年应为此投入 30 至 36 天的时间。

从长远着眼

在我们的受访者当中，认为自己倾向于进行长期规划的人兼任其他职务的可能性要大大高于在职业发展上“随缘”的人。企业的招聘官、曾经和依旧担任 CFO 并且成功跻身董事会的人给出的建议是越早进行规划越好。等到你哪天高兴才想起来要针对此类职位进行自我定位，此时可能已经太迟了，更何况董事会对候选人某些技能的要求越来越具体。

CFO 担任非执行董事的平均年龄降低了。在将某些规模最大的公司中 2002 年的 CFO 与 2012 年的人选进行对比时，我们注意到后一个群体兼任非行政类职务的可能性要高得多——在所有年龄组别中均是如此，但在 50 岁以下的组别中二者差距最显著。

规划在某种程度上就是预测未来的变化。在接下来的十年中，随着全球经济的结构性调整以及技术使用力度的加大对商业模式的影响，董事会将越来越重视与快速成长的市场、分析法和社会化媒体相关的知识。而且，随着董事会在性别、种族、背景和专业知识方面的分化程度的加深，除了目前充斥于各公司董事会的、通常在 55 ~ 60 岁的男性董事之外，其他人也能有机会跻身其间，争夺董事会席位的竞争可能会变得更激烈。

职业发展八技巧

我们的调研显示，有八种技巧对 CFO 和未来的财务领导者大有用处，可以帮助他们做出更理想的职业发展决策，并充分提高其争取行政和非行政职位时的竞争力：

（1）拟定一份内容“连贯”的简历。招聘人员寻找的往往是某方面具体的经历，例如并购、资本市场和快速成长的市场。如果你在某个具体的领域（例如并购）拥有丰富的经验，那么你就有很大的机会刚好适合某个董事会里的特定席位。

（2）在财务部门，甚至公司之外承担其他的职务。在慈善信托、政府工作组或者文化机构任职将有助于CFO培养重要的技能，以实现其下一阶段的职业发展目标，并让他们获得丰富、充实的经历。

（3）发展人脉。近几年，董事会采取了更透明、更独立的方法招聘董事。尽管如此，在公司的高级领导者中恰到好处地建立人脉关系，将有助于进入董事的候选名单。

（4）建立个人形象。有意成为董事或者向行政岗发展的CFO还是应当打造公开的个人形象，以显示出自己在核心职务之外的专业知识以及成就。

（5）获得国际工作经验。公司越来越期待其董事会成员和高级管理人员拥有国外的工作经历。在快速成长市场的经历尤其受欢迎。

（6）在企业内建立广泛的联系。想要获得更广泛的潜在职业机会并且在选择行政职位时最受欢迎，这样的CFO必须能够在传统的财务职务之外承担更多的业务和商业职能，从而展现出自己能力的广度。

（7）别困守总部。在公司国外分支的任职经历能让专业的财务人员更全面地接触到组织商业层面的因素，让他们能够应对更广泛的问题，从而形成未来角逐行政和非行政类职位的宝贵经验。

（8）尽早开始规划。未雨绸缪从来不嫌太早。一辈子没跳出财务职能这个圈子的CFO竞争不过采用更结构化的方法进行职业规划的CFO。

虽说想要加入董事会的CFO仍要面对一些挑战，但企业日益增长的需求与CFO的独特技能可谓一拍即合。未来，财务领导者将迎来前所未有的巨大机遇。

资料来源：佚名．混迹财务职场的八大技巧[EB/OL].[2014-11-13]. www.e521.com.

处理会计原始凭证必须关注的要点

（1）原始凭证必须具备的内容：原始凭证的名称；填制凭证的日期；填制凭证的单位名称和填制人姓名；经办人员的签名或盖章；接受凭证单位的名称；经济业务的内容；数量、单价和金额。

（2）外来原始凭证（如发票、收据等），必须盖有填制单位的财务专用章或发票专用章，同时具有套印的税务部门或有权监制部门的专用章以及填制人员的签名或盖章；从个人取得的原始凭证，必须有填制人员的签名或者盖章，同时应写明住址，必要的应注明身份证号码。

（3）自制原始凭证（如入库单、领料单等）必须有经办单位负责人（或其指定的人员）和经办人签名或者盖章。

（4）凡需填写大写和小写金额的原始凭证，大写与小写金额必须相符。购买实物的原始凭证,必须有实物验收证明;支付款项的原始凭证,必须有收款单位和收款人的收款证明。

(5)一式几联的原始凭证,应当注明各联的用途,只能以一联作为报销凭证,必须用双面复写纸(发票和收据本身具备复写纸功能的除外)套写,并连续编号。作废时应当加盖"作废"戳记,连同存根一起保存,不得撕毁。

(6)发生销货退回的,除填制退货发票外,还必须有退货验收证明;退款时,必须取得对方的收款收据或者汇款银行的凭证以及当地主管税务机关开具的"进货退出或索取折让证明单",不得以退货发票代替收据。

(7)职工因公借款的借据,必须附在记账凭证之后。收回借款时,应当另开收据或者退还借据副本,不得退还原借款收据。

(8)经上级有关部门批准的经济业务,应当将批准文件作为原始凭证附件。如果批准文件需要单独归档的,应当在凭证上注明批准机关名称、日期和文件字号。

(9)原始凭证发现错误或无法辨认的,不得涂改、挖补。未入账的原始凭证,应退回填制单位或填制人员补填或更正,更正处应当加盖开出单位的公章;发现有违反财经纪律和财会制度的,应拒绝受理,对弄虚作假、营私舞弊、伪造涂改等违法乱纪的,应扣留凭证,报告领导处理。已经入账的原始凭证,不能抽出,应另外以正确原始凭证进行更正。

(10)原始凭证不得外借。其他单位如因特殊原因需要使用原始凭证时,经本单位领导批准,可以复制,但复制时,须有财务人员在场。向外单位提供的原始凭证复制件,应在专设的登记簿上登记,并由提供人员和收取人共同签名或盖章。

(11)外来原始凭证如有遗失,应取得原填制单位盖章证明,并注明原始凭证编号、金额和内容等,经单位领导人批准后,才能用作原始凭证。如确实无法取得证明的如火车、汽车、轮船、飞机票等,由当事人写出详细情况,由单位领导人批准后,代作原始凭证。

(12)一般情况下,记账凭证必须附有原始凭证并注明张数。原始凭证的张数按自然张数计算(原始凭证汇总表应计算在内,原始凭证粘贴纸不应计算)。

如果一张原始凭证涉及几张记账凭证,可以把原始凭证附在一张主要的记账凭证后面,并在其他记账凭证上注明附有该原始凭证的记账凭证的编号或者附原始凭证复印件。

一张原始凭证所列支出需要几个单位共同负担的,应当将其他单位负担的部分,开给对方原始凭证分割单,进行结算。原始凭证分割单必须具备原始凭证的基本内容:凭证名称、填制凭证日期、填制凭证单位名称或者填制人姓名、经办人的签名或者盖章、接受凭证单位名称、经济业务内容、数量、单价、金额和费用分摊情况等。

更正错误或结账、调账的记账凭证,可以不附原始凭证,但应对调整事项说清楚。

(13)附在办理收付款项的记账凭证后的原始凭证,在办理完收付款项后,必须加盖"收讫""付讫"戳记。

(14)附在记账凭证之后的原始凭证,应折叠、粘贴整齐,对小于记账凭证的原始凭证(如火车、汽车、飞机、轮船票等),要粘贴在与记账凭证一样大小的原始凭证粘贴单上。

对于数量较多的原始凭证,如收、发料单等,可以单独装订保管,在封面上注明记账凭证日期、编号、种类,同时在记账凭证上注明“附件另订”字样、原始凭证名称和编号。

各种经济合同、存出保证金收据及涉外文件等重要原始凭证,应另行编制目录,单独登记保管,并在有关记账凭证和原始凭证上相互注明日期和编号。

当然若企业在发生预付大型设备款或在建工程款时,管理方面需要提供预付每户款的金额,设三级、多级明细或使用财务软件的相关功能满足需要。

资料来源:佚名. 处理会计原始凭证必须关注的要点[EB/OL].(2014-11-06). http://www.e521.com/.

参考答案

一、单项选择题

1. A　2. B　3. C　4. B　5. D　6. D　7. C　8. A　9. D　10. B
11. B　12. B　13. D　14. A　15. B　16. C　17. C　18. C　19. A　20. D
21. C　22. C　23. B　24. C　25. B　26. B　27. C　28. C　29. A　30. D
31. A

【9-解析】选 D。6 月初所有者权益 = 60 000 - 25 000 = 35 000(元)

6 月份实现利润 = 28 000 - 18 000 = 10 000(元)

6 月末所有者权益 = 35 000 + 10 000 = 45 000(元)

【10-解析】选 B。月末资产总额 = 300 + 10 - 20 = 290(万元)。将收到购货单位偿还的欠款 15 万元存入银行,属于资产方银行存款增加,应收账款的此增彼减不影响资产总额。

二、多项选择题

1. ABCD　2. DB　3. CE　4. ABCD　5. ACD　6. ACD
7. ABC　8. ABC　9. ABD　10. BCD　11. AD　12. AB
13. ABC　14. BCD　15. AB　16. ABCDE　17. ABCD　18. AC
19. AD　20. ABD　21. BC

三、判断题

1. ×　2. ×　3. ×　4. ×　5. ×　6. ×　7. ×　8. √　9. √　10. √
11. ×　12. √　13. √　14. ×　15. ×　16. ×

四、业务题

1. (1)借:其他应收款　200
　贷:库存现金　200

(2)借:库存现金　300
　贷:银行存款　300

(3)借:银行存款　55 000
　贷:应收账款　55 000

(4)借:应付账款　4 500
　贷:银行存款　4 500

(5)借:生产成本　15 000
　贷:原材料　15 000

(6)借:银行存款　41 000
　贷:应收账款　41 000

(7)借:应付账款　24 000
　贷:银行存款　24 000

(8)借:固定资产　40 000
　贷:实收资本　40 000

(9)借:原材料　2 000
　贷:应付账款　2 000

(10)借:应付账款　20 000
　贷:银行存款　20 000

(11)借:应交税费　3 000
　贷:银行存款　3 000

(12)借:原材料　15 000
　贷:银行存款　15 000

(13)借:短期借款　10 000
　贷:银行存款　10 000

(14)借:其他应收款　200
　贷:银行存款　200

(15)借:生产成本　1 200
　贷:原材料　1 200

借　固定资产　贷

借方		贷方	
期初余额:	120 000		
(8)	40 000		
发生额	40 000	发生额	0
余额	160 000		

借　实收资本　贷

借方		贷方	
		期初余额:	162 700
		(8)	40 000
发生额	0	发生额	40 000
		余额	202 700

借　累计折旧　贷

借方		贷方	
		期初余额:	20 000
发生额	0	发生额	0
		余额	20 000

借　短期借款　贷

借方		贷方	
(13)	10 000	期初余额:	15 000
发生额	10 000	发生额	0
		余额	5 000

借	应收账款		贷
期初余额：	100 000	(3)	55 000
		(6)	41 000
发生额	0	发生额	96 000
余额	4 000		

借	其他应收款		贷
期初余额：	400		
(14)	200		
(1)	200		
发生额	400	发生额	0
余额	800		

借	原材料		贷
期初余额：	20 000	(5)	15 000
(9)	2 000	(15)	1 200
(12)	15 000		
发生额	17 000	发生额	16 200
余额	20 800		

借	库存现金		贷
期初余额：	300	(1)	200
(2)	300		
发生额	300	发生额	200
余额	400		

借	银行存款		贷
期初余额：	50 000	(2)	300
(3)	55 000	(4)	4 500
(6)	41 000	(7)	24 000
		(10)	20 000
		(11)	3 000
		(12)	15 000
		(13)	10 000
		(14)	200
发生额	96 000	发生额	77 000
余额	69 000		

借	应付账款		贷
(4)	4 500	期初余额：	90 000
(7)	24 000	(9)	2 000
(10)	20 000		
发生额	48 500	发生额	2 000
		余额	43 500

借	应交税费		贷
(11)	3 000	期初余额：	3 000
发生额	3 000	发生额	0
		余额	0

借	生产成本		贷
(5)	15 000		
(15)	1 200		
发生额	16 200	发生额	0
余额	16 200		

发生额及余额试算表

单位:元

账户名称	期初余额		本期发生额		期末余额	
	借方	贷方	借方	贷方	借方	贷方
固定资产	120 000		40 000		160 000	
实收资本		162 700		40 000		202 700
累计折旧		20 000				20 000
短期借款		15 000	10 000			5 000
应收账款	100 000			96 000	4 000	
其他应收款	400		400		800	
原材料	20 000		17 000	16 200	20 800	
银行存款	50 000		96 000	77 000	69 000	
生产成本			16 200		16 200	
库存现金	300		300	200	400	
应付账款		90 000	48 500	2 000		43 500
应交税费		3 000	3 000			
合　　计	290 700	290 700	231 400	231 400	271 200	271 200

2.(1)借:库存现金　　400
　　贷:银行存款　　400
　（银行存款付款凭证）

(2)借:其他应收款　　150
　　贷:库存现金　　150
　（现金付款凭证）

(3)借:原材料　　1 000
　　贷:银行存款　　1 000
　（银行存款付款凭证）

(4)借:管理费用　　28
　　贷:库存现金　　28
　（现金付款凭证）

(5)借:银行存款　　20 000
　　贷:实收资本　　20 000
　（银行存款收款凭证）

(6)借:管理费用　　1 000
　　贷:银行存款　　1 000
　（银行存款付款凭证）

(7)借:原材料　　1 500
　　贷:应付账款　　1 500
　（转账凭证）

(8)借:银行存款　　10 000
　　贷:短期借款　　10 000
　（银行存款收款凭证）

(9)借:银行存款　　15 000
　　贷:主营业务收入　　15 000
　（银行存款收款凭证）

(10)借:管理费用　　140
　　贷:其他应收款　　140
　（转账凭证）

(11)借:库存现金　　1 000
　　贷:其他业务收入　　1 000
　（现金收款凭证）

(12)借:管理费用　　2 000
　　贷:库存现金　　2 000
　（现金付款凭证）

3.（1）红字更正法

借：主营业务成本　　　　1 000

　贷：生产成本　　　　　　1 000

借：库存商品　　　　10 000

　贷：生产成本　　　　　　10 000

（2）红字更正法

借：应付职工薪酬　　　　270 000

　贷：银行存款　　　　　　270 000

（3）补充登记法

借：制造费用　　　　45 000

　贷：累计折旧　　　　　　45 000

五、案例分析题

【案例一】

A. 错误，这一损失应计入营业外支出。

B. 错误，应该确认为2013年12月的收入。

C. 错误，该利息虽然当期没有支付，但是当期应该承担的。

D. 错误，银行存款日记账和现金日记账应该根据记账凭证逐笔登记，不能汇总登记。

【案例二】

"总分类账户发生额及余额试算平衡表"可用来检验某一期间总分类账户登账的结果是否正确，但试算平衡表也不是万能的，如果在记账时把有些业务漏记或重记了，或者借贷金额记账方向彼此颠倒了，或者记账方向正确但记错了账户，这些都不会影响试算表的平衡。

【案例三】

1. 权责发生制与收付实现制的区别

（1）会计处理的基础不同。权责发生制以权利或责任的发生与否为标准来确认收入和费用。不论是否已有现金的收付，按其是否体现各个会计期间的经营成果和收益情况，确定其归属期。就是说凡属本期的收入，不管其款项是否收到，都应作为本期的收入；凡属本期应当负担的费用，不管其款项是否付出，都应作为本期费用。反之，凡不应归属本期的收入，即使款项在本期收到，也不作为本期收入；凡不应归属本期的费用，即使款项已经付出，也不能作为本期费用。

收付实现制以现金收到或付出为标准来记录收入的实现或费用的发生，就是说按收付日期确定其归属期，凡是属本期收到的收入和支出的费用，不管其是否应归属本期，都作为本期的收入和费用；反之，凡本期未收到的收入和不支付的费用，即使应归属本期的收入和费用，也不应作为本期的收入和费用。

（2）利弊不同。权责发生制的优点是科学、合理、盈亏的计算比较准确，但缺点比较复杂；收付实现制的优点是处理手续简便，缺点是不科学，对盈亏计算不准确。

（3）使用范围不同。我国《企业会计准则——基本准则》第九条规定："企业应当以权责发生制为基础进行会计确认、计量和报告。"但我国的非营利组织会计仍然普遍采用收付实现制。

2. 权责发生制与收付实现制下收入、费用的计量与盈亏的计算

业务内容	权责发生制下	收付实现制下
（1）支付上月份电费 50 000 元	费用：	费用：+50 000
（2）收回上月的应收账款 100 000 元	收入：	收入：+100 000
（3）收到本月的营业收入款 80 000 元	收入：+80 000	收入：+80 000
（4）支付本月应负担的办公费 9 000 元	费用：+9 000	费用：+9 000
（5）支付下季度保险费 3 800 元	费用：	费用：+3 800
（6）应收营业收入 250 000 元，款项尚未收到	收入：+250 000	收入：
（7）预收客户货款 50 000 元	收入：	收入：+50 000
（8）负担上季度已经预付的保险费 1 600 元	费用：+1 600	费用：
本期收益	319 400 元	167 200 元

3. 各自的优缺点

采用权责发生制的优点：科学、合理、盈亏的计算比较准确，可以正确反映各个会计期间所实现的收入和为实现收入所应负担的费用，从而可以把各期的收入与其相关的费用、成本相配合，加以比较，正确确定各期的收益。我国企业会计准则规定企业按这一基础记账。

采用收付实现制的优点：期末不需要对账簿记录进行调整即可计算盈亏，所以核算简便易行。

采用权责发生制的缺点：需要在期末根据账簿记录进行账项调整，即将本期应收未收的收入和应付未付的费用记入账簿，同时将本期已收取现金的预收收入和已付出现金的预付费用在本期和以后各期之间进行分摊并转账，所以核算比较复杂。在会计实务中，对一些未收到的收入予以确认，这样确定的收入是一个虚数，带有一定的风险性。部分销售收入是在货币没有回笼的情况下确定的，它将不同程度地对税收、分配等许多环节产生不良的连锁反应，从而导致财政虚收、分配超前与短期行为等不良后果。会计期间利润的计算没有统一的标准（会计准则规定有多种核算方法可供选择），主观性太强，容易为管理当局所操纵，产生虚假的会计信息。

采用收付实现制的缺点：在会计实务中，凡是属本期收到的收入和支出的费用，不管其是否应归属本期，都作为本期的收入和费用；反之，凡本期未收到的收入和不支付

的费用,即使应归属本期收入和费用,也不能作为本期的收入和费用。因此,会计信息不够科学,对盈亏的计算不准确。

【案例四】

仅仅从会计的角度来看或从继承家业方面来说,刘丹应该回到父母身边,代价是将要放弃她喜爱的工作。分析如下:

现在她的年薪为 80 000 元。

接替家族工厂后第一年收入 = 100 000 + 840 000 × (1 - 20%) × 25%

= 100 000 + 168 000 = 268 000(元)

接替家族工厂后第三年收入 = 100 000 + 840 000 × (1 - 20%) × 50%

= 100 000 + 336 000 = 436 000(元)

接替家族工厂后第一年收入 268 000 元是她现在收入 80 000 元的 3.35 倍,第三年收入 436 000 元是她现在收入的 5.45 倍。

即使刘丹今后能够在电脑公司担任分公司的经理,年收入 = 80 000 + 150 000 = 230 000(元),也没有接替家族工厂后第一年的收入高。

第三章
流动资产

重点提示:本章学习的重点是货币资金的核算,交易性金融资产的确认、计量及账务处理,应收账款及应收票据的账务处理,存货的计价方法、会计核算以及存货的清查。

难点提示:交易性金融资产的确认、计量及账务处理,坏账损失的核算,应收票据贴现的核算,存货发出的计价方法对会计信息的影响。

一、单项选择题

1. 对于银行已经收款而企业尚未入账的未达账项,企业应做的处理为(　　)。
   A. 以“银行对账单”为原始凭证将该业务入账
   B. 根据“银行存款余额调节表”自制原始凭证入账
   C. 在编制“银行存款余额调节表”的同时入账
   D. 待有关结算凭证到达后入账
2. 下列项目中,不属于货币资产的是(　　)。
   A. 库存现金　　B. 银行存款
   C. 其他货币资金　　D. 应收票据
3. 企业存放在银行的信用证存款,应通过(　　)科目进行核算。
   A. 其他货币资金　　B. 银行存款
   C. 应收票据　　D. 库存现金
4. 关于交易性金融资产的计量,下列说法中正确的是(　　)。
   A. 应当按取得该金融资产的公允价值和相关交易费用之和作为初始确认金额
   B. 应当按取得该金融资产的公允价值作为初始确认金额,相关交易费用在发生时计入当期损益
   C. 资产负债表日,企业应将金融资产的公允价值变动计入当期所有者权益
   D. 处置该金融资产时,其公允价值与初始入账金额之间的差额应确认为投资收益,不调整公允价值变动损益
5. B公司于2013年5月5日从证券市场上购入A公司发行在外的股票100万股

作为交易性金融资产,每股支付价款4元(含已宣告但尚未发放的现金股利1元),另支付相关费用8万元,A公司交易性金融资产取得时的入账价值为(　　)万元。

A. 308　　B. 300　　C. 400　　D. 408

6. A公司于2013年11月1日从证券市场上购入B公司发行在外的股票100万股作为交易性金融资产,每股支付价款4元,另支付相关费用20万元,2013年12月31日,这部分股票的公允价值为430万元,A公司2013年12月31日应确认的公允价值变动损益为(　　)万元。

A. 损失30　　B. 收益30　　C. 收益10　　D. 损失10

7. 按总价法核算,由于客户折扣期内付款而享有的现金折扣,会计上应当作为(　　)处理。

A. 增加财务费用　　B. 增加销售收入

C. 冲减营业外收入　　D. 冲减财务费用

8. 在以应收账款余额的一定比例计提坏账准备的情况下,已确认的坏账又收回时,应借记(　　)科目,贷记坏账准备科目。

A. 应收账款　　B. 银行存款　　C. 管理费用　　D. 营业外收入

9. 某企业采用备抵法核算坏账损失,按年末应收账款余额的3‰提取坏账准备。年初坏账准备为贷方余额2 000元,本年发生了坏账3 000元,年末应收账款余额为100 000元,则年末应计提的坏账准备为(　　)元。

A. 300　　B. 1 300　　C. 4 000　　D. 1 000

10. 某工业企业销售产品每件120元,若客户购买100件(含100件)以上可得到20元的商业折扣。某客户2014年12月10日购买该企业产品100件,按规定现金折扣条件为2/10,1/20,N/30。该企业于12月29日收到该笔款项时,应给予客户的现金折扣为(　　)元。

A. 0　　B. 100　　C. 117　　D. 1 100

11. 下列原材料相关损失项目中,应计入营业外支出的是(　　)。

A. 计量差错引起的原材料盘亏　　B. 自然灾害造成的原材料损失

C. 原材料运输途中发生合理损耗　　D. 人为责任造成的原材料损失

12. 存货采用先进先出法计价,在存货价格下跌的情况下,将会使企业的(　　)。

A. 期末存货升高,当期利润减少　　B. 期末存货升高,当期利润增加

C. 期末存货降低,当期利润增加　　D. 期末存货降低,当期利润减少

13. 根据《银行账户管理办法》的规定,企业单位只能选择一家银行的一个营业机构开立一个(　　)。

A. 专用存款账户　　B. 临时存款账户

C. 基本存款账户　　D. 一般存款账户

14. 下列各项资产中,不属于存货范围的有(　　)。

A. 在途材料　　B. 工程物资

C. 委托加工材料　　　　D. 委托代销商品

15. 某企业购入C材料1 000千克，每千克单价60元，发生运杂费2 400元，运输途中合理损耗10千克，入库前发生挑选整理费用300元。C材料的入账价值为(　　)元。

A. 60 000　　B. 62 700　　C. 62 100　　D. 62 400

16. 企业将款项汇往异地银行开立采购专户，编制该业务的会计分录时应当(　　)。

A. 借记“应收账款”科目贷记“银行存款”科目

B. 借记“其他货币资金”科目贷记“银行存款”科目

C. 借记“其他应收款”科目贷记“银行存款”科目

D. 借记“材料采购”科目贷记“其他货币资金”科目

17. 企业2013年4月份遭遇水灾，共计损失120万元，其中：流动资产损失75万元；固定资产损失45万元。企业收到保险公司流动资产赔款30万元，固定资产赔款45万元。企业由于这次水灾损失而应计入营业外支出的金额为(　　)万元。

A. 120　　B. 80　　C. 45　　D. 35

18. 预付货款不多的企业，可以将预付的货款直接记入(　　)的借方，而不单独设置“预付账款”账户。

A. “应收账款”账户　　　　B. “其他应收款”账户

C. “应付账款”账户　　　　D. “其他应付款”账户

19. 材料采购途中发生的合理损耗，应计入(　　)。

A. 管理费用　　　　B. 由运输部门赔偿

C. 材料采购成本　　　　D. 营业外支出

20. 下列可以计入存货成本的项目有(　　)。

A. 企业管理人员工资　　　　B. 商业折扣

C. 入库后的材料仓库管理费　　　　D. 自制存货发生的制造费用

二、多项选择题

1. 下列款项中属于未达账项的有(　　)。

A. 企业已开出但银行尚未兑付的支票

B. 企业已收款入账，但银行尚未收款入账

C. 银行收到委托款项但尚未通知企业

D. 银行划付电话费但未将其通知单送达企业

2. 商业汇票按其承兑人的不同，可分为(　　)。

A. 商业承兑汇票　　　　B. 银行汇票

C. 银行本票　　　　D. 银行承兑汇票

3. 下列银行结算方式中,可以用于异地结算的有(　　)。

A. 支票　B. 银行本票　C. 托收承付　D. 商业汇票

E. 委托收款

4. 下列各项中,通过"其他货币资金"账户核算的有(　　)。

A. 信用证存款　B. 银行汇票存款

C. 备用金　D. 银行本票存款

5. 按现行准则规定,不能用"应收票据"及"应付票据"核算的票据包括(　　)。

A. 银行汇票　B. 银行承兑汇票

C. 银行本票　D. 商业承兑汇票

6. 下列项目中,不应计入交易性金融资产取得成本的是(　　)。

A. 支付的不含应收股利的购买价款

B. 支付的交易费用

C. 支付给代理机构的佣金

D. 支付的已到付息期但尚未领取的债券利息

7. 下列项目中应记入"坏账准备"科目贷方的有(　　)。

A. 经批准转销的坏账

B. 收回过去已经确认并转销的坏账

C. 年末按应收账款余额的一定比例计提的坏账准备

D. 年末实际提取的坏账准备

8. 期末存货计价过高,可能会引起(　　)。

A. 当期利润增加　B. 当期利润减少

C. 所有者权益增加　D. 销售成本增加

9. 下列项目中,应计入材料采购成本的有(　　)。

A. 入库前的挑选整理费　B. 进口关税

C. 运输途中的合理损耗　D. 采购人员的差旅费

10. 发出存货的计价方法包括(　　)。

A. 先进先出法　B. 个别计价法

C. 加权平均法　D. 移动加权平均法

11. 如何选择存货的计价方法将会影响到(　　)。

A. 资产总额　B. 负债总额

C. 企业损益　D. 所有者权益总额

12. 企业存货发生盘盈盘亏,应先记入"待处理财产损溢"科目,待查明原因后分别转入(　　)。

A. 营业外支出　B. 营业外收入

C. 管理费用　　　　　　　　　　　　D. 其他应收款

13. 下列项目中，属于其他货币资金的有(　　　)。

A. 存出投资款　　　　　　　　　　　B. 外埠存款

C. 信用证保证金存款　　　　　　　　D. 银行汇票存款

14. 存货的确认是以法定产权的取得为标志的。具体来说，(　　　)属于企业存货的范围。

A. 已经购入但未存放在本企业的货物

B. 已售出但货物尚未运离本企业的存货

C. 已经运离企业但尚未售出的存货

D. 未购入但存放在企业的存货

15. 下列各种物资中，应当作为企业存货核算的有(　　　)。

A. 包装物　　　　　　　　　　　　　B. 发出商品

C. 低值易耗品　　　　　　　　　　　D. 在产品

三、判断题

1. 票据价值就是票据的到期值，带息票据的到期值为票据到期时的本金加利息。(　　)

2. 交易性金融资产取得时的成本包括已宣告而尚未领取的现金股利。(　　)

3. 交易性金融资产持有期间所获得的现金股利或利息，作为当期所得，计入损益。(　　)

4. 交易性金融资产期末计价应按公允价值计价。(　　)

5. 存在现金折扣的情况下，应收账款入账金额的确认有两种方法，一种是总价法，一种是净价法。(　　)

6. 企业带息票据的贴现净额一定小于其票据面值。(　　)

7. 采用备抵法应按期估计坏账损失计入财务费用。(　　)

8. 采用应收账款余额百分比法计提坏账准备时，每年末均应做的会计分录是借记“资产减值损失”科目，贷记“坏账准备”科目。(　　)

9. 在有商业折扣的情况下，企业应收账款入账金额应按价目表销售价格加以确认。(　　)

10. “库存现金”账户反映企业的库存现金，包括企业内部各部门周转使用、由各部门保管的定额备用金。(　　)

11. 盘盈的存货，按规定手续报经批准后，可冲减营业外支出。(　　)

12. 商业汇票贴现的净值就是用票据的面值减去贴现利息。(　　)

13. 在备抵法下，已确认并已冲销的坏账损失，以后又收回的，仍然应通过“应收账款”账户核算，并贷记“资产减值损失”账户。(　　)

14. 现金折扣采用总价法的优点是可以较好地反映销售的总过程,但在客户可能享受现金折扣的情况下,会引起低估应收账款和销售收入。 (　　)

15. 购入材料在运输途中发生的合理损耗应计入管理费用。 (　　)

16. 凡是在盘存日期,法定所有权属于企业的一切物品,不论其存放何处或处于何种状态,都应作为企业的存货。 (　　)

17. 企业采购材料运输途中发生的短缺和毁损,均应计入材料的采购成本。 (　　)

18. 企业发出的存货,在资产负债表日可以按实际成本核算,也可以按计划成本核算。 (　　)

19. 存货的成本就是存货的采购成本。 (　　)

20. "坏账准备"账户期末余额在贷方,在资产负债表上列示时,应列示于流动负债项目中。 (　　)

21. 企业进行存货清查时由于收发计量差错造成的盘盈存货应记入"待处理财产损溢"科目,报经批准后记入"管理费用"科目。 (　　)

22. 属于非常损失造成的存货毁损,应按该存货的实际成本计入营业外支出。 (　　)

四、业务题

1. A 公司发生下列现金业务:

(1)职工陈海因公出差到财务部门借款,收到 4 500 元现金支票一张。半月后陈海出差归来报销差旅费 5 300 元,不足部分以现金支付。

(2)现金清查中发现现金溢余 560 元,经查现金溢余的 560 元中有 360 元是出纳少付给康某的借款,其他 200 元无法查明原因。

(3)现金清查中发现现金短缺 2 100 元。查明现金短缺的 2 100 元中,系出纳人员责任的 500 元应由出纳赔偿,另外短缺的 1 600 元无法查明原因。

要求:根据上述资料,编制相关会计分录。

2. 某企业 2×13 年 3 月 31 日银行存款余额为 128 000 元,银行对账单余额为 132 500 元,经查对有下列未达账项:

(1)企业于月末存入银行的转账支票 1 000 元,银行尚未入账。

(2)委托银行代收的销货款 6 000 元,银行已经收到并入账,但企业尚未收到银行收款通知。

(3)银行代付本月电话费 2 000 元,企业尚未收到银行付款通知。

(4)企业于月末开出转账支票 1 500 元,持票人尚未到银行办理转账手续。

要求:根据资料编制银行存款余额调节表。

银行存款余额调节表

2×13 年 3 月 31 日

项目	金额	项目	金额
企业账面存款余额		银行对账单余额	
加： 减：		加： 减：	
调节后的存款余额		调节后的存款余额	

3. 2×14 年 3 月 10 日，甲公司以 310 万元(含已宣告但尚未领取的现金股利 10 万元)购入乙公司股票 100 万股作为交易性金融资产，另支付手续费 3 万元。3 月 29 日，甲公司收到现金股利 10 万元。2×14 年 6 月 30 日该股票每股市价为 3.2 元。2×14 年 7 月 3 日以 325 万元出售该交易性金融资产。

要求：编制上述经济业务的会计分录。

4. 企业销售 A 产品，价格为每件 200 元。其商业折扣条件为：

购买数量	折扣比例
100 件以内	1%
101～200 件	3%
201～300 件	5%
300 件以上	8%

现有一客户购买 A 产品 300 件，企业提供的现金折扣条件为 4/10，2/30，n/60。

要求：按总价法编制企业在赊销时、折扣期内收款和折扣期外收款的会计分录。

5. 企业 2×12 年年末应收 M 客户账款余额为 100 万元。2×13 年 8 月确认 M 客户所欠账款 5 万元为坏账，当年年末应收账款余额为 200 万元。2×14 年 5 月 M 客户经济情况好转，偿还所欠账款 3 万元，当年年末应收账款余额为 300 万元。假设企业对 M 客户每年坏账的提取比例为 5‰。

要求：对上述有关坏账业务进行会计处理。

6. (1)2 月 1 日收到客户 K 出具的一张票据抵偿所欠账款。票据的出票日期为 2016 年 2 月 1 日，期限为 180 天，票据面值为 20 000 元，利率为 10%。(该年为平年)

(2)4 月 30 日企业将客户 K 的票据持向银行贴现，银行的贴现率为 12%。

(3)票据到期，客户 K 未能支付票款，银行向贴现企业追索。

要求：根据上述经济业务编制会计分录。

7. 顺达企业 A 种存货 9 月 1 日期初结存 1 000 件，单价 50 元。9 月份发生以下 A 种存货收入、发出经济业务：

(1)9 月 5 日购进 2 000 件，单价 48 元。

(2)9 月 7 日发出 2 200 件。

(3)9 月 13 日购进 1 500 件,单价 52 元。

(4)9 月 15 日发出 1 000 件。

(5)9 月 20 日购进 3 000 件,单价 53 元。

(6)9 月 30 日发出 3 500 件。

要求:根据以上资料,采用先进先出法、加权平均法计算期末结存 A 种存货的成本和本期发出 A 种存货成本。

8. 甲企业 2×14 年 4 月发生下列相关业务:

(1)4 月 3 日采用汇兑结算方式购入 K_1 材料一批,材料的买价 200 000 元,运输费 1 000 元,入库前的挑选整理费 300 元,发票账单已收到,材料已验收入库。

(2)4 月 17 日向乙公司购买 K_2 材料,K_2 材料的买价 36 000 元,材料已验收入库,发票账单已收到,企业向乙公司开出 3 个月期限的商业承兑汇票。

(3)4 月 19 日甲企业购入 K_3 材料一批,发票账单收到,货款 85 000 元和途中保险费 500 元已用银行存款支付。材料尚未到达。

(4)4 月 29 日 K_3 材料收到,并已验收入库。

(5)4 月 13 日采用委托收款结算方式购入 K_1 材料一批,材料已经收到并验收入库,发票账单没有收到。4 月末发票账单还是没有收到,该批材料估价 60 000 元。5 月 5 日收到 K_1 材料的发票账单,企业用银行存款 63 000 元支付。

要求:根据上述经济业务编制会计分录。

五、案例分析题

【案例一】

星海公司出纳员小王刚参加工作不久,对于货币资金业务管理和核算的相关规定不甚了解,有两件事情让他印象深刻。第一件事是在 2014 年 7 月 8 日和 10 日两天的现金业务结束后例行的现金清查中,分别发现现金短缺 50 元和现金溢余 20 元的情况,对此他经过反复思考也弄不明白原因。为了保全自己的面子,加上两次账实不符的金额又很小,他决定采取下列办法进行处理:现金短缺 50 元,自掏腰包补齐;现金溢余 20 元,暂时收起。第二件事是星海公司经常对其银行存款的实有额心中无数,甚至有时会影响到公司日常业务的结算,公司经理因此指派有关人员检查一下小王的工作,结果发现,小王编制银行存款余额调节表时,只根据公司银行存款日记账的余额加或减对账单中企业的未达账款项来确定公司银行存款的实有数,而且每次做完此项工作以后,小王就立即将这些未入账的款项登记入账。

分析:(1)小王对上述两项业务的处理是否正确?为什么?(2)你对这两件事情会如何处理?

【案例二】

据某市政务网资料，该市某部门2016年虚列“举报奖励资金”支出67.6万元（该资金本应通过各区市及市直相关单位发放给举报人），但相关单位领取举报奖励资金未入账，从单位账户中提取现金后，进入单位的“小金库”，存入若干工作人员的个人银行卡，并以其个人名义开办银行存单，交给相关单位的经办人员。有的挪用奖励资金用于机构业务费支出，有的违规用于职工发放年会纪念品、发放职工福利、组织职工外出旅游等支出。2017年上述“小金库”问题已由相关部门查出并进行了处理，涉及资金67.6万元已按规定收缴国库，相关责任人均受到党内严重警告、行政记大过处分。

分析：（1）什么是“小金库”？“小金库”有什么危害？（2）你认为应采用什么方法遏制“小金库”？

【案例三】

报损的化妆品去哪儿了

近日，小苏所在的税务检查组到生产化妆品的A公司检查，检查前小苏仔细分析了A公司可能存在的偷税情形：将自产化妆品赠送其他单位或个人、发放给员工或分配给股东或投资者，未作视同销售处理等。

至A公司检查后，小苏发现账面上各月均有将产品赠送其他单位和个人视同销售的情形，但全年反映的累计金额仅9 000多元。经过几天的检查，小苏几次发现A公司领导拿着自家企业生产的化妆品外出送人的情况。小苏很疑惑，A公司一盒化妆品300多元，每次领导都要送礼几盒，为何全年却只有9 000多元的视同销售？

小苏思考着A公司对外赠送产品有可能采取的处理方法。他首先抽查了近5个月产品销售成本的结转情况，发现每月结转产品销售成本的品种和数量与月度销售明细汇总表上的完全一致，说明公司没有将对外赠送产品的成本混在对外销售的产品成本中一并结转。然后小苏又抽取了3个热销品种，并随机核对这3个品种5个月生产入库的产成品数量与车间的生产完工记录，也未发现异常。两种方法均未能发现疑点，让小苏一时变得无从下手。

小苏忽然想到在查看产成品明细账时，看到有报损记录。随后，他再次打开产成品明细和营业外支出账页，并请A公司财务人员调阅了4份相关会计凭证。他发现所有报损会计凭证后面应有的书面申请报告、报损明细表、批准手续及相关经办、证明、审批人员等的签字一应俱全，这让小苏再次陷入迷惑。但是，细心的小苏并没有放弃，他再次仔细查看了资料后，发现产品报损有一定的规律：一是报损主要集中在三四个品种；二是春节、国庆节和中秋节三次的报损金额最大，其余的报损约一月一次，但金额都不大。

对此，A公司财务经理作出了如下解释：一是报损的产品集中在三四个品种，是因为这几个品种的生产量大、销量大，自然报损额大；二是每个月的报损是平时正常对过期产品进行的处理，春节、国庆节和中秋节报损额特别大是因为进行了三次全面盘点。

这样的解释似乎很有道理，但职业习惯让小苏对财务经理的话仍存疑问。

小苏又故意追问了两个问题：一是既然是主要品种且销量很大为何还会有大量过期报损？二是既然每个月都正常对过期产品进行了报损处理，但为何春节、国庆节和中秋还有大量的过期产品？财务经理被问得愣住了，不知应该如何回答，这让小苏更加确定自己的怀疑是有可能的。他请 A 公司提供一年来开发的新产品目录，从报损的产品明细中找出了 A 公司开发才几个月的新产品并请财务经理解释。

至此，财务经理只好承认事实真相。原来，A 公司经常将生产的化妆品特别是新产品作为礼品对外赠送和发放给员工作为劳保或福利品，由于全部视同销售税负很重，就只将一小部分做了销售，而大多数则以报损的名义列入营业外支出。

资料来源：中国税务报，2018 年 8 月 13 日。

分析：(1)企业对外赠送、对内发放或分配的自产产品应怎样进行会计处理？

(2)企业为什么将对外赠送、对内发放或分配的自产产品作为产品报损处理？

【案例四】

中集集团——银行托管的应收账款

自从有了买方市场，应收账款和现金流就成了一对宿命冤家。面对销售量和市场份额的增长，企业本应该精神抖擞。可伴随而来的应收账款增加、资金占用、回款乏力、呆坏账增加，使企业常常力有未逮，不仅导致扩张减缓、机会丧失，甚至可能出现现金流断裂，基业大厦毁于一旦。很多企业选择了现金流优先的安全做法，放弃一部分市场机会来降低风险，但这不过是用长远的利益兑换眼前的利益罢了。然而中集集团巧妙地调解开了这对死冤家，应收账款不仅没有成为企业的负累，反而成了融资的手段。这就是应收账款证券化。

2004 年 11 月初，中集对前三季度经营状况进行大盘点，报表显示中集主营业务收入猛增 85%，但同时应收账款也升至 87%。急速增加的应收账款和负现金流将投资者和分析师的目光齐齐吸引到中集身上，甚至有人发出了“红旗还能扛多久”的质疑。但是随之关于中集集团应收账款证券化业务的报道让所有人的疑问瞬时烟消云散。

12 月 25 日，交行总行审贷会批准深圳分行向中集发放一笔 3 000 万美金无追索权的保理融资(表外融资)，买断中集集团的应收账款。这是在保理业务(应收账款融资业务)合同基础上加以修改，做成无追索权的、余额控制(在不超过余额的情况下可以滚动使用资金)的应收账款资产证券化。中集集团率先成功实施应收账款证券化的经典案例浮出水面，并引起广泛关注。

由于集装箱行业的特殊性，中集的销售收入基本采用赊账方式，很少有现金交易。而集装箱的生产投资需求庞大，这就需要公司找到一种独特的融资方式，它既要加速回流资金，又要保持公司财务状况的优化与资金结构的稳定和安全。

在采用资产证券化之前，中集主要通过发行商业票据直接在国际市场融资，但商业票据的稳定性因国际经济和金融市场的变化而波动。在 1998 年金融危机中，原有银团中的部分银行收缩了在亚洲的业务并退出了 7 000 万美元商业票据银团。后经多方努力,成功续发商业票据,规模仍保持在 5 700 万美元的水平。为避免类似情况的发生,保持集团资金结构的稳定性并进一步降低成本,中集集团开始了与多家国际银行进行金融方面的创新。

2000 年 3 月,中集集团与荷兰银行在深圳签署了总金额为 8 000 万美元的应收账款证券化项目协议。在 3 年的协议有效期限内,中集集团将发生的 8 000 万美元以内的应收账款全部出售给由荷兰银行管理的资产购买公司,由该公司在国际商业票据市场上多次公开发行商业票据。通过这一协议,中集集团只需花两周时间就可获得本应 138 天才能收回的现金,加快了资金周转。

应收账款证券化的操作流程如下:

截至 2004 年 6 月,中集使用应收账款资产证券化业务累计融资超过 10 亿美金。但是截至 2004 年 11 月,公司 50 亿元销售收入里只有 2 亿多的应收账款,从没有发生过坏账,预收账款形式大大缓解了公司的资金压力。

此外,资产证券化方案的另一大优点是公司得以将大量的应收账款直接从优质资产负债表上移开,从而优化公司财务状况。当时中国银行发行的三年期美元债券成本为 LIBOR(伦敦银行同业协会拆借率) + 274bps,财政部发行的三年期美元债券成本为 LIBOR + 120bps,中集 1998 年续发的 5 700 万美元的一年期商业票据的综合成本为 LIBOR + 91. 22bps。而 2000 年以资产证券化方式发行 8 000 万美元三年期综合成本仅为 LIBOR + 85bps,节省了成本就是为企业创造利润。

资料来源:周锡冰. 中集集团——银行托管的应收账款[J]. 中国商业评论,2005(7).

背景资料:中集集团为上市公司,股票代码 000039。集团所在地:深圳市南山蛇口工业区。中集是中国最早的集装箱专业生产厂商和最早的中外合资企业之一,主要经营集装箱、道路运输车辆、罐式储运设备、机场设备制造和销售服务。道路运输车辆业务是中集集团目前的重点发展业务,自 2002 年以来,中集利用其在管理、技术、品牌和规模经营等方面的优势,通过收购兼并和投资建设的方式,整合行业资源,实现规模性扩张。中集集团目前是全球规模最大、品种最齐全的集装箱制造集团,客户包括全球最知名的船舶公司和租箱公司,产品遍及北美、欧洲、亚洲等全球主要的海陆物流系统,在集装箱行业确立了世界级地位。

分析:(1)应收账款产生的主要原因是企业向客户提供了商业信用。应收账款大幅度增加,特别是当其增幅显著高于营业收入的时候会给企业带来什么风险? (2)相当多的企业都不可能实施应收账款证券化。为了保证应收账款的尽快回收,企业应该采取哪些积极措施?

六、补充阅读资料

存货舞弊案例分析

前言

上市公司出于完成财务计划、维持或提升股价、增资配股、获取贷款、保住上市资格等目的，常常采用各种手段虚报利润。常见的利润操纵手段包括不恰当核算特殊交易（如债权、债务重组、非货币交易、关联交易等）、滥用会计政策及会计估计变更、错误确认费用及负债、资产造假等。

在形形色色的利润操纵手法中，资产造假占据了主要地位。我国近年来影响较大的财务报表舞弊案绝大多数与资产项目的造假有关，上市公司琼民源、蓝田股份、东方锅炉、成都红光就是其中的典型。造假的公司一般使用五种手段来非法提高资产价值和虚增盈利，即虚构收入，虚假时间差异，隐瞒负债和费用，虚假披露以及资产计价舞弊。其中资产计价舞弊是资产造假的惯用手法。而存货项目因其种类繁多并且具有流动性强、计价方法多样的特点，又导致存货高估构成资产计价舞弊的主要部分。本文主要分析存货造假。

中外上市公司中，涉及存货舞弊的案例为数众多，其中比较著名的有麦克森 & 罗宾斯公司、斯温道色拉油公司、权益基金、百斯特公司、法尔莫公司、红光实业公司、天津广夏（集团）有限公司等。这些公司所策划的舞弊方案给注册会计师带来了很大的审计风险。下面就选择其中较为典型的美国法尔莫公司案予以介绍。

法尔莫公司案例

从孩提时代开始，米奇·莫纳斯就喜欢几乎所有的运动，尤其是篮球。但是因天资及身高所限，他没有机会到职业球队打球。然而，莫纳斯确实拥有一个所有顶级球员共有的特征，那就是他有一种无法抑制的求胜欲望。

莫纳斯把他无穷的精力从球场上转移到他的董事长办公室里。他首先设法获得了位于（美）俄亥俄州阳土敦市的一家药店，在随后的十年中他又收购了另外 299 家药店，从而组建了全国连锁的法尔莫公司。不幸的是，这一切辉煌都是建立在资产造假——未检查出来的存货高估和虚假利润的基础上的，这些舞弊行为最终导致了莫纳斯及其公司的破产，同时也使为其提供审计服务的“五大”事务所损失了数百万美元。这起案件的经过是这样的。

自获得第一家药店开始，莫纳斯就梦想着把他的小店发展成一个庞大的药品帝国。其所实施的策略就是他所谓的“强力购买”，即通过提供大比例折扣来销售商品。莫纳斯首先做的就是把实际上并不盈利且未经审计的药店报表拿来，用自己的笔为其加上并不存在的存货和利润。然后凭着自己空谈的天分及一套夸大了的报表，在一年之内骗得了足够的投资用以收购了 8 家药店，奠定了他的小型药品帝国的基础。这个帝国后来发展到了拥有 300 家连锁店的规模。一时间，莫纳斯成为金融领域的风云人物，他的公司则在阳土敦市赢得了令人崇拜的地位。

在一次偶然的机会导致这个精心设计的、至少引起5亿美元损失的财务舞弊事件浮出水面之时，莫纳斯和他的公司炮制虚假利润已达十年之久。要查清楚绝非易事，当时法尔莫公司的财务总监认为因公司以低于成本的价格出售商品而招致了严重的损失，但是莫纳斯认为通过“强力购买”，公司完全可以发展得足够大以使得它能顺利地坚持它的销售方式。在莫纳斯的强大压力下，这位财务总监最终卷入了这起舞弊案件。在随后的数年之中，他和他的几位下属保持了两套账簿，一套用以应付注册会计师的审计，一套反映糟糕的现实。

他们先将所有的损失归入一个所谓的“水桶账户”，然后再将该账户的金额通过虚增存货的方式重新分配到公司的数百家成员药店中。他们仿造购货发票、制造增加存货并减少销售成本的虚假记账凭证、确认购货却不同时确认负债、多计或加倍计算存货的数量。财务部门之所以可以隐瞒存货短缺是因为注册会计师只对300家药店中的4家进行存货监盘，而且他们会提前数月通知法尔莫公司他们将检查哪些药店。管理人员随之将那4家药店堆满实物存货，而把那些虚增的部分分配到其余的296家药店。如果不考虑其会计造假，法尔莫公司实际已濒临破产。在最近一次审计中，其现金已紧缺到供应商因其未能及时支付购货款而威胁取消对其供货的地步。

注册会计师们一直未能发现这起舞弊，他们为此付出了昂贵的代价。这项审计失败使会计师事务所在民事诉讼中损失了3亿美元。那位财务总监被判33个月的监禁，莫纳斯本人则被判入狱5年。

案例分析：如何识别存货舞弊

为何注册会计师们一直未能发现法尔莫公司舞弊的迹象呢？他们可能太信任他们的客户了，他们从报纸上阅读到关于它的文章，从电视中看到关于莫纳斯努力奋斗的报道，从而为这种欺骗性的宣传付出了代价；他们也可能是在错误的假设下执行审计，即认为他们的客户没有进行会计报表舞弊的动机，因为它正在大把大把地赚钱。回顾整个事件，只要有人问一下这样一个基本的问题，即“一个以低于成本出售商品的公司怎能赚钱”，注册会计师们或许就能够发现这起舞弊事件。

此案件给我们敲响了警钟，存货审计是如此的重要，也是如此的复杂，存货舞弊并非仅凭简单的监盘就可查出。不过，如果能够弄清这些欺骗性操纵是如何进行的，对于发现这些舞弊将会大有帮助，这就意味着注册会计师必须掌握识别存货舞弊的技术。

存货的价值确定涉及两个要素：数量和价格。确定现有存货的数量常常比较困难，因为货物总是在不断地被购入和销售，不断地在不同存放地点间转移以及投入到生产过程之中。存货单位价格的计算同样可能存在问题，因为采用先进先出法、后进先出法、平均成本法以及其他的计价方法所计算出来的存货价值将不可避免地存在较大的差异。正因如此，复杂的存货账户体系往往成为极具吸引力的舞弊对象。

不诚实的企业常常利用以下几种方法的组合来进行存货造假：虚构不存在的存货，存货盘点操纵，错误的存货资本化。所有这些精心设计的方案都有一个共同的目的，即虚增存货的价值。

1. 虚构存货

正如莫纳斯所做的那样，一个极易想到的增加存货资产价值的方法是对实际上并不存在的项目编造各种虚假资料，如没有原始凭证支持的记账凭证、夸大存货盘点表上的存货数量、伪造装运和验收报告以及虚假的定购单，从而虚增存货的价值。因为很难对这些伪造的材料进行有效识别，注册会计师往往需要通过其他的途径来证实存货的存在与估价。

2. 存货盘点操纵

注册会计师在很大程度上依赖对客户存货的监盘来获取有关存货的审计证据。因此，对注册会计师来说，执行和记录盘点测试显得非常重要。遗憾的是，在一些存货舞弊案件中，审计客户在数小时之内就改变了注册会计师的工作底稿。因而注册会计师必须采取足够的措施以确保审计证据的可信性。

举例来说，假定审计客户在会计期间结束前五天收到一大批货物，随之将所有与之有关的验收报告和发票以及它们的复印件抽出，并在审计进行期间将其隐藏起来。然后，在存货实物盘点时，雇员们再将这些货物清点并计入注册会计师测试的那批货物中去。

显然，在上例中实物存货将被高估，同时有相同金额的负债被低估。对于客户来说，采取这种方法的好处是存货高估的金额将会被混入整个销售成本的计算之中。遇到这种情况，注册会计师需要进行比例或趋势分析以发现可能的舞弊。另外，也可以检查会计期间结束后一段时间内的款项支出。如果注册会计师发现有未在采购日记账中记录的直接支付给供应商的款项，就应该进行进一步的调查。

3. 错误的存货资本化

虽然任何存货项目都可能存在不恰当资本化的情况，但产成品项目中这方面的问题尤为突出。有关产成品被资本化的部分通常是销售费用和管理费用。为了发现这些问题，注册会计师应当对生产过程中的有关人员进行访谈，以获取归入存货成本的费用归集与分配过程是否适当的信息。审计客户往往可列出很多看似非常充分的理由，用以支持通过对存货项目进行资本化而增加利润的处理。此类舞弊往往是财务总监在总裁的指使下实施的。因此，在对关键人物的正式访谈中，如果怀疑有人指使他们夸大有关存货的信息，注册会计师应采取一种直截了当的方式，以责难的态度迫使其说出真相。

资料来源：张加学，李若山．存货舞弊案例分析[J]．财务与会计，2007(2)．

宝洁削减全球存货

总部位于美国俄亥俄州辛辛那提市的美国宝洁公司(P&G)是世界上最大的日用消费品公司之一，全球雇员近10万，在全球80多个国家设有工厂及分公司，所经营的300多个品牌的产品畅销160多个国家和地区，其产品包括洗发、护发、护肤用品、化妆品、婴儿护理产品、妇女卫生用品、医药、食品、饮料、织物、家居护理及个人清洁用品。在中国，宝洁的飘柔、海飞丝、潘婷、舒肤佳、玉兰油、护舒宝、碧浪、汰渍和佳洁士等已经成为家喻户晓的品牌。宝洁公司尽管已经建立了家化产品的帝国，却仍然居安思危，兢兢业业，在其日常经营活动中坚持以降低存货水平作为其降低供应链成本的主要手段。

快速分销，快速响应

美国宝洁公司生产的一只牌子为“天生杀手”的口红或者普通的餐巾纸出现在中国上海淮海路某间商店橱窗内供消费者选购，其本身似乎非同寻常，但是要把那支口红从美国宝洁公司总部分销中心转移到上海，却不是轻而易举的事情。

宝洁公司供应链研究和开发部总经理泰尔顿（Tarlton）表示，想方设法把宝洁公司的产品不断地补充到世界各地零售商货架上，其本身与一场持久战没有什么两样，尤其是要把宝洁公司生产的美容霜等热销产品在规定时间内运送到规定地点零售商店货架上，更像是一场激烈战斗。

泰尔顿面临的严峻挑战是：世界各地消费者对美容产品的需求变化多端，零售需求量瞬息万变，市场季节需求波动大，同样一种美容产品今天热销，明天就可能无人过问。产品研制、产品供应和存货水平必须高度灵敏，紧跟着市场需求走，坚持以市场为导向，不断突出宝洁公司的名牌优势，因此宝洁公司从美国延伸到世界各地的供应链必须拥有反应快、效率高和持续性革新的特点。于是泰尔顿领导其团队首先把重点放在持续优化供应链全程存货水平方面：一方面，降低世界各地存货水平的 3% ~7%；另一方面，确保世界各地产品供应满意度保持在 99% 以上。泰尔顿表示，宝洁公司今天的辉煌在很大程度上取决于其供应链的经营管理，尤其是其存货水平的最优化控制。泰尔顿在存货水平优化控制方面有非常丰富的经验。

最大限度优化存货

像美国宝洁公司那样的全球性企业在供应链中发现，随时削减貌不惊人的多余存货将为企业带来巨大的意外利润，就如同发现金矿一样。多年来，与其他企业一样，集制造商、供货商和批发零售商为一身的美国宝洁公司在经营管理方面坚持创新，其中包括积极推行准时货物递交、卖售管理存货活动、增加精确市场预报、市场营销积极应对、制订销售经营规划合作原则等。尽管这些措施卓有成效，甚至促成产品市场营销成绩非凡，却无法从根本上保证存货水平与产品市场供销业绩保持同步，常常发生产品供过于求或者供不应求，甚至出现企业家最不喜欢看到的产品在市场内积压或者脱销等极端情况。

传统存货管理的具体操作规范往往十分教条，总是落后于时代发展步伐，尤其是宝洁公司那样的跨国跨洲的全球性企业供应链几乎每周和每月都要向世界各地延伸和扩大，承包和外包制造商、供应商、批发零售商与日俱增，产品的有效期和多重配送渠道各有不同。因此宝洁公司必须以不断创新的精神着力重新评估其存货管理程序和操作技术，也就是说，按照市场规律坚持创新改革的存货管理系统，根据需要加大投资，引进物流供应链专业人才和存货管理科学技术设备，其重中之重就是运用电子软件等科学手段最大优化存货。宝洁公司大力削减其全球存货水平不是普通的算术式减法，而是本身结构错综复杂的存货的最大优化，减法和最大化优化两者有天壤之别。

例如你有总额为1亿美元的存货，使用减法还是最大优化经营管理这批存货会给你带来截然不同的两种业绩。

趁热打铁

宝洁公司擅长强化供应链管理和持续优化存货。宝洁公司的产品订购准确率超过99%，经营管理成本控制、现金和货物交纳时间99%达标。宝洁公司在这个基础上趁热打铁，建立卓有成效的高科技信息系统，采用多种软件工具，预防供应链风险升级，实施制造商、营销商、供应商和批发零售商一体化经营管理机制，不断优化物资供应和产品配送系统、创新生产和营销规划，达到减少库存的目的；与客户合作，及时掌握市场信息，降低零售存货，经济效益显著。2006—2007年财政年度宝洁公司全球美容品市场部纯收入与上年同比增长13%，达到230亿美元，尤其是在发展中国家，宝洁公司的美容产品特别受到当地消费者的欢迎，宝洁公司面临的供应链挑战就更加严峻。必须提高产品制造、营销、配送和批发零售一条龙精准服务水平，同时要严格控制各类产品的存货水平，密切关注美容产品市场发展动态。

寻找合适伙伴

宝洁公司除了注重分布在美国和美国以外世界各地的贸易伙伴外，还拥有富有才干的市场分析专家、规划专家、开发投资商、律师和中间商等。注重寻找合适伙伴所产生的直接好处是宝洁公司的各位股东均得到实惠。这项措施看似平凡，但在促使宝洁公司最大化精炼其整体供应链存货、优化供应链全程中的存货战略方面卓有成效，促使其中占到较大部分的成品存货的存货水平精准度超过99%，不断优化供应链网络的重整，持续降低了供应链成本，强化了市场信息预测，帮助合伙人提升了市场态势评估精准度，完善了存货经营管理应急安全机制。

优化存货为大家

宝洁公司毫不怀疑地把优化存货作为企业生存发展和扩大成功业绩的基础工作，积极投资和持续扩大信息技术基础设施功能，招聘优秀经营管理人才充实企业机构各个层面，全面汇集、更新、充实和分析供应链存货信息以及市场动态，及时做出反应和正确解决有关存货的各种问题。

突出重点。凡是企业内部和跨企业项目的经营管理均必须集中落实到供应链网络优化上，在存货操作上不排斥多层次或者多级别。

强调清晰。凡是需要解决的存货问题，必须首先搞清楚问题类型：是原材料还是零部件、成品、半成品出了问题，或者均出了问题？各个项目存货水平的准确数据是什么？应该保持的存货水平是什么？正在处理的存货是否属于存货战略部分？存货问题属于个案、战略性、战术性、结构性还是政策性问题？

确保深度，杜绝肤浅。凡是需要优化经营管理的企业必须确保优化达到一定的深度，因此必要的信息技术、调查分析和抽样检验等操作规程必须跟上，达到必要的标准高度，绝对不能拍拍脑袋乱猜。

资料来源：佚名．宝洁削减全球存货[EB/OL]．(2008－07－05)[2008－07－08]．http://www.51made.com.

往来账户暗藏涉税问题

往来账户是企业核算债权、债务账户的统称，主要包括“应收账款”“其他应收款”“应付账款”“其他应付款”“预收账款”“预付账款”等账户。在被检查对象没有设两套账（或两套以上）的情况下，偷逃税款的重要手法就是在往来账上做文章。

案例一

检查人员在对A企业进行检查时了解到，被查单位员工工资收入在当地属于中等偏上水平，但查阅工资发放及个税扣缴明细表后发现，该公司工资表中反映的员工收入情况与事实不符。检查人员初步判断被查单位有通过其他途径支付员工报酬并有少扣缴个人所得税的可能。基于这个判断，检查人员查阅了相关账簿，在查阅“其他应付款”科目时，发现其中有一个二级科目“管理费”核算往来业务十分可疑，每个月末计提一笔费用，次月上旬以银行转账方式支付，摘要用代码表述，比较有规律。

计提的会计处理：

借：管理费用　　××

　　生产成本　　××

　贷：其他应付款——管理费　　××

缴纳的会计处理：

借：其他应付款——管理费　　××

　贷：银行存款　　××

当检查人员询问上述账务处理的业务内容时，对方解释说这是按月从成本、费用中提取并向总公司缴存的管理费。检查人员并不相信这一说法，决定进一步核查资金的流向。在调取了被查单位银行账户交易记录后，问题终于显现出来。原来，被查单位薪酬制度中设有出勤奖，凡是出全勤的，每人每月发放1 000元出勤奖；没有出全勤的，按规定扣减。被查单位为了少扣缴出勤奖的个人所得税，将本应在“应付职工薪酬”科目核算的出勤奖改为直接从成本、费用中提取，在往来科目中核算，并通过若干账户的中转，最终打入员工工资账户。出勤奖未在工资表中体现，也未计算、扣缴相应的个人所得税。

案例二

检查人员在对W房地产开发有限公司进行专项检查时发现，被查单位2010年有股权变更及增资行为。其提供的相关凭证及文件显示，2010年3月，公司原股东A先生、B先生持有的股权分别以成本价1 000万元、500万元的价格转让给C先生、D先生，转让价款在双方签订转让协议的当天由C先生、D先生一次性付给对方。但检查人员怀疑双方签订的股权平价转让协议的真实性。被查单位为房地产开发企业，其名下有一块2008年购买的土地，在土地价格大幅上涨的情况下，被查单位的净资产能不增加吗？检查人员决定将被查单位股权转让行为作为重大疑点，从往来科目入手展开检查。在查阅被查单位“其他应收款”明细账时，发现该科目下的二级科目“××机械有限公司”2010 年、2011 年发生多笔业务，摘要均为“借款”，凭证附件显示收款单位为“××机械有限公司”，2010 年期末借方余额为 500 万元，2011 年借方余额累计达 1 500 万元，并且所有与“××机械有限公司”发生的业务，只在这一科目中见到，而其他科目中没有见到。这一情况引起了检查人员的注意，查询“××机械有限公司”基本信息后发现，“××机械有限公司”股东正是 A 先生、B 先生。W 房地产开发有限公司经营业务与“××机械有限公司”业务范围无任何联系，为什么还会长期发生资金往来？真的是借款吗？“××机械有限公司”股东正是 A 先生、B 先生，这里面有什么玄机吗？带着这些疑问，检查人员进一步落实了资金流向，并到“××机械有限公司”核实了有关情况，最终查清了事实。原来，为了逃避缴纳股权交易环节的个人所得税，双方签的是“阴阳合同”，原本就不是平价转让，溢价部分由 W 公司通过往来账户“其他应收款——××机械有限公司”支付给了 A 先生、B 先生。至此，A 先生、B 先生转让股权、少申报缴纳个人所得税的问题得以确认。

资料来源：潘洪新. 往来账户暗藏涉税问题[N]. 中国税务报，2014-10-17.

分析：其他应收款、其他应付款账户主要核算企业在商品、服务交易以外发生的各种应收、应付款项。一般情况下，这些业务金额小、内容单一、多孤立发生等特点，检查人员在检查这两个账户时，如果发现有与上述特点不符的业务，如单笔业务金额很大（案例二）、多笔业务重复规律发生（案例一）等情形，应进行重点审核。

参考答案

一、单项选择题

1. D　2. D　3. A　4. B　5. B　6. B　7. A　8. A　9. B　10. B

11. B　12. D　13. C　14. B　15. B　16. B　17. C　18. C　19. C　20. D

【5-解析】选 B。交易性金融资产取得时的成本 = 100 ×（4 - 1）= 300（万元）；100 ×1 = 100（万元）计入应收股利；8 万元的相关费用记入投资收益账户的借方。

【6-解析】选 B。股票取得时的成本 = 100 ×4 = 400（万元）；20 万元的相关费用记入投资收益账户的借方；因为 2013 年 12 月 31 日股票公允价值高于购买时的成本，股票公允价值变动收益 = 430 - 400 = 30（万元）。

【9-解析】选 B。由于企业坏账准备上年末提取的是 2 000 元，本年使用了 3 000 元，坏账准备账户出现了 1 000 元的借方余额；年末应提坏账 = 100 000 × 3‰ = 300（元）；实际提取坏账准备账 = 应提坏账 + 借方余额 = 300 + 1 000 = 1 300（元）。

【10-解析】选 B。企业购买该产品 100 件，可以享受 20 元的商业折扣，在 20 天内归还了货款，能够享受 1/20 的现金折扣，100 ×（120 - 20）×1% = 100（元）

【15-解析】选 B。C 材料的入账价值 = 1 000 ×60 + 2 400 + 300 = 62 700（元）。

二、多项选择题

1. ABCD　2. AD　3. CDE　4. ABD　5. AC　6. BCD
7. BD　8. AC　9. ABC　10. ABCD　11. ACD　12. ACD
13. ABCD　14. AC　15. ABCD

三、判断题

1. √　2. ×　3. √　4. √　5. √　6. ×　7. ×　8. ×　9. ×　10. ×
11. ×　12. ×　13. ×　14. ×　15. ×　16. ×　17. ×　18. ×　19. ×　20. ×
21. √　22. ×

【16－解析】×。该说法有两处错误:其一,“法定所有权属于企业的一切物品,不论其存放何处或处于何种状态,都应作为企业的存货。”除了存货之外,可能还有固定资产。其二,“不论其存放何处或处于何种状态”。如果该物品处在毁损的状态,已经不能为企业带经济利益的流入,还能作为企业的存货吗?

【20－解析】×。“坏账准备”账户的期末余额不能在资产负债表上列示,而应在报表附注(六)中的“15.资产减值准备”里进行披露。

【22－解析】×。属于非常损失造成的存货毁损,应先扣除存货的残料价值以及保险公司赔款后,再按净损失计入营业外支出。

四、业务题

1. A公司发生现金业务的会计分录:

(1)陈海预借差旅费:

借:其他应收款——陈海	4 500	
贷:银行存款		4 500

陈海报销差旅费:

借:管理费用	5 300	
贷:库存现金		800
其他应收款——陈海		4 500

(2)现金溢余:

借:库存现金	560	
贷:待处理财产损溢——待处理流动资产损溢		560

查明原因后处理:

借:待处理财产损溢——待处理流动资产损溢	560	
贷:其他应付款——应付现金溢余(张某)		360
营业外收入		200

(3) 现金短缺:

借:待处理财产损溢——待处理流动资产损溢　　2 100

　贷:库存现金　　2 100

查明原因后处理:

借:其他应收款——X 出纳　　500

　营业外支出　　1 600

　贷:待处理财产损溢——待处理流动资产损溢　　2 100

2.

银行存款余额调节表

2×13 年 3 月 31 日　　单位:元

项目	金额	项目	金额
企业账面存款余额	128 000	银行对账单余额	132 500
加:银行已代收的销货款 减:银行已代付的电费	6 000 2 000	加:企业已收、银行未收 减:企业已付、银行未付	1 000 1 500
调节后的存款余额	132 000	调节后的存款余额	132 000

3. (1)2×14 年 3 月 10 日购入时

借:交易性金融资产——成本　　3 000 000

　应收股利　　100 000

　投资收益　　30 000

　贷:银行存款　　3 130 000

(2)2×14 年 3 月 29 日收到股利时

借:银行存款　　100 000

　贷:应收股利　　100 000

(3)2×14 年 6 月 30 日

借:交易性金融资产——公允价值变动

200 000(1 000 000×3.2－3 000 000)

　贷:公允价值变动损益　　200 000

(4)2×14 年 7 月 3 日处置

借:银行存款　　3 250 000

　贷:交易性金融资产——成本　　3 000 000

　　交易性金融资产——公允价值变动　　200 000

　　投资收益　　50 000

借:公允价值变动损益　　200 000

　贷:投资收益　　200 000

4. 赊销时

借:应收账款　　57 000

　贷:主营业务收入　　57 000

10 天内收款

借:银行存款　　54 720

　　财务费用　　2 280

　贷:应收账款　　57 000

10 ~ 30 天内收款

借:银行存款　　55 860

　　财务费用　　1 140

　贷:应收账款　　57 000

30 ~ 60 天收款

借:银行存款　　57 000

　贷:应收账款　　57 000

5. 2 × 12 年年末提取坏账准备:1 000 000 × 5‰ = 5 000(元)

借:资产减值损失　　5 000

　贷:坏账准备　　5 000

2 × 13 年冲销坏账准备

借:坏账准备　　50 000

　贷:应收账款——M　　50 000

2 × 13 年年末提取坏账准备

应提坏账准备:2 000 000 × 5‰ = 10 000(元)

实提坏账准备:10 000 + 45 000(借方余额) = 55 000(元)

借:资产减值损失　　55 000

　贷:坏账准备　　55 000

2 × 14 年冲销 M 客户的坏账收回

借:应收账款——M　　30 000

　贷:坏账准备　　30 000

借:银行存款　　30 000

　贷:应收账款　　30 000

2 × 14 年年末提取坏账准备

坏账准备账户贷方余额 = 10 000 + 30 000 = 40 000(元)

应提坏账准备:3 000 000 × 5‰ = 15 000(元)

冲销坏账准备:15 000 − 40 000 = −25 000(元)

借:坏账准备　　25 000

贷:资产减值损失　25 000

6.(1)借:应收票据　20 000

贷:应收账款　20 000

(2)票据到期值 = 20 000 + 20 000 × 10% × 6/12 = 21 000(元)

贴现期 = 92 天

银行贴息 = 21 000 × 12% × 92/360 = 644(元)

贴现净额 = 21 000 − 644 = 20 356(元)

借:银行存款　20 356

贷:应收票据　20 000

财务费用　356

(3)借:应收账款　21 000

贷:银行存款　21 000

7. 共发出存货 = 2 200 + 1 000 + 3 500 = 6 700(件)

共收入存货 = 2 000 + 1 500 + 3 000 = 6 500(件)

期末结存存货 = 1 000 + 6 500 − 6 700 = 800(件)

(1)先进先出法:结存成本 = 800 × 53 = 42 400(元)

发出成本 = 1 000 × 50 + 2 000 × 48 + 1 500 × 52 + 2 200 × 53 = 340 600(元)

(2)加权平均法:

加权平均单价 = (1 000 × 50 + 2 000 × 48 + 1 500 × 52 + 3 000 × 53)/(1 000 + 6 500)

= 383 000/7 500 = 51.07(元/件)

发出成本 = 6 700 × 51.07 = 342 169(元)

结存成本 = 800 × 51.07 = 40 856(元)

8.(1)借:原材料　201 300(200 000 + 1 000 + 300)

贷:银行存款　201 300

(2)借:原材料　36 000

贷:应付票据　36 000

(3)借:在途物资　85 500

贷:银行存款　85 500

(4)借:原材料　85 500

贷:在途物资　85 500

(5)材料已验收入库,发票账单没有收到,平时不做账务处理。

4 月末发票账单还没收到,按暂估价入账

借:原材料　60 000

贷:应付账款——暂估应付账款　60 000

下月初做相反的会计分录

借:应付账款——暂估应付账款　60 000
　贷:原材料　60 000

或者红字凭证

借:原材料　60 000（红字）
　贷:应付账款——暂估应付账款　60 000（红字）

5 月 5 日收到结算单证时,做相关分录

借:原材料　63 000
　贷:银行存款　63 000

五、案例分析题

【案例一】

(1)小王在编制银行存款余额调节表时,只根据公司银行存款日记账的余额加或减对账单中企业的未达账项来确定公司银行存款的实有数,这样做不正确。如果企业或银行没有记账错误的话,小王的方法可能会确定出银行存款的实有数,但如果未达账项确定不全面或有错误的话,小王的方法就不能正确确定出银行存款实有数。正确的方法应该是在银行存款日记账和对账单余额的基础上,分别加或减双方的未达账项,调整后双方的余额应达到一致。

另外,小王以对账单为依据将企业未入账的未达账项记入账内也是错误的。这是因为银行的对账单不能作为记账的原始凭证,企业收款或付款必须取得收款或付款的原始凭证才能记账。这是记账的基本要求。

(2)星海公司出纳员小王在 2014 年 7 月 8 日和 10 日两天的现金清查结果的处理方法都是错误的。现金清查中发现短缺或溢余,应当记入“待处理财产损溢”科目,待查明原因后再按要求进行处理。如为现金短缺,属于应由责任人赔偿的部分,记入“其他应收款”,属于无法查明的其他原因,经批准后,记入“管理费用”科目。如为现金溢余,属于应支付给有关人员或单位的,应记入“其他应付款”科目,属于无法查明原因的现金溢余,经批准后,记入“营业外收入”科目。

【案例二】

(1)小金库,是指违反法律法规、财经纪律及其他有关规定,应列入而未列入符合规定的单位账簿的各项资金(含有价证券)及其形成的资产。

私设“小金库”是严重违反财经纪律的行为,由于小金库具有隐蔽性,逃避监管,容易成为贪污贿赂、私分侵吞国有资产等违纪违法的资金来源。“小金库”问题不仅扰乱了正常的财经秩序,造成国有资产流失,滋生浪费和腐败,也损害了党和政府的整体形象,具有极大的社会危害性。

(2)一是加强法治教育。加大对部门单位领导和财会人员财经法律法规的宣传教育,自觉抵制各种违反财经纪律行为。

二是完善财务内控制度。制定和完善财务收支、现金支出、资产管理等重点环节内部控制制度，建立健全会计岗位人员轮岗机制，严格落实岗位责任，保证财会人员按照规定的权限和程序履行职责。

三是强化监督问责。在不断加强审计监督、财政监督的基础上，各级各部门要加强对所属部门、单位财务内控制度实施情况的督促指导和日常检查，对相关领导及财会人员严格实行问责机制，确保各项财经法律法规全面贯彻落实。

【案例三】

(1)企业对外赠送、对内发放或分配的自产产品正确的会计处理是视同销售，确认收入，结转成本。(参考第五章教材内容)

借:生产成本

　　管理费用(等账户)

　贷:应付职工薪酬——非货币性福利

借:应付职工薪酬——非货币性福利

　贷:主营业务收入

　　　应交税费——应交增值税(销项税额)

借:主营业务成本

　贷:库存商品

视同销售必然产生收入，销售收入就应缴纳增值税、消费税、城市维护建设税、教育费附加等税费，如收入超过成本和相关税费的余额即形成利润，利润应交纳所得税。

(2)企业将对外赠送、对内发放或分配的自产产品作为产品报损处理是为了逃避应缴纳的税款。这些产品以报损的名义列入营业外支出会形成企业的损失，这样会计处理的后果是损失增加，税费减少，利润减少，从而偷逃了大量的增值税、消费税和企业所得税。

实际上，有相当多生产日用生活品、食品、饮料等产品的企业，都存在将自产产品发放给员工、分配给股东和投资者，或赠送给其他单位(或个人)的情形。但不少企业不将这些自产产品按照视同销售处理，而是采取各种舞弊方法来逃避税收。上述案例中的A公司采取的以报损的方式处理就是较常见的舞弊方法之一。但检查人员抓住“报损的都是过期产品”这一线索，将其与“刚开发的产品根本没过保质期”相对质，从而揭穿了虚假报损。

【案例四】

(1)应收账款是企业流动资产中风险很大的资产。虽然应收账款可以增加销售，减少存货库存，但是如果管理不善，将会带来不堪设想的后果。

当其应收账款增幅显著高于营业收入的时候，也就是说企业挣的钱不是真金白银，意味着企业的资金被客户大量占用，大量的营业收入是债权而没有现金流入。日常经营中企业要用现金支付采购存货的资金，支付职工薪酬，还要垫付向国家交纳的流通环节和利润环节的税金，还有可能向股东支付现金股利，等等。当企业资金链出现问题，便会出现亏损甚至破产。

（2）企业必须加强应收账款的全面管理，首先，制定适合企业的信用政策，包括制定企业信用销售的信用期限，制定企业信用销售的现金折扣和折扣期限，制定企业信用销售的信用额度；其次，要建立应收账款内部控制制度，建立高效的应收账款管理信息系统，建立客户信用档案；最后，对应收账款进行事前、事中、事后的动态管理，等等。

第四章
长期资产

重点提示：掌握债权投资的核算方法，理解其他债权投资、其他权益工具投资的处理方法，掌握长期股权投资中成本法和权益法的核算方法，掌握固定资产取得及处置的核算，掌握固定资产折旧的核算，掌握无形资产的入账价值的确认（尤其是自创无形资产入账价值的确认）、无形资产期末计价的核算。理解长期待摊费用和其他资产的含义及会计处理。

难点提示：债权投资的实际利率法，长期股权投资中成本法和权益法的核算方法，无形资产研究和开发费用的区分和核算。

一、单项选择题

1. 企业取得债权投资时，相关交易费用计入（　　）。

A. 初始成本　　B. 投资收益
C. 营业外支出　　D. 资本公积

2. 企业购买分期付息的债券作为债权投资时，实际支付价款中包含的已到期而尚未领取的债券利息应记入的会计科目是（　　）。

A. 债权投资　　B. 投资收益
C. 财务费用　　D. 应收利息

3. 债权投资在持有期间应当按照（　　）计算确认利息收入，计入投资收益。

A. 实际利率　　B. 票面利率
C. 市场利率　　D. 合同利率

4. 处置债权投资，应将取得的价款与债权投资账面价值之间的差额计入（　　）。

A. 资本公积　　B. 营业外收入
C. 投资收益　　D. 公允价值变动损益

5. 资产负债表日，其他债权投资由于公允价值变动，（　　）。

A. 应该调整其他债权投资账面价值
B. 应该计入其他债权投资，同时计入其他综合收益
C. 应该计入投资收益

D. 不做任何账务处理

6. 甲公司于2×17年4月10日从证券市场上购入乙公司发行的5年期债券200万份,甲公司支付价款1 000万元,公司将该债券作为其他债权投资处理,2×17年12月31日该债券公允价值为1 010万元,不考虑相关税费和利息,公允价值与账面价值的差额计入(　　)。

A. 债券面值　　B. 利息调整

C. 应计利息　　D. 其他综合收益

7. 下列长期股权投资应该采用权益法核算的是(　　)。

A. 对被投资企业实施控制

B. 对被投资企业不具有重大影响

C. 对被投资企业具有共同控制或重大影响

D. 对被投资企业不具有共同控制

8. 根据《企业会计准则第2号——长期股权投资》的规定,采用权益法核算,长期股权投资的初始投资成本小于投资时应享有被投资单位可辨认净资产公允价值份额的差额记入的科目是(　　)。

A. 长期股权投资——××公司(损益调整)

B. 营业外收入

C. 不进行处理

D. 资本公积——其他资本公积

9. 根据《企业会计准则第2号——长期股权投资》的规定,长期股权投资采用权益法核算时,下列各项不会引起长期股权投资账面价值减少的是(　　)。

A. 被投资单位对外捐赠　　B. 被投资单位发生净亏损

C. 被投资单位宣告发放现金股利　　D. 被投资单位计提盈余公积

10. 下列说法不正确的是(　　)。

A. 投资企业能够对被投资单位实施控制的长期股权投资,应当采用成本法核算

B. 投资企业对被投资单位具有共同控制的长期股权投资,应采用权益法核算

C. 成本法下,被投资企业产生盈利或者亏损,投资企业均应记账反映

D. 成本法下,被投资单位宣告分派现金股利或利润,投资企业应当按照享有被投资单位宣告发放的现金股利或利润确认投资收益

11. 采用成本法核算长期股权投资的情况下,被投资企业发生亏损时,投资企业应当(　　)。

A. 借记"投资收益"科目　　B. 借记"资本公积"科目

C. 贷记"长期股权投资"科目　　D. 不作处理

12. A公司于2×14年1月5日用货币资金从证券市场上购入B公司发行在外股份的25%,实际支付价款500万元,另支付相关税费5万元,同日,B公司可辨认净

资产的公允价值为2 200万元。A公司2×14年1月5日取得的长期股权投资经调整后的初始投资成本为(　　)万元。

A. 550　　B. 505　　C. 500　　D. 555

13. A公司于2×14年3月1日用货币资金从证券市场上购入B公司发行在外股份的25%，实际支付价款500万元，另支付相关税费5万元，同日，B公司可辨认净资产的公允价值为2 200万元。A公司2×14年3月1日应确认的损益为(　　)万元。

A. 45　　B. 0　　C. 50　　D. 20

14. 某企业2×17年年初购入B公司30%的有表决权股份，对B公司能够实施重大影响，实际支付价款300万元(与享有B公司的可辨认净资产的公允价值的份额相等)。当年B公司经营获利100万元，发放现金股利20万元。2×17年年末企业该股票投资账面余额为(　　)万元。

A. 300　　B. 324　　C. 360　　D. 372

15. 计算折旧的基数一般为(　　)。

A. 固定资产的重置完全成本　　B. 固定资产的折余价值

C. 固定资产的现值　　D. 固定资产的原始成本

16. 企业购入新固定资产时，固定资产的价值应采用的计价方法是(　　)。

A. 原始价值　　B. 成本与市价孰低

C. 净值　　D. 重置完全价值

17. 正常报废的固定资产应(　　)。

A. 通过“待处理财产损溢”科目核算　　B. 通过“固定资产清理”科目核算

C. 通过“在建工程”科目核算　　D. 通过“营业外收入”科目核算

18. 企业的下列固定资产，按规定不应计提折旧的是(　　)。

A. 经营性租入的设备　　B. 融资租入的设备

C. 经营租出的房屋　　D. 未使用的设备

19. 采用出包方式建造固定资产时，对于按合同规定预付的工程价款，应借记的会计科目是(　　)。

A. 预付账款　　B. 工程物资　　C. 在建工程　　D. 固定资产

20. 某企业2×16年6月20日自行建造的一条生产线投入使用，该生产线的建造成本为740万元，预计使用年限为5年，预计净残值为20万元。在采用年数总和法计提折旧的情况下，2×16年该生产线应计提的折旧额为(　　)万元。

A. 240　　B. 140　　C. 120　　D. 148

21. 某项固定资产原值为15 500元，预计使用年限为5年，预计净残值为500元，按双倍余额递减法计提折旧，则第二年末该固定资产的账面价值为(　　)元。

A. 5 580　　B. 6 320　　C. 5 900　　D. 6 500

22. 下列各项，不应计提固定资产折旧的是(　　)。

A. 季节性停用的大型设备

B. 已提足折旧仍在使用的大型设备

C. 以融资租赁方式租入的大型设备

D. 以经营租赁方式租出的大型设备

23. 某企业2013年6月15日自行建造的一条生产线投入使用,该生产线建造成本为460万元,预计使用年限为5年,预计净残值为10万元。在采用年数总和法计提折旧的情况下,2013年该设备应计提的折旧额为(　　)万元。

A. 150　　B. 75　　C. 70　　D. 74

24. 对固定资产多提折旧将使企业的资产负债表中(　　)。

A. 负债增加　　B. 对资产和负债均无影响

C. 资产虚增,其净值扩大　　D. 资产净值减少

25. 下列项目中,应确认为无形资产的是(　　)。

A. 企业自创商誉

B. 企业内部产生的品牌

C. 企业内部研究开发项目研究阶段的支出

D. 企业购入的专利权

26. 甲公司以180万元的价格对外转让一项专利权。该项专利权系甲公司以240万元的价格购入,购入时该专利权预计使用年限为5年。转让时该专利权已使用2年。转让该专利权应交的增值税为9万元,假定不考虑其他相关税费。该专利权未计提减值准备。甲公司转让该专利权所获得的净收益为(　　)。

A. 27　　B. 45　　C. 35　　D. 60

27. 关于企业自行研究开发无形资产的支出,下列说法中不正确的是(　　)。

A. 企业自行研究开发无形资产的支出,应当区分研究阶段支出和开发阶段支出

B. 研究阶段是指为获得并理解新的科学或技术知识而进行的独创性的有计划调查

C. 企业自行研究开发无形资产研究阶段的支出,应当于发生时计入当期损益

D. 企业自行研究开发无形资产开发阶段的支出,应当于发生时计入当期损益

28. 某企业于2012年1月1日购入一项专利权,实际支付价款100万元,按10年的预计寿命采用直线摊销。2013年年末,该无形资产的可收回金额为60万元,2014年1月1日,对无形资产的使用寿命和摊销方法进行复核,该无形资产尚可使用的寿命为5年,摊销方法仍采用直线法,该专利权未计提减值准备,2014年应摊销的金额为(　　)万元。

A. 10　　B. 15　　C. 16　　D. 12

29. 企业无形资产的摊销,应计入(　　)。

A. 其他业务成本　B. 管理费用　　C. 销售费用　　D. 长期待摊费用

二、多项选择题

1. 企业持有债权投资时，应考虑(　　)方面内容。

A. 到期日固定、回收金额固定或可确定

B. 有能力持有至到期

C. 可以溢价取得或折价取得

D. 有明确意图持有至到期

2. 其他债权投资是指初始投资时，即被指定为以公允价值计量的债权投资。会计处理时应设置“其他债权投资”总分类账户，还应设置(　　)等明细账户。

A. 债券面值　　B. 利息调整　　C. 应计利息　　D. 公允价值变动

3. 下列情况下，投资方应采用权益法核算长期股权投资的是(　　)。

A. 控制　　B. 重大影响　　C. 无重大影响　　D. 共同控制

4. 长期股权投资的核算方法包括(　　)。

A. 成本法　　B. 权益法

C. 市价法　　D. 成本与市价孰低法

5. 关于长期股权投资权益法核算，下列说法中正确的有(　　)。

A. 长期股权投资的初始投资成本大于投资时应享有被投资单位可辨认净资产公允价值份额和持股比例的，不调整长期股权投资的初始投资成本

B. 长期股权投资的初始投资成本大于投资时应享有被投资单位可辨认净资产公允价值份额和持股比例的，其差额确认为负商誉

C. 长期股权投资的初始投资成本大于投资时应享有被投资单位可辨认净资产公允价值份额和持股比例的，其差额确认为当期损益

D. 长期股权投资的初始投资成本小于投资时应享有被投资单位可辨认净资产公允价值份额和持股比例的，其差额应当计入当期损益，同时调整长期股权投资的成本

6. 下列各项，应作为以货币资金购买长期股权投资取得时初始成本入账的有(　　)。

A. 投资时支付的不含应收股利的购买价款

B. 支付价款中被投资单位已宣告但尚未发放的现金股利

C. 投资时支付的税金、手续费

D. 付出其他的无关费用

7. 下列长期股权投资不应采用成本法进行核算的是(　　)。

A. 投资企业能够对投资单位实际控制的长期股权投资

B. 投资企业对被投资单位具有共同控制的长期股权投资

C. 投资企业对被投资单位具有重大影响的长期股权投资

D. 投资企业对被投资企业不具有控制、共同控制或重大影响的长期股权投资

8. 采用权益法核算时,下列引起长期股权投资账面价值变动的有(　　)。

A. 被投资企业实现净利润　　B. 被投资企业购入土地使用权

C. 被投资企业发生亏损　　D. 被投资企业进行增资扩股

9. 对长期股权投资采用权益法核算时,被投资企业发生的下列事项中,投资企业应该调整长期股权投资账面价值的有(　　)。

A. 被投资企业因其他权益投资公允价值变动而调整其他综合收益

B. 被投资企业实现净利润

C. 被投资企业股东大会宣告分配现金股利

D. 被投资企业计提盈余公积

10. 下列固定资产不应计提折旧的有(　　)。

A. 房屋及建筑物　　B. 单独计价入账的土地

C. 未提足折旧提前报废的固定资产　　D. 以经营方式租入的固定资产

E. 大修理停用的设备

11. 企业计算固定资产折旧的主要依据有(　　)。

A. 固定资产的预计使用年限　　B. 固定资产取得时的原始价值

C. 固定资产的净残值　　D. 固定资产的使用部门

E. 固定资产的修理情况

12. 双倍余额递减法和年数总和法这两种计算固定资产累计折旧的方法的共同点有(　　)。

A. 都属于加速折旧法　　B. 每期折旧率固定

C. 前期折旧高,后期折旧低　　D. 不考虑净残值

E. 要考虑净残值

13. 固定资产的后续支出包括资本化的后续支出和费用化的后续支出,应当在发生时记入相关科目(　　)。

A. 在建工程　　B. 制造费用　　C. 销售费用

D. 管理费用　　E. 生产成本

14. 下列项目中,构成固定资产清理净损益的有(　　)。

A. 盘亏固定资产的原值与累计折旧的差额

B. 报废固定资产产生的运输费

C. 毁损固定资产的变价收入

D. 自然灾害造成的固定资产损失的保险赔偿款

E. 固定资产的清理费用

15. 无形资产是没有实物形态的非货币性长期资产,企业持有无形资产的目的有(　　)。

A. 生产商品　　B. 提供劳务　　C. 管理持有　　D. 销售

16. 下列资产中,可以单独作价转让的无形资产有(　　)。

A. 专利权 B. 商标权 C. 土地使用权
D. 商誉 E. 著作权

17. 无形资产具有(　　)特征。
A. 无形性 B. 非流动性
C. 具有流动性 D. 是企业无偿取得的
E. 不确定性

18. 企业的无形资产可以通过(　　)方式取得。
A. 外购 B. 自行研究开发
C. 投资者投入 D. 非货币性资产交换换入
E. 债务重组

19. 下列项目中属于可辨认无形资产的有(　　)。
A. 商誉 B. 专利权 C. 商标权 D. 土地使用权
E. 著作权

20. 转让无形资产所有权时,取得的收入及支出等,可能记入的会计科目是(　　)。
A. 累计摊销 B. 资产处置损益 C. 其他业务成本 D. 营业外支出

21. 企业下列情况减少的固定资产都要通过"固定资产清理"科目核算(　　)。
A. 自然灾害造成的固定资产毁损 B. 正常出售、转让的固定资产
C. 已失去使用功能的固定资产报废 D. 固定资产盘盈

三、判断题

1. 企业为取得债权投资发生的交易费用应计入当期损益,不应计入其初始确认金额。(　　)
2. 企业的其他权益投资不属于货币性资产。(　　)
3. 持有至到期投资应当按期计提利息,计提的利息按债券账面价值及适用的利率计算。(　　)
4. 在实际利率法下,每期溢折价的摊销额相同。(　　)
5. 只要使用年限超过一年的劳动工具都可作为固定资产。(　　)
6. 长期股权投资在成本法核算下,只要被投资单位宣告分派现金股利就应确认投资收益。(　　)
7. 股票投资中已宣告但尚未领取的现金股利应作为应收股利处理。(　　)
8. 在成本法核算长期股权投资时,当被投资企业发生盈亏时,投资企业一般不做账务处理;当被投资企业宣告分配现金股利或利润时,投资企业均应将分得的现金股利或利润确认为投资收益。(　　)
9. 在采用权益法核算的情况下,投资企业应于被投资单位宣告分派现金股利时,按持有表决权资本比例计算应分得的利润,确认投资收益,但不能调整长期股权投资

的账面价值。（　）

10. 以支付现金取得的长期股权投资，应当按照实际支付的购买价款作为初始投资成本。初始投资成本包括与取得长期股权投资直接相关的费用、税金及其他必要支出。（　）

11. 投资企业对被投资单位具有共同控制或重大影响的长期股权投资，应当采用权益法核算。（　）

12. 长期股权投资采用权益法核算，长期股权投资的初始投资成本大于投资时应享有被投资单位可辨认净资产公允价值份额的，应确认为商誉，并调整长期股权投资的初始投资成本。（　）

13. 长期股权投资采用权益法核算，长期股权投资的初始投资成本小于投资时应享有被投资单位可辨认净资产公允价值份额的，其差额应当确认为资本公积，同时调整长期股权投资的成本。（　）

14. 投资企业采用权益法核算，因被投资单位盈亏影响其所有者权益变动，投资企业应通过“长期股权投资——××公司（损益调整）”科目核算。（　）

15. 采用权益法核算的长期股权投资的初始投资成本大于投资时应享有被投资单位可辨认净资产公允价值份额的，其差额不得计入长期股权投资成本中。（　）

16. 固定资产提足折旧后，不管是否继续使用，均不再提取折旧；提前报废的固定资产，还需再补提折旧。（　）

17. 采用双倍余额递减法计算固定资产折旧时是用固定资产的净值乘以双倍数直线折旧率。（　）

18. 企业购入旧的固定资产应根据售出单位的账面原价加上新发生的各种费用支出作为本单位固定资产的原价。（　）

19. 企业固定资产发生的大修理费用，在支出发生时作为当期费用入账。（　）

20. 企业当月增加的固定资产当月计提折旧，当月减少的固定资产当月不提折旧。（　）

21. 企业当月增加的固定资产当月不应计提折旧，当月减少的固定资产当月要提取折旧。（　）

22. 工作量法计提折旧的特点是每年提取的折旧额相等。（　）

23. 固定资产折旧方法的选择只影响资产负债表中资产总额，并不会影响利润表中的净利润。（　）

24. 无形资产的累计摊销应记入“其他业务成本”科目。（　）

25. 企业无形资产的研究开发项目支出，应当区分研究阶段支出和开发阶段支出。（　）

26. 企业无形资产研究阶段发生的支出应全部费用化，计入当期损益。（　）

27. 无形资产摊销会减少净利润，因此无形资产摊销会使企业现金流入减少。

（　）

28. 无形资产是能够为企业带来经济利益的无实物形态的资产,它是可以辨认的资产。 ( )

29. 企业转让无形资产所有权和使用权的收入,均应记入“营业外收入”科目,其转让成本费用均应记入“营业外支出”科目。 ( )

30. 无形资产所提供的未来经济利益具有不确定性。 ( )

31. 无形资产的取得成本不能完全代表其经济价值。 ( )

32. 企业自行研究开发无形资产的支出,应当区别研究阶段支出与开发阶段支出。对研究阶段的支出,应当于发生时计入当期损益;对开发阶段的支出,应同时满足确认条件的,才能作为无形资产的成本,确认为无形资产。 ( )

四、业务题

1. 甲股份有限公司2010年1月1日购入乙公司当日发行的五年期债券。债券的票面利率为12%,债券面值1 000元,企业按1 055元的价格购入80张。该债券每年年末付息一次,最后一年还本并付最后一次利息。假设甲公司按年计算利息。不考虑相关税费。该债券的实际利率为10.53%。

要求:完成甲公司有关上述债券投资的会计处理。(计算结果保留整数)

2. 甲公司于2011年1月1日以19 800元购入一项3年期到期还本、按年付息的公司债券,每年12月31日支付利息。该公司债券票面年利率为5%,实际利率为5.37%,面值总额为20 000元,甲公司将其确认为债权投资,于每年年末采用实际利率法和摊余成本计量。

要求:编制从购入债券至到期收回款项整个期间的会计分录。(计算结果保留整数)

3. 2014年1月1日,甲公司购买乙公司于2013年7月1日发行的5年期公司债券,面值50 000 000元,票面利率4%。上年债券利息应于下年初支付。甲公司将其作为其他债权投资核算和管理。支付价款52 000 000元(其中包含已到付息期尚未领取的债权利息1 000 000元),支付相关税费600 000元。2014年1月11日,甲公司收到债券利息1 000 000元。

要求:编制甲公司购买其他债权投资的会计分录。

4. 唐华实业有限公司于2014年1月6日从证券市场上购入C公司股票400 000股,每股市价10元,支付相关税费40 000元;公司将其作为其他权益工具投资,假定不考虑其他因素。2014年6月30日C公司股票公允价值(市价)为4 500 000元;2014年12月31日C公司股票为每股11元。

要求:编制唐华实业有限公司购买C公司股票作为其他权益工具投资的会计分录。

5. 甲公司2013年1月5日以2 100万元的价格购进乙公司60%的股份,其中包含已宣告尚未分派的现金股利20万元,另支付相关税费5.2万元,准备长期持有,采用成本法核算,2013 年 1 月 22 日收到现金股利 20 万元。乙公司 2013 年实现净利润 3 000 万元;2014 年 3 月 22 日宣告分派现金股利 1 500 万元。

要求:对该长期股权投资进行账务处理。

6. A 公司于 2013 年 1 月 1 日用银行存款购入 B 公司股票 400 万股,每股购入价为 10 元(含已宣告但尚未发放的现金股利 1 元),另支付相关税费 20 万元,占 B 公司实际发行在外股数的 30%。2013 年 1 月 1 日 B 公司可辨认净资产公允价值为 13 000 万元。2013 年 1 月 20 日收到现金股利,2013 年 B 公司实现净利润 1 000 万元。2014 年 B 公司发生亏损 500 万元。2015 年 1 月 20 日,A 公司将持有的对 B 公司的投资对外出售,收到款项 4 000 万元存入银行。

要求:编制 A 公司上述有关投资业务的会计分录。

7. 企业某项固定资产账面原价为 60 万元,预计使用年限 5 年,预计净残值 30 000 元。

要求:分别用直线法、双倍余额递减法和年数总和法计算各年折旧额。

8. 长江公司 2×10 年发生如下经济业务:

(1)2×10 年 12 月 20 日购买设备一台,价款 200 万元,以银行存款支付,需进行安装。

(2)领用工程材料 24 万元,全部用于安装工程。

(3)应付安装工程人员工资 36 万元。

(4)2×10 年 12 月 31 日安装完毕交付生产车间使用。

(5)该设备预计使用 10 年,净残值率 5%,采用直线法计提折旧。

(6)假定该设备交付使用后于 2×15 年年末报废,在清理中,支付清理费 30 000 元,收到残料变价收入款 230 000 元。

(7)公司一套设备遭受水灾报废,该套设备原价 600 万元,已提折旧 270 万元,发生清理费用 12 万元用银行存款支付,残料变价收入 20 万元收到存入银行。根据保险合同规定,保险公司应付赔偿款 150 万元,赔偿款项还未收到。

要求:编制长江公司上述有关业务的会计分录。

9. (1)购入一项专有技术,双方议定结算价格为 600 000 元,以转账支票付款。该项专有技术购入后即投入使用,摊销期限为 10 年,按月摊销其价值。

(2)上项专有技术在使用 3 年后将其使用权转让给其他单位,取得转让收入 40 000 元,发生转让费用 2 000 元,款项已存入银行。(不考虑税金问题)

要求:根据以上资料编制相应的会计分录。

10. 企业原拥有的价值为 200 000 元的专利权使用 3 年后予以转让,该无形资产摊销期限规定为 10 年。

(1)若将其所有权转让,转让所有收入共计 150 000 元(不考虑税金问题);

(2)若将其使用权转让,转让后 6 年内,每年按 30 000 元收取转让费。(不考虑税金问题)

11. 2014 年 3 月 1 日,企业自行研究开发一项新工艺,在研究开发过程中发生材料费 100 000 元,应付职工薪酬 280 000 元,支付其他费用 120 000 元,总计 500 000 元,其中,符合资本化条件的支出为 360 000 元。2014 年年末,该项新工艺研发成功,并满足无形资产确认标准,达到了预定可使用状态。

要求:根据上述业务进行会计处理。

五、案例分析题

【案例一】

中移动折旧之谜:超乎同业严厉会计政策三考

“中国移动一直在通过过度折旧来积累未来的盈利空间。”中金公司在其 2008 年策略报告中指出。

中国电信业重组似乎已成为资本市场上的最大悬疑魔盒。尽管之前市场已确信奥运前维持现状的押后局势,但 1 月 10 日午后,又一则“源自高层”的传闻弥漫坊间。

传闻称,电信重组方案已得到确认:中国联通(600050)(0762HK;600050SS)将与中国网通(0906HK)合并,合并后的公司由前者主导,但中国联通的 CDMA 网络将分拆给中国电信(0728HK);同时,中国铁通将并入中国移动(0941HK)。

“差别在于,中国电信、中国联通有很多应收账款,而中国移动则有很多预收账款,后者是一项极其安全的会计策略。”1 月 11 日,一位资深行业人士分析道。此外,大比例的预付费订户结构也降低了营业收入落实的管理压力。

“中国移动超乎同业的严厉会计处理,主要出于日益失衡的市场竞争格局中对非均衡监管政策的忌惮。但从另一个角度,也营造了未来利润释放的巨大势能。”某行业人士认为。

1 元利润的背后

丰盈纯利成为常态之后,2007 年开始,中国移动选择了几乎是全球同业最为严厉的会计处理政策。

众所周知,移动运营商进入市场前,需要一次性投入天价的资本性支出(CAPEX,Capital Expenditure)——资本性网络构建成本。于是,之后的数年中,分摊的网络折旧都将成为构成其成本的大宗因子。

按中国移动 2007 年中报,自 2007 年上半年开始,该公司交换设备等资产(不包括可以适应新一代技术发展的软交换设备)的折旧年限由 7 年缩短为 5 年。于是,仅当年上半年全集团折旧费用支出便高达 349. 38 亿元,由于折旧年限改变而增加的折旧费用为人民币 57. 37 亿元。

而中国联通依旧执行的是与海外同业类似的 2G 网络设备 7 年的折旧政策,两家曾从事流动市话业务的固网运营商——中国电信与中国网通,对 PHS 设备选择的折旧年限则是更为宽松的 10 年。

仅此网络折旧一项,中国移动付出的成本就较对手高出 40%。由于这仅是会计政策使然，背后的含义是中国移动报表上1元利润的实际意义必然比联通报表的1元利润大出许多。

此外，为了招徕客户，近年来国内运营商也开始借鉴海外市场“存话费、赠手机”的促销策略，尤其在中国联通进入CDMA业务领域时，几乎全部新订户都采用了这一模式。然而，这种旨在绑定订户忠诚度的促销手段，却会作为一项补贴反映到上市公司的费用中。

对此，中国联通采用的是与合约绑定时限匹配的12个月、18个月、24个月不等的分期摊销政策。

相对而言，中国移动的手机补贴尽管受益订户比例小于对手，但却执行了当期费用处理的会计政策，放弃了完全可以采取的财务支付压力延后蹊径。

话费风险的巨大差别

由于电信运营商均会因为非预付费订户的话费迟交而产生大量应收账款，应收账款的管理也成为评价此类上市公司财务政策松紧的重要标尺。这部分账款主要由用户欠费及应收其他电信运营商的账款结余组成。用户欠费的账款结余如已逾期或超过信贷额度，则需先行偿还所有欠费，才可继续使用有关电话服务。

这一科目上，中国联通的做法与另两家固网运营商类似，通过提取坏账准备覆盖的形式处理超过3个月以上应收账款。按国泰君安的统计，截至2007年中期，中国联通超过3个月的应收账款占总应收比例的53%，公司对其中的90%进行了坏账覆盖。而中国电信与中国网通这一时限的应收账款比例分别为11.7%和27.6%，坏账准备的覆盖幅度分别为100%和55%。中国联通、中国电信与中国网通三者水平基本相当。

相比之下，中国移动再次成为“另类”，径直选取了大力降低中长期应收账款的模式，其大量话费收入来自预付费的神州行、动感地带订户，很多全球通订户也采取预付费的模式。截至2007年11月底，中国移动的3.63亿用户中有80.87%是预付费用户。这一比例还在逐步增大。在2007年前11个月全部新增的6 155万用户中，预付费用户的比例达到93.28%。

由此，2007年中期，中国移动3个月以上应收账款比例只在2.5%的低位。

中金公司认为，如果中国移动能继续维持高的资本投资回报率要求，在必要时有效地降低资本支出，目前的目标股价仍有上调空间。此外，资本支出的减少将降低折旧成本，提高股息。但是，公司可能有意愿将资本支出维持在高位。首先，当前中国移动增长的主要动力是用户和平均每户每月通话时间（MOU）的增长，属于资本/投资密集型的增长（在达到一定阶段后规模效益有限）；其次，只要公司略微改变严厉的会计政策，不将资本支出维持在高位，折旧恐将下滑，净利将大增。

面对即将被开启的潘多拉魔盒，市场领先者为未来的经营小心翼翼地准备“越冬储粮”。尽管分析师们普遍认为，中国联通将在可预期的分拆重组过程中，获取网络重估的资本利得，但在重组大幕揭开前的等候时刻，市场双寡头间的马太效应依然会随着攻守不一的营运策略而继续拉大。

资料来源：王小明. 中移动折旧之谜：超乎同业严厉会计政策三考[N]. 21 世纪经济报道，2008 - 01 - 12.

背景资料： 中国移动通信集团公司(简称“中国移动通信”)于2000 年4 月20 日成立，注册资本为518 亿元人民币，资产规模超过4 000 亿元。中国移动通信集团公司全资拥有中国移动(香港)集团有限公司，由其控股的中国移动(香港)有限公司在国内31 个省(自治区、直辖市)设立全资子公司，并在香港和纽约上市。目前，中国移动(香港)有限公司是我国在境外上市公司中市值最大的公司之一。

分析：(1)如何理解就固定资产的整个使用过程来看，加速折旧法与其他折旧方法相比，并没有增加折旧总额，也没有缩短折旧年限，对利润总额也没有影响？(2)为什么说“中国移动一直在通过过度折旧来积累未来的盈利空间”？采用直线法提取折旧与采用加速折旧法提取折旧对当期的费用有什么影响？对企业当期的利润有什么影响？

【案例二】

苹果支付6 千万美元　与唯冠达成和解

引人注目的苹果 iPad 商标案终于落下帷幕。广东省高级人民法院通过其官方微博宣布，苹果公司已与深圳唯冠就 iPad 商标案达成和解，苹果公司向深圳唯冠公司支付6 000 万美元，约合3. 8 亿元人民币，这场商标案之争终于有了一个结果。那么这起持续了6 年的商标纷争究竟是怎样走向和解的？其中又有哪些细节披露？

记者今天辗转联系到深圳唯冠的代理律师，并对他进行了独家采访。唯冠代理律师表示，目前该公司已收到苹果公司向深圳唯冠公司支付的6 000 万美元，相关款项已经到账。

唯冠方代理律师谢湘辉告诉记者，目前在广东省高院组织下，双方达成的和解是，苹果公司向深圳唯冠支付6 000 万美金，最后深圳唯冠将把大陆 iPad 商标的所有权益转让给苹果公司，目前双方的和解已经经广东省高院通过民事调解书的方式得以确认，并且正在办理商标过户的手续，双方条件已经是很明确了，就是苹果公司赔偿6 000 万美金，深圳唯冠将它的大陆 iPad 商标的权益转让给苹果公司。

采访中记者了解到，苹果支付的最终金额与此前深圳唯冠的索赔额度差别较大。去年，唯冠方曾在美国起诉对 iPad 商标侵权索赔百亿元人民币，股东及其他债权人寄望着用赔偿来填补巨额亏损。唯冠方代理律师谢湘辉坦承，之所以选择和解，是因为如果按照正常宣判，到最后可能拿到的金额可能会更少。

唯冠方代理律师谢湘辉告诉记者，实际上我们认为和解这是一个很现实的选择，在某种意义上来讲，苹果公司的经济实力远远强过深圳唯冠的经济实力，长时间拖下去不利于实现深圳唯冠的债权。这个商标权益它的债权人众多，如果是在这个过程中被申请破产，就会使这个商标的权益最后得不到有效的保障，基于这些观点，我们希望这个案件能尽快解决，这个和解也是双方可以接受的一个解决方式吧。

记者了解到，iPad 是深圳唯冠的核心资产。从高等法院的裁定结果以及深圳唯冠的负债情况来看，即使深圳唯冠全部拿到了 6 000 万美元的调解资金，也不足以偿还债务。对于拿到的 6 000 万美元，又如何分配呢？唯冠方代理律师谢湘辉表示将由法院执行。

唯冠方代理律师谢湘辉告诉记者，法院会对债权人的债权进行登记，并且依法进行分配，流程是按法律程序走的，由法院来主持。

新闻链接：跌宕起伏的商标大战

苹果花钱消灾，唯冠拿钱还债，iPad 权属之争和解背后谁输谁赢？当年乔布斯决定使用 iPad 作为品牌时，他或许没有意识到，这四个字母将引发一场旷日持久的官司。

深圳唯冠科技有限公司 2000 年到 2001 年，先后在 31 个国家和地区申请并成功注册了总共十个 iPad 商标，其中就包括中国内地的两个，专用权期限至 2021 年 6 月 20 日。2006 年苹果开始在英国起诉唯冠闲置 iPad 商标，结果败诉；2009 年处于破产边缘的唯冠台北公司将 iPad 全球商标，包括中国内地的两个商标转让给英国 IP 公司，事后 IP 公司迅速再转让给苹果；2010 年 4 月深圳市中级人民法院受理苹果诉唯冠商标权权属纠纷案，8 月唯冠因金融危机破产，中国银行、民生银行等 8 家银行成为实际控制人；同年 9 月 17 日，苹果股份有限公司在中国内地，推出了同名的 iPad 平板电脑；2011 年 2 月唯冠和苹果 iPad 商标权之争首次在深圳对簿公堂；2011 年 12 月苹果诉唯冠一审败诉，此时唯冠又在深圳福田、惠州起诉了苹果当地经销商，2012 年 1 月苹果向广东省高级人民法院提起上诉，2 月唯冠则向上海法院申请禁止令要求禁售 iPad 产品。3 月上海法院驳回唯冠要求苹果停售 iPad 申请。5 月美国加州高级法院驳回唯冠对苹果 iPad 商标权诉讼。

专家：企业加强商标保护不容小觑

旷日持久的 iPad 商标纷争案终于尘埃落定。就在不久前，广药集团与加多宝之间的商标之争也备受关注。随着商标案不断出现和升级，加强对商标等知识产权的保护也成了不少企业关注的重点。

深圳市手机行业协会执行会长孙文平告诉记者，iPad 这个案子最后达成和解的结果也是意料之中，但是也有些意料之外，这些东西如果不保护好的话，确实会对企业，甚至对行业都会带来一些严重的影响，而且我们的手机、电脑等这些品牌在国际市场上确实很弱小，特别在品牌上，但是在产品的品质、技术方面，和国际最先进的水平都可以达成一致。

而律师也提醒，企业并购不断增加，收购之前请先确保能使用对方的商标。不光是手机等电子行业，所有的产业都应该加强商标等知识产权的保护。

唯冠方代理律师谢湘辉告诉记者，这个商标案件给大家的启示是，国内企业一定要重视自己的商标，因为你的商标可能很值钱，所以一定要保护自己的商标，并且依法进行自己商标的维权。目前来讲，深圳唯冠的 iPad 商标，从单个商标的角度来讲，是现在中国商标维权史上实现的利益价值最高的。

这个是一个,第二个的意义就在于,跨国公司的外国企业要认识到中国是一个有完善的知识产权保护法律的国家,在中国进行商业活动必须尊重中国的知识产权法律,否则他将要为此付出相应的代价。

资料来源:CCTV《经济信息联播》,2012-07-02.

背景资料:台湾唯冠科技有限公司成立于1989年,是全球四大显示器生产商之一,提供显示类产品,拥有全球分销网络,产品在超过50个国家和地区销售,世界各地均设有业务人员。旗下上市公司唯冠国际1997年在香港交易所上市(交易代码:00334),由于资金问题,于2010年8月2日停牌。2011年12月,苹果公司状告唯冠侵权一案在深圳中院进行一审判决,唯冠胜诉。随后,唯冠对苹果授权经销商提起诉讼,要求其停止使用iPad商标。

苹果公司是美国的一家高科技公司,全球最大的计算机企业之一。2007年由苹果电脑公司(Apple Computer, Inc.)更名而来,核心业务为电子科技产品,总部位于美国加利福尼亚州的库比蒂诺。苹果公司由史蒂夫·乔布斯、斯蒂夫·沃兹尼亚克和罗·韦恩在1976年4月1日创立,在高科技企业中以创新而闻名,知名的产品有Apple II、Macintosh电脑、Macbook笔记本电脑、iPod音乐播放器、iTunes商店、iMac一体机、iPhone手机和iPad平板电脑等。2012年8月21日,苹果成为世界市值第一的上市公司。

分析:在实践中企业应如何保护自己的商标?

六、补充阅读资料

账面余额、账面净值、账面价值的区别

账面余额是指某个会计科目所有明细科目的汇总,如权益法核算的长期股权投资,就要包括成本、损益调整和其他权益变动等明细科目,而对于固定资产、无形资产,因为没有明细科目分类,账面余额就是其入账成本;账面净值是针对固定资产、无形资产和成本模式计量的投资性房地产而言的,账面净值就等于成本减去计提的累计折旧和累计摊销的金额。而账面价值是指账面余额减去其备抵科目后的余额,这里的备抵科目,一般是指减值准备、坏账准备等。

对固定资产来讲:

账面余额=固定资产的账面原价

账面净值=固定资产的折余价值=固定资产原价-计提的累计折旧

账面价值=固定资产的原价-固定资产减值准备-累计折旧

对无形资产来讲:

账面余额=无形资产的账面原价

账面净值=无形资产的摊余价值=无形资产原价-累计摊销

账面价值＝无形资产的原价－无形资产减值准备－累计摊销

对以成本模式进行后续计量的投资性房地产来讲：

账面原价＝账面余额

账面净值＝账面余额－累计折旧（摊销）

账面价值＝账面余额－累计折旧（摊销）－减值准备

公允价值模式后续计量的投资性房地产由于不计提折旧、摊销，不计提减值准备，所以其账面价值等于账面余额。

其他资产：

账面原价＝账面余额

账面价值＝账面余额－计提的资产减值准备/坏账准备/存货跌价准备

资料来源：编辑组.账面余额、账面净值、账面价值的区别[EB/OL].[2015－02－12]. http://www.canet.com.cn.

毕马威的新发现：公司文化与人才挽留

毕马威会计师事务所（KPMG）最新数据显示，英国财务和会计行业的扩张速度快于其他任何一个行业。专业招聘公司协会（APSCo）最新的一份报告显示，财务和会计行业的职位空缺有所增加，这并不让人意外，但令人担忧的是，由于合适人选的招募工作变得越来越困难，行业就业人数有所下降。

因此，如果公司希望最大限度地借助行业发展机会，那么，人员招聘工作在公司议事日程上的重要性就应有所提升。

目前，新晋合格会计人员拥有很多的选择机会，而公司发现挽留顶尖人才变得越发困难。2008 年，雷曼兄弟公司（Lehman Brothers）轰然倒塌，主管当局随后施行了一系列监管改革，企业也更为勤勉谨慎地监督自身的财务状况。为了实现这一目标，许多企业已经在组织内部建立起了强大的财务和会计团队，并着眼于从市场上招募最优秀的候选人。

当然，为会计候选人提供获取专业资格所必需的支持和培训以及具有竞争力的薪酬是人才招募的关键因素，但我们看到，仅有这些还远远不够。

差异所在

为了招募和留住最优秀的财务和会计求职者，公司需要体现出与其他公司的切实差异所在，给员工一个挑选它们的理由，并且这个差异要足够明显和强大，能让员工抵制竞争对手的诱惑或打消成为自由职业者的念头。

当然，提供良好的薪酬、培训和职业发展都是重要的出发点，但根据我们的经验，在当今竞争异常激烈的市场环境下，仅有这些还不够，尤其是当公司寻求的对象是 20 来岁的年轻专业人员时，这些人员正成为财务和会计队伍的有力补充。

与前辈们相比，新崛起的“Y 一代”（Generation Y）有着不同的价值观和诉求。通过借债来支付大学学费，而且购置房产看起来也似乎不太可能，这些因素实际上让金钱的激励作用越来越小。“Y 一代”更多地希望能够为目光长远、不局限于利润的企业工作，这类企业认真负责，志在为工作人员乃至整个社会产生积极的影响。

越来越多的求职者不愿委身于与自身信仰不相契合的公司。对于某些行业而言，这一点表现得尤其明显，例如，如果求职者有意为公共部门或慈善机构工作，那么在选择雇主的时候，他们将更加关注企业社会责任价值。

不仅如此，求职者在评估大型石油和天然气公司所提供的工作机会时，也希望了解这些公司是否做到正直和诚实运营，是否为其经营所在的社区提供回报。

那些以真正的企业社会责任价值为基础开展运营的公司，已经开始感受到这一投资带来的回报。我们看到，一些获得三份工作机会的求职者拒绝了大型企业和优厚待遇，转而选择了履行慈善和环保责任的小企业。在这样一个竞争激烈的就业市场上，用人单位发现在吸引顶尖人才方面，企业社会责任给它们带来了竞争优势。

长期激励

但是，企业社会责任并不仅仅在人员招聘方面发挥作用，它也是一个强大的长期激励因素。当一个企业的社会责任价值获得了全体工作人员的拥护和认可，那么，员工会认为所在企业是与众不同的，在推进道德的商业惯例方面起着标杆作用，让他们有机会回馈社会，并使得回馈活动成为自身工作的一部分。

此外，员工的认同度越高，企业社会责任举措的有效性就越大，当员工看到企业举措给当地社区带来了实实在在的影响，那么他们就会切实地感受到回报和奖励。

慈善和志愿工作

在哈里斯全球公司（Harris Global），我们与当地的志愿者或慈善组织一道，帮助人们解决他们长期的心理健康问题，让他们能够重返全职工作岗位，为他们提供简历咨询、面试体验和指导。这需要工作人员（其中大部分都未满 30 岁）努力工作、辛勤付出。

一旦员工参与到这些慈善工作中，他们将热爱这项工作，许多员工甚至利用闲暇时间继续担当慈善活动志愿者。有趣的是，我们还发现为企业社会责任引入一项竞争性元素，可以让工作很好地开展——将公司分为两个团队，看哪个团队能为当地慈善募集到更多的资金。

在“Y 一代”的会计和财务人员中，我们也看到越来越多的人希望成为“真实”社区的一部分，以此对抗社交媒体所创建的虚拟社区。企业社会责任举措是在企业内部营造一种社区感受的良好方法，也是建立职场之外现实生活联系的良好方法。

在谈及企业社会责任时，改变环境也是一个重要因素，组织可以采取一些简单的措施让其工作实务变得更加绿色环保，通过无纸化经营和实施严格的循环利用措施，鼓励员工响应政府的骑车上班计划，绿色出行。

虽然企业践行道德的、可持续发展的以及慈善性的行为过程充满艰辛，但的确值得。它通过提高员工留任率来提升企业的盈利能力，不仅如此，它还能帮助企业脱颖而出，赢得客户，获得竞争优势。尤为重要的是，如果它能让你在星期一的早晨，对即将开始的一周工作充满了激情和期盼，那么，它将是一项绝佳投资，你将获得无价的回报。

资料来源：张翔. 毕马威的新发现：公司文化与人才挽留[N]. 中国会计视野，2015 - 03 - 10.

背景资料：毕马威会计师事务所（英文简称：KPMG）是世界上最大的专业服务机构之一。全球总部在荷兰阿姆斯特丹。

毕马威（KPMG）于1987年由Peat Marwick International（PMI）和Klynveld Main Goerdeler（KMG）的各个成员机构合并而成。毕马威历史悠久，发展跨越三个世纪，KPMG的四个字母分别为其主要创办人的英文名称缩写。

该公司雇佣员工约为136 500人，并且在全球超过140个国家或地区设有分支机构。2008年，毕马威实现227亿美元的收入，比2007年增长14.5%。毕马威提供三类主营服务，分别是：审计、税务和咨询。毕马威是四大国际会计师事务所之一，而其他三大分别是普华永道、德勤和安永。

参考答案

一、单项选择题

1. A	2. D	3. A	4. C	5. B	6. D	7. C	8. B	9. D	10. C
11. D	12. A	13. A	14. B	15. D	16. A	17. B	18. A	19. A	20. C
21. A	22. B	23. B	24. D	25. D	26. A	27. D	28. C	29. B	

【6 - 解析】选D。根据修改后的相关准则规定，其他债权投资在资产负债表日应以公允价值计价，公允价值与账面价值的差额记入“其他综合收益”。

【12 - 解析】选A。长期股权投资取得的初始投资成本 = 500 + 5 = 505（万元），应享有的份额 = 2 200 × 25% = 550（万元），初始投资成本与应享有的份额之间的差额 = 550 - 505 = 45（万元）计入营业外收入，同时调整投资成本，调整后的投资成本 = 505 + 45 = 550（万元）。

【13 - 解析】选A。初始投资成本 = 500 + 5 = 505（万元），应享有的份额 = 2 200 × 25% = 550（万元），初始投资成本与应享有的份额之间的差额550 - 505 = 45（万元）计入营业外收入，就是应该确认的损益。

【14 - 解析】选B。300 + 100 × 30% - 20 × 30% = 324（万元）

【20 - 解析】选C。2016年6月20日生产线投入使用，7月开始提取折旧。2016年该生产线应计提的折旧额 = (740 - 20) × 5/15 × 6/12 = 120（万元），C选项正确。

【21 - 解析】选A。第一年应提折旧 = 15 500 × 40% = 6 200（元）；第二年应提折旧 = (15 500 - 6 200) × 40% = 3 720（元）；第二年末该固定资产的账面价值 = 15 500 - 6 200 - 3 720 = 5 580（元）。

【23－解析】选 B。因为该生产线是在 2013 年 6 月投入生产的，所以只能从 7 月份开始提取折旧。2013 年该设备应提折旧额＝(460－10)×5/15×6/12＝75(万元)。

【26－解析】选 A。无形资产已提的累计摊销＝240÷5×2＝96(万元)，转让时净值＝240－96＝144(万元)，转让的净收益＝180－144－9＝27(万元)。

【28－解析】选 C。该无形资产虽然发生了减值，但是企业并没有提取无形资产减值准备，而是缩短了摊销年限，由 8 年减少为 5 年，应当重新计算每年的摊销额。未摊销的无形资产净值＝100－100÷10×2＝80(万元)。80÷5＝16(万元)。

二、多项选择题

1. ABD	2. ABCD	3. BD	4. AB	5. AD	6. AC
7. BC	8. ACD	9. ABC	10. BCD	11. ABC	12. AC
13. AD	14. ABCDE	15. ABC	16. ABCE	17. ABE	18. ABCDE
19. BCDE	20. AB	21. ABC			

【7－解析】选 BC。按照《企业会计准则第 2 号——长期股权投资》中的规定：企业能够对被投资单位实施控制的长期股权投资，即对子公司的投资应当采用成本法核算。BC 选项应采用权益法核算；根据 2017 年修改后的相关准则，D 选项应作为其他权益工具投资核算。

【9－解析】选 ABC。按照《企业会计准则第 2 号——长期股权投资》及 2017 年修改后的相关准则规定，其他权益工具投资公允价值变动记入“其他权益工具投资——公允价值变动”和“其他综合收益”账户，投资企业其他权益工具投资公允价值的上涨或下跌会增加或减少被投资企业的长期股权投资价值。D 选项的影响是被投资企业所有者权益项目的此增彼减。

三、判断题

1. ×	2. √	3. ×	4. ×	5. ×	6. ×	7. √	8. √	9. ×	10. √
11. √	12. ×	13. ×	14. √	15. ×	16. ×	17. √	18. ×	19. √	20. ×
21. √	22. ×	23. ×	24. ×	25. √	26. √	27. ×	28. √	29. ×	30. √
31. √	32. √								

【8－解析】√。采用成本法核算长期股权投资，当被投资单位宣告发放现金股利时，应借记“应收股利”，贷记“投资收益”。

【9－解析】×。在采用权益法核算的情况下，投资企业应于被投资单位宣告分派利润时，按持有表决权资本比例计算应分得的利润，借记“应收股利”科目，贷记“长期股权投资”科目，不能确认投资收益。

【27－解析】×。无形资产的摊销会增加管理费用，因此会减少净利润，但是不会影响现金流量。

【29 - 解析】×。企业转让无形资产所有权产生的利得或损失记入“资产处置损益”科目，而转让无形资产使用权产生的收入记入“其他业务收入”，产生的费用、摊销记入“其他业务成本”科目。

四、业务题

1.（1）2010 年 1 月 1 日

借：债权投资——成本　　80 000

　　　　——利息调整　　4 400

　贷：银行存款　　84 400

甲股份有限公司每年摊销溢价、计算利息的会计处理如下：

一次还本债券溢价摊销表

单位：元

计息日期	票面利息	投资收益	溢价摊销	债权投资账面余额
	借：应收利息	贷：投资收益	贷：债权投资——利息调整	
	① = 80 000 × 12%	②期初价值 × 10.53%	③ = ① - ②	④ = 期初价值 - ③
				84 400
2010.12	9 600	8 887	713	83 687
2011.12	9 600	8 812	788	82 899
2012.12	9 600	8 729	871	82 028
2013.12	9 600	8 638	962	81 066
2014.12	9 600	8 534	1 066	80 000
合　计	48 000	43 600	4 400	-

注：按照上述公式计算的金额应为 8 536（81 066 × 10.53%），差额 2 元（8 536 - 8 534），这是由于计算时小数点保留位数造成的，在最后一年调整

（2）2010 年 12 月 31 日，确认实际利息收入，收到票面利息等

借：应收利息　　9 600

　贷：债权投资——利息调整　　713

　　　投资收益　　8 887

借：银行存款　　9 600

　贷：应收利息　　9 600

（3）2011 年 12 月 31 日，确认实际利息收入，收到票面利息等

借：应收利息　　9 600

　贷：债权投资——利息调整　　788

　　　投资收益　　8 812

借:银行存款　　9 600
　贷:应收利息　　9 600

(4)2012 年 12 月 31 日,确认实际利息收入,收到票面利息等

借:应收利息　　9 600
　贷:债权投资——利息调整　　871
　　投资收益　　8 729

借:银行存款　　9 600
　贷:应收利息　　9 600

(5)2013 年 12 月 31 日,确认实际利息收入,收到票面利息等

借:应收利息　　9 600
　贷:债权投资——利息调整　　962
　　投资收益　　8 638

借:银行存款　　9 600
　贷:应收利息　　9 600

(6)2014 年 12 月 31 日,确认实际利息收入

借:应收利息　　9 600
　贷:债权投资——利息调整　　1 066
　　投资收益　　8 534

(7)2015 年年初,收到本金和最后一年的利息

借:银行存款　　89 600
　贷:应收利息　　9 600
　　债权投资——成本　　80 000

2. (1)2011 年 1 月 1 日

借:债权投资——成本　　20 000
　贷:银行存款　　19 800
　　债权投资——利息调整　　200

一次还本债券折价摊销表

单位:元

计息日期	票面利息	投资收益	折价摊销	债权投资账面余额
	借:应收利息	贷:投资收益	贷:债权投资——利息调整	
	① = 20 000 × 5%	②期初价值 × 5. 37%	③ = ① - ②	④ = 期初价值 - ③
				19 800
2011. 12	1 000	1 063	63	19 863
2012. 12	1 000	1 067	67	19 930
2013. 12	1 000	1 070	70	20 000
合　计	3 000	3 200	200	—

(2)2011 年 12 月 31 日,确认实际利息收入,收到票面利息等

借:应收利息 1 000

债权投资——利息调整 63

贷:投资收益 1 063

借:银行存款 1 000

贷:应收利息 1 000

(3)2012 年 12 月 31 日,确认实际利息收入,收到票面利息等

借:应收利息 1 000

债权投资——利息调整 67

贷:投资收益 1 067

借:银行存款 1 000

贷:应收利息 1 000

(4)2013 年 12 月 31 日,确认实际利息收入

借:应收利息 1 000

债权投资——利息调整 70

贷:投资收益 1 070

(5)2014 年年初,收到本金和最后一年的利息

借:银行存款 21 000

贷:应收利息 1 000

债权投资——成本 20 000

3. (1)2014 年 1 月 1 日购入乙公司债券时

借:其他债权投资——乙公司债券——成本 50 000 000

——乙公司债券——利息调整 1 600 000

应收利息——乙公司 1 000 000

贷:银行存款 52 600 000

(2)2014 年 1 月 11 日,收到购买价款中包含的已到付息期尚未领取的债券利息

借:银行存款 1 000 000

贷:应收利息——乙公司 1 000 000

4. (1)2014 年 2 月 1 日购入 C 公司股票时

400 000 × 10 + 40 000 = 4 040 000(元)

借:其他权益工具投资——C 公司——成本 4 040 000

贷:银行存款 4 040 000

(2)2014 年 6 月 30 日确认公允价值变动

4 500 000 - 4 040 000 = 460 000(元)

借:其他权益工具投资——公允价值变动 460 000

贷:其他综合收益——其他权益工具投资公允价值变动 460 000

(3)2014 年 12 月 31 日确认公允价值变动

(400 000 × 11) - 4 500 000 = - 100 000(元)

借:其他综合收益——其他权益工具投资公允价值变动　　100 000

　贷:其他权益工具投资——公允价值变动　　100 000

5. (1)2013 年 1 月 5 日购进时

计算初始投资成本:2 100 - 20 + 5.2 = 2 085.2(万元)

借:长期股权投资　　20 852 000

　　应收股利　　200 000

　贷:银行存款　　21 052 000

(2)2013 年 1 月 22 日收到现金股利 20 万元

借:银行存款　　200 000

　贷:应收股利　　200 000

(3)2014 年 3 月 22 日宣告分派现金股利时

借:应收股利　　9 000 000(15 000 000 × 60%)

　贷:投资收益　　9 000 000

6. (1)2013 年 1 月 1 日投资时

借:长期股权投资——B 公司(成本)　　36 200 000

　　应收股利　　4 000 000

　贷:银行存款　　40 200 000

长期股权投资的初始投资成本 3 620 万元,小于投资时应享有被投资单位可辨认净资产公允价值份额 3 900 万元(13 000 × 30%),应调整长期股权投资的初始投资成本。

借:长期股权投资——B 公司(成本)　　2 800 000

　贷:营业外收入　　2 800 000

(2)2013 年 1 月 20 日

借:银行存款　　4 000 000

　贷:应收股利　　4 000 000

(3)2013 年 B 公司实现净利润 1 000 万元

A 公司应确认的投资收益 = 1 000 × 30% = 300(万元)

借:长期股权投资——B 公司(损益调整)　　3 000 000

　贷:投资收益　　3 000 000

(4)2014 年 B 公司发生亏损 500 万元

A 公司应承担的亏损 = 500 × 30% = 150(万元)

借:投资收益　　1 500 000

　贷:长期股权投资——损益调整　　1 500 000

(5)2015 年 1 月 20 日,出售长期股权投资

借:银行存款　　40 000 000

　投资收益　　500 000

　贷:长期股权投资——B 公司(成本)　　39 000 000

　　长期股权投资——B 公司(损益调整)　　1 500 000

7. (1)直线法

年折旧额 = (600 000 - 30 000) ÷ 5 = 114 000(元)

(2)双倍余额递减法

	期初账面净值(元)	年折旧率(%)	年折旧额(元)	累计折旧额(元)
第 1 年	600 000	40	240 000	240 000
第 2 年	360 000	40	144 000	384 000
第 3 年	216 000	40	86 400	470 400
第 4 年	129 600		49 800	520 200
第 5 年	79 800		49 800	570 000

(3)年限总和法

年限	折旧基数(元)	年折旧率	年折旧额(元)	累计折旧额(元)
第 1 年	(600 000 - 30 000)	5/15	190 000	190 000
第 2 年	(600 000 - 30 000)	4/15	152 000	342 000
第 3 年	(600 000 - 30 000)	3/15	114 000	456 000
第 4 年	(600 000 - 30 000)	2/15	76 000	532 000
第 5 年	(600 000 - 30 000)	1/15	38 000	570 000

8. (1)需安装的设备购入时

借:在建工程　　2 000 000

　贷:银行存款　　2 000 000

(2)领用工程材料

借:在建工程　　240 000

　贷:工程物资　　240 000

(3)应付安装工程人员工资

借:在建工程　　360 000

　贷:应付职工薪酬　　360 000

(4)工程完工,交付使用

借:固定资产　　2 600 000(2 000 000 + 240 000 + 360 000)

　贷:在建工程　　2 600 000

(5)每年提取折旧:$260\times(1-5\%)\div10=24.7$(万元)

借:制造费用	247 000	
贷:累计折旧		247 000

(6)固定资产的净值 $=260-24.7\times5=136.5$(万元)

①注销固定资产账面记录

借:累计折旧	1 235 000	
固定资产清理	1 365 000	
贷:固定资产		2 600 000

②支付清理费用

借:固定资产清理	30 000	
贷:银行存款		30 000

③收到残料变价收入

借:银行存款	230 000	
贷:固定资产清理		230 000

④结转清理净损益($136.5+3-23=116.5$ 万元)

借:资产处置损益	1 165 000	
贷:固定资产清理		1 165 000
(7-1)借:固定资产清理	3 300 000	
累计折旧	2 700 000	
贷:固定资产		6 000 000
(7-2)借:固定资产清理	120 000	
贷:银行存款		120 000
(7-3)借:银行存款	200 000	
其他应收款——×××保险公司	1 500 000	
贷:固定资产清理		1 700 000
(7-4)借:营业外支出——固定资产处置损失	1 720 000	
贷:固定资产清理		1 720 000
9.(1)借:无形资产——专有技术	600 000	
贷:银行存款		600 000

每月摊销:$600\,000\div10\div12=5\,000$(元)

借:管理费用	5 000	
贷:累计摊销		5 000
(2)借:银行存款	40 000	
贷:其他业务收入		40 000

借:其他业务成本　　62 000
　贷:银行存款　　2 000
　　累计摊销　　60 000

10. (1)出售专利权的所有权

借:银行存款　　150 000
　累计摊销　　60 000
　贷:无形资产　　200 000
　　资产处置损益　　10 000

(2)转让专利权的使用权,收到租金

借:银行存款　　30 000
　贷:其他业务收入　　30 000

每年摊销:200 000 ÷ 10 = 20 000(元)

借:其他业务成本　　20 000
　贷:累计摊销　　20 000

11. (1)发生研发支出

借:研发支出——费用化支出　　140 000
　　　　——资本化支出　　360 000
　贷:原材料　　100 000
　　应付职工薪酬　　280 000
　　银行存款　　120 000

(2)2014 年年末,新工艺达到了预定可使用状态

借:管理费用　　140 000
　无形资产　　360 000
　贷:研发支出——费用化支出　　140 000
　　　　——资本化支出　　360 000

五、案例分析题

【案例一】

(1)不管企业采用加速折旧法还是直线法来提取固定资产折旧,其固定资产折旧总额是相等的,折旧年限也相等,如果不考虑资金的时间价值,也可以认为对利润总额没有影响。但是固定资产使用年限较长,资金投入大,如果采用加速折旧,固定资产的使用时前期折旧高,后期折旧低,可以加速收回投资。

(2)由于折旧属于企业的费用,费用增加会导致耗费增加,在固定资产使用的前期利润会下降。而固定资产使用后期,由于折旧降低,费用会减少,利润会上升。这就是为什么中金公司认为“中国移动一直在通过过度折旧来积累未来的盈利空间”。

【案例二】

企业在经营和发展中，应当具备保护自己商标权的法律意识。通常需注意以下几个方面：

一是依法注册，这是商标权获得法律保护的第一步；二是发现有侵犯自己商标权的情形，应及时通过行政方式向工商管理部门反映请求查处，或以司法方式向人民法院起诉；三是当产品的市场占有率和销售网点扩大时，应尽快申报驰名商标。

在企业发展过程中，还应提高商标权的保护意识。在经济全球化的情况下，国内企业所面临的已经是全球化的大市场，企业发展应当具有国际眼光，需将商标权作为企业发展战略的一部分来看待和谋划。由于知识产权保护的复杂性和专业化，在实际处理商标权时，最好还是聘请律师代为处理，以免处置不当造成损失。

第五章
负债

重点提示：应交税费、应付职工薪酬的核算，应付债券的核算，公司债券的发行，溢价、折价采用实际利率法摊销的会计处理。理解长期应付款的核算。

难点提示：增值税业务的会计处理，实际利率法下债券溢价或折价摊销的会计处理。

一、单项选择题

1. 企业开出的银行承兑汇票如果到期不能支付，开户银行将予垫款支付，银行垫付的票款企业作为(　　)处理。

A. 营业外支出　　B. 短期借款
C. 坏账损失　　D. 应付账款

2. 企业利润表中的“税金及附加”项目不包括的税金为(　　)。

A. 消费税　　B. 资源税
C. 城市维护建设税　　D. 增值税

3. 企业销售机器设备应交的增值税记入(　　)。

A.“税金及附加”科目
B.“营业外支出”科目
C.“其他业务成本”科目
D.“应交税费——应交增值税(销项税额)”科目

4. 新华公司于2014年7月1日发行5年期面值总额为600万元的债券，债券票面利率为10%，按面值发行(债券发行费用略)，该债券是一次还本付息债券。2014年12月31日，该应付债券的账面余额为(　　)万元。

A. 600　　B. 630　　C. 660　　D. 900

5. 应由生产产品、提供劳务负担的职工薪酬，应当(　　)。

A. 计入管理费用　　B. 计入生产成本或劳务成本
C. 确认为当期费用　　D. 计入销售费用

6. 北京××化工股份有限公司于2014年5月1日，因流动资金不足，从银行借入一笔期限为3个月的短期借款50万元,每月月底支付利息,到期一次还本,月利息为1%。2014年5月31日,北京××化工股份有限公司对该笔短期借款应做的账务处理为(　　)。

A. 借:财务费用　　5 000
　　贷:银行存款　　5 000

B. 借:短期借款　　5 000
　　贷:银行存款　　5 000

C. 借:管理费用　　5 000
　　贷:银行存款　　5 000

D. 借:营业外支出　　5 000
　　贷:银行存款　　5 000

7. 下列项目中,不属于职工薪酬的是(　　)。

A. 职工工资　　B. 职工福利费

C. 医疗保险费　　D. 职工因公出差报销的火车票

8. 企业在无形资产研究阶段发生的职工薪酬,应当(　　)。

A. 计入当期损益　　B. 计入在建工程成本

C. 计入无形资产成本　　D. 计入固定资产成本

9. 企业出售无形资产所有权时应交的增值税记入(　　)。

A.“税金及附加”科目

B.“营业外支出”科目

C.“其他业务成本”科目

D.“应交税费——应交增值税(销项税额)”科目

10. 预收账款情况不多的企业,可以不设“预收账款”科目,而将预收的款项直接记入的账户是(　　)。

A. 应收账款　　B. 预收账款

C. 其他应收款　　D. 应付账款

11. 企业交纳的下列税款,不需要通过“税金及附加”科目核算的是(　　)。

A. 增值税　　B. 印花税　　C. 消费税　　D. 资源税

12. 下列各项税金中,不影响企业损益的有(　　)。

A. 消费税　　B. 资源税

C. 一般纳税企业的增值税销项税额　　D. 所得税

13. 小规模纳税企业购入原材料取得的增值税专用发票上注明货款20 000元。增值税3 200元,在购入材料的过程中另支付运杂费500元,则该企业原材料的入账价值为(　　)元。

A. 19 500　　B. 20 500　　C. 23 300　　D. 23 700

14. 企业的其他流动负债不包括(　　)项目。

A. 预收账款　　B. 应付债券　　C. 应付股利　　D. 其他应付款

15. 某小规模纳税人本期购入原材料并已验收入库，其采购取得增值税专用发票记载原材料价格 20 000 元，增值税 3 200 元，该企业当期产品销售价格（含税）70 000 元，则该企业当期应该交纳的增值税为（　　）。

A. 8 500 元　　B. 6 770. 94 元　　C. 2 038. 83 元　　D. 4 200 元

16. 企业 2×18 年 6 月购入一台不需要安装的生产设备，买价 1 000 万元，增值税进项税额为 160 万元，支付的运杂费为 10 万元，款项以银行存款支付。则该企业的会计处理为（　　）。

A. 借：固定资产　　11 700 000
　　贷：银行存款　　11 700 000

A. 借：固定资产　　10 000 000
　　　　应交税费——应交增值税（进项税额）　　1 600 000
　　　　销售费用　　100 000
　　贷：银行存款　　11 700 000

C. 借：固定资产　　10 100 000
　　　　应交税费——应交增值税（进项税额）　　1 600 000
　　贷：银行存款　　11 700 000

D. 借：固定资产　　11 600 000
　　贷：银行存款　　11 600 000

17. 应付债券科目核算企业为筹集长期资金而发行的债券，不应该设置的明细科目是（　　）。

A. 债券面值　　B. 利息调整　　C. 应计利息　　D. 交易费用

18. 企业交纳本期应交增值税，应通过（　　）科目核算。

A. 应交税费——应交增值税（销项税额）

B. 应交税费——应交增值税（进项税额）

C. 应交税费——应交增值税（进项税额转出）

D. 应交税费——应交增值税（已交税金）

二、多项选择题

1. 企业购进货物时，应计入货物成本的有（　　）。

A. 购进货物支付的消费税

B. 进口货物支付的关税

C. 一般纳税企业购进货物支付的增值税

D. 一般纳税企业购进机器设备支付的增值税

2. 下列项目中，属于职工薪酬的有（　　）。

A. 业务招待费

B. 非货币性福利
C. 养老保险费
D. 因解除与职工的劳动关系给予的补偿

3. 或有负债是指过去的交易或事项形成的潜在义务,其基本特征是(　　)。
A. 这类负债是否存在,取决于有关未来事件是否发生
B. 如果未来事件确实发生,或有负债成为企业真正的负债
C. 如果未来事件没有发生,或有负债就不存在
D. 或有负债与预计负债相同

4. 企业按规定交纳增值税的项目有(　　)。
A. 销售商品取得收入　B. 销售不动产取得收入
C. 出租无形资产取得收入　D. 提供运输等非工业性劳务

5. 下列税金中,可能记入"税金及附加"科目的有(　　)。
A. 资源税、印花税　B. 城建税、教育费附加
C. 消费税、资源税　D. 增值税、消费税

6. 对小规模纳税企业,下列说法中正确的有(　　)。
A. 小规模纳税企业销售货物或提供应税劳务,一般情况下只能开具普通发票,不能开具增值税专用发票
B. 小规模纳税企业销售货物或提供应税劳务,实行简易办法计算应纳税额,按照销售额的一定比例征收
C. 小规模纳税企业的销售收入不应包括其应纳增值税额
D. 小规模纳税企业购入货物取得增值税专用发票,其支付的增值税额可计入进项税额,并由销项税额抵扣,而不计入购入货物的成本

7. "应付债券"账户贷方反映的内容有(　　)。
A. 债券发行时产生的债券溢价　B. 债券发行时产生的折价
C. 期末计提应付债券利息　D. 债券的面值

8. "应付债券"账户的借方反映的内容有(　　)。
A. 债券溢价的摊销　B. 债券折价的摊销
C. 期末计提应付债券利息　D. 归还债券本金

9. 债券发行价格的高低一般取决于(　　)。
A. 票面金额　B. 债券票面利率
C. 发行当时的市场利率　D. 债券期限的长短

10. 下列各项中,应通过"应付职工薪酬"会计科目来核算的有(　　)。
A. 企业支付的职工住房公积金　B. 企业支付职工的医疗保险费
C. 企业支付的职工教育经费　D. 企业支付职工的养老保险费

11. 下列各项中,应作为职工薪酬计入相关资产成本的有(　　)。
A. 销售人员的薪酬　B. 在建工程人员的薪酬

C. 企业管理人员的薪酬　　　　　　　　D. 生产车间人员的薪酬

12. 债券发行价格的计算步骤有(　　　)。

A. 首先计算债券按票面利率和市场利率计算的利息差额

B. 其次计算债券利息差额的现值

C. 再次计算债券的发行价格

D. 债券发行价格 = 债券到期值 + 债券利息现值

三、判断题

1. 工会经费和职工教育经费不属于职工薪酬的范围,不通过“应付职工薪酬”科目核算。(　　)

2. 企业生产工人的医疗保险费、养老保险费、失业保险费、工伤保险费和生育保险费等社会保险费应计入当期管理费用。(　　)

3. 财产税是指企业拥有动产和不动产而应向国家缴纳各种税金,主要包括房产税、车船税,不包括土地使用税。(　　)

4. 各种流动负债都应按到期值入账。(　　)

5. 由于短期借款的借款期限较短,所以短期借款的利息没有必要按月预提,通常在归还时直接计入财务费用。(　　)

6. 预收账款不多的企业,可以不设置“预收账款”科目。企业预收客户货款时,直接将其记入“应付账款”科目的贷方。(　　)

7. 企业应交的各种税金,均应通过“应交税费”科目核算。(　　)

8. 企业的应付账款确实无法支付,经批准确认后可转入资本公积。(　　)

9. 某企业为一般纳税企业,购进原材料一批,发票中价税合计为 174 000 元,运输过程中的保险费用为 500 元,入库前的挑选整理费为 200 元,那么该批原材料的成本为150 700 元。(　　)

10. 企业提供给职工配偶、子女、受赡养人、已故员工遗属及其他受益人等的福利,不属于职工薪酬。(　　)

11. 职工薪酬的内容包括工资、奖金、津贴和补贴、工会经费和职工教育经费等。(　　)

12. 如果企业购入产品生产的材料用于集体福利设施,其材料增值税的进项税额应由:应付职工薪酬——职工福利费承担。(　　)

13. 小规模纳税企业购入材料涉及的增值税可以作为进项税额抵扣。(　　)

14. 不管是一次还本付息还是分期付息到期还本的债券,在资产负债表中,企业按照票面利率计算确定的利息,均应贷记“应付利息”科目。(　　)

15. 企业因出售无形资产所有权而交纳的增值税销项税额计入其他业务成本。(　　)

16. 某企业为小规模纳税企业,销售产品一批,含税价格为 206 000 元,增值税征

收率 3%，该批产品应交增值税为 6 000 元。 （ ）

17. 黄河公司为一般纳税人企业，2015 年 3 月 2 日购入一台机器设备，买价 50 万元，增值税进项税 8 万元。按规定，黄河公司可以将购进机器设备支付的增值税进项税额凭取得的增值税专用发票从销项税额中抵扣。 （ ）

四、业务题

1. 长江股份有限公司于 2014 年 1 月 1 日向银行借入一笔生产经营用短期借款，共计 1 200 000 元，期限为 9 个月，年利率为 4%。根据与银行签署的借款协议，该项借款的本金到期后一次归还，利息按季支付。

要求：编制该企业与借款有关的会计分录。

2. 通惠公司 5 月份薪酬情况如下：管理人员工资 80 000 元、销售人员工资 100 000 元，生产人员工资 500 000 元。假定提取比例分别为：按 10% 和 8% 计提医疗保险费和住房公积金，按照工资总额的 2% 和 1.5% 计提工会经费和职工教育经费。

要求：编制分配工资和计提相关保险费用和工会经费和职工教育经费的会计分录。

3. 银河公司根据所在地政府财政部门规定，按照职工工资总额的 12% 计提基本养老保险费，缴存当地社会保险经办机构。2×15 年 8 月，银河公司直接生产工人工资 200 万元；生产车间管理人员工资 30 万元；公司管理部门人员工资 50 万元。

要求：编制该企业应付职工薪酬中设定提存计划有关会计分录。

4. 某工业企业为小规模纳税企业，增值税率为 3%，本月发生如下经济业务：

（1）企业向一般纳税企业购买原材料一批，取得增值税专用发票，价款 30 000 元，增值税 4 800 元。货款已经支付，材料尚未验收入库（材料采用实际成本计价）。

（2）企业向小规模纳税人购买甲材料一批，普通发票金额为 20 000 元。付款条件为：2/20、1/40、N/60，材料尚未验收入库（现金折扣采用总价法）。

（3）企业销售产品一批，开出普通发票，金额为 103 000 元（含税价），货款已收到。

（4）企业在购进甲材料后的第 28 天偿还所欠小规模纳税人材料款。

（5）企业交纳增值税 4 000 元。

要求：编制上述业务的会计分录。

5. 某工业企业为一般纳税企业，增值税税率为 16%，材料按实际成本核算。该企业 2018 年 6 月份发生如下经济业务：

（1）企业向小规模纳税企业采购原材料一批，取得普通发票，金额为 20 000 元。材料已验收入库，货款已经支付。

（2）企业购买原材料一批，取得增值税专用发票，价款为 50 000 元，税款为 8 000 元。材料尚未验收入库，货款已经支付。

（3）企业一项厂房的在建工程领用原材料一批，原材料成本为 80 000 元，该原材料入库时已全额抵扣了进项税额 12 800 元。

(4)企业收到出口退税 10 000 元。

(5)企业销售产品一批,开出增值税专用发票,价款为 100 万元,税款为 16 万元,款尚未收到。

(6)企业用银行存款交纳 3 月份的增值税 10 万元。

(7)企业因管理不善霉烂变质材料一批,该批材料购买时,取得增值税专用发票注明金额 210 000 元,进项税额 33 600 元,该笔进项税额已抵扣。假设无相关责任人赔偿。

非正常损失的购进货物,其取得的进项税额不得抵扣,故该笔进项税额应做进项税额转出处理。

要求:编制上述业务会计分录。

6. 通惠公司为一般纳税人企业,发生下列与固定资产有关的经济业务:

(1)公司购入不需要安装的生产用设备一台,增值税专用发票上注明价款 350 000 元,增值税 56 000 元,支付运输费 20 000 元。已取得增值税合法抵扣凭证,款项均以银行存款支付。

(2)公司于 2018 年 7 月开始自建一条生产线,购入为工程准备的各种物资 600 000 元,增值税进项税额为 96 000 元,全部款项用转账支票支付,物资当月全部用于生产线建设。同时该生产线当月还领用了企业生产用的一批原材料,实际成本 30 000 元。

(3)如果上述工程物资和原材料用于房屋建筑物或不动产在建工程,做相关的会计处理。

(4)公司销售一台已使用过的机器设备,设备买价 200 万元,增值税进项税额 32 万元,该设备购入时其增值税进项税额 32 万元已进行了抵扣。设备已提折旧 20 万元,用银行存款支付清理费用 95 000 元,出售时双方确认价款 160 万元,增值税率 17% 。所有款项已收存银行。

(5)某生产企业为一般纳税人,2018 年 5 月出售设备一套,原价 100 万元,已提折旧 15 万元,该设备取得时没有抵扣过增值税的进项税。出售时收到价款 82.4 万元,按规定一般纳税人销售自己使用过的未抵扣过进项税的资产依照 3% 征收率减按 2% 征收率征收增值税。出售款项已收存银行。

要求:根据上述经济业务编制会计分录。

7. 企业 9 月共缴纳增值税 32 万元,消费税 3 万元。按已交流通环节税额的 7% 缴纳城市维护建设税,3% 缴纳教育费附加。

要求:根据上述经济业务编制会计分录。

8. 某企业经批准从 2017 年 1 月 1 日起发行三年期面值为 100 元的债券 10 000 张,发行价格确定为按面值发行,债券年利率为 6% ,每半年计息一次,该债券所筹资金全部用于新生产线的建设,该生产线于 2018 年 6 月底完工交付使用,假设不考虑发行费用,债券到期后一次支付本金和利息。

要求:编制该企业从债券发行到债券到期的全部会计分录。

9. H公司为增值税一般纳税人，发生下列与无形资产有关的业务：

(1)2016年9月从H公司购入一项商标权，买价630万元，增值税率6%。款项已用银行本票支付。

(2)H公司出售一项非专利技术给星星公司，该非专利技术的账面余额为530万元，已摊销200万元，取得转让价款310万元(不含增值税)，按规定增值税税率为6%，转让款项已收存银行。

要求：根据上述经济业务编制会计分录。

五、案例分析题

【案例一】

红旗公司是一家小型生产企业，属于增值税小规模纳税企业。2×18年6月红旗公司购买原材料一批，取得增值税专用发票，价款为50 000元，税款为8 000元。同月销售产品一批，价款为116 000元(含税)，已取得货款。

红旗公司在进行会计核算时，把8 000元作为增值税进项税额，16 000元作为增值税销项税额，计算出当月应缴增值税8 000元。

分析：判断红旗公司会计的会计处理是否正确并说明理由。

【案例二】

华泰股份有限公司属于增值税一般纳税企业，增值税税率为16%，2018年5月发生下列与增值税有关的业务：

(1)公司将本公司生产的冰箱300台作为公司福利发给本公司职工，每台冰箱生产成本8 000元(不含税)，市场销售价格为10 000元(不含税)。

(2)公司福利部门领用生产用原材料一批，实际成本为40 000元，增值税进项税额6 400元。

(3)在建工程——厂房工程领用生产用原材料一批，实际成本50 000元，增值税进项税额为8 000元。

(4)原材料发生非常损失，其实际成本为7 500元，原进项税额1 200元。(该存货已在保险公司进行了保险)

(5)公司以原材料对B公司投资，该材料账面实际成本为600 000元，计税价格为650 000元。

公司会计认为，发给本公司职工的冰箱没有对外销售，不作为销售收入处理，应将冰箱的生产成本转入职工福利费核算；福利部门领用原材料，按原材料实际成本40 000元转入职工福利费，进项税额6 400元可以抵扣；在建工程领用原材料，应该按材料的实际成本50 000元和增值税进项税额8 000元的合计数计入在建工程的成本；7 500元原材料发生非常损失，应该按实际成本为7 500元加上进项税额1 200元共8 700元全部计入营业外支出；用原材料对B公司投资，企业应按材料实际成本600 000元以及按实际成本计算的增值税销项税额记入长期股权投资账户。

分析:判断华泰股份有限公司的会计处理是否正确,并说明理由。

【案例三】

(1)根据会计准则及相关规定,短期借款利息应采用预提方式,每月末计入财务费用和应付利息。光大企业2013年11月份借入一笔为期10个月期限的银行借款,利息总额为80万元,规定在借款到期时连同本金一同归还。本来企业的利息应采用预提的方法,每月末计入财务费用账户8万元,但光大企业却在当年年末将80万元利息全部计入当期的财务费用,企业的会计人员说多计费用是符合会计信息质量的谨慎性要求的。

(2)光大企业在2013年12月份,以车间设备修理为名,虚拟了提供修理劳务的单位,将自己编制的虚假劳务费用28万元作为应付账款进行了账务处理,即“借:管理费用——修理费,贷:应付账款——×××”,从而使12月份多增加管理费用28万元。企业的会计人员认为这样做也是符合会计信息质量的谨慎性要求的,因为2013年企业的利润已经超过计划的50%,如果2014年的生产经营业绩出现下滑或者其他什么原因影响了经营业绩,还可以用2013年的利润来弥补。

分析:光大企业以上的做法是否正确?费用、利润是增加还是减少了?会不会影响企业应向国家交纳的所得税?

【案例四】

华名股份有限公司在2014年发行一批债券,按面值发行,每张债券面值1 000元,发行10 000张,票面利率5%,银行按发行收入的1%收取手续费,债券在发行收入冻结期间产生的利息收入15万元。

华名股份有限公司的会计认为10万元利息收入应计入投资收益。

分析:判断华名股份有限公司的会计处理是否恰当,如何处理比较恰当。

【案例五】

三一重工财务隐忧　银行贷款飙涨至273亿元

短短十天,三一重工(600031)市值蒸发超过170亿元,市场开始对其净利润下滑用脚投票。近年来保持高速增长的三一重工,目前遇到前所未有的挑战。

中报显示,三一重工上半年实现营业收入317.6亿元,同比增长4.6%;净利润为51.6亿元,同比下降13.1%。尤其让市场担忧的是,三一重工银行贷款飙涨至273亿元,应收账款更是激增至229亿元。

银行贷款飙涨

三一重工主营工程机械,三大主导产品中,混凝土机械销售171.4亿元,同比增长8.21%,依然保持世界最大混凝土机械制造商的龙头地位;挖掘机销售66.2亿元,超过10 000台,继续稳居国内市场第一;汽车起重机销售24.4亿元,同比增长10.30%。

在宏观经济景气度下滑、行业需求下降的背景下,三一重工的主导产品销售情况似乎还算不错。不过,公司负债压力陡增,尤其是银行贷款更是飙涨。

中报显示,三一重工上半年银行借款总余额达到273亿元,比年初的179.4亿元大幅上升了52%。这一增幅远超同期公司主营业务收入增幅。其中,短期借款余额112.2亿元,较年初的95亿元上升了18%;一年内到期的非流动负债13.2亿元,较年初的14.6亿元略降9%;长期借款则达到147.6亿元,较年初的66.8亿元大幅增长120%。

财务费用随银行借款上升而同步快速上升,从去年同期的1.59亿元猛升至8.17亿元。更让市场担忧的是,企业自我造血能力下降。三一重工尽管上半年实现净利润51.6亿元,但是经营活动产生的现金流量净额却为-17.4亿元。在当前经济环境下,公司下半年经营现金流预计也难以好转。

应收账款激增

在银行借款飙升的同时,三一重工的应收账款与存货也大幅增长。公司应收账款从年初的113亿元,猛增至229亿元,翻了一倍;存货从年初的81亿元,上升至102亿元,升幅达26%。市场分析人士表示,在当前市场环境下,三一重工下半年的销售状况难有改观,短期内应收账款与存货规模仍将保持较高规模。

三一重工推出10派3元的2011年度分红方案也会对公司造成压力。公司分红在8月份已经实施完毕,分红总额为22.78亿元。加上正常的经营现金流出,以及正在投入的几个工业园建设项目,三季度现金总流出有可能达到40亿元以上。这部分资金缺口预计仍然会以银行借款的方式来解决,三季报公司银行借款可能会突破300亿元。庞大的银行借款将成为公司发展巨大的负担。截至6月30日,三一重工总资产708亿元,股东权益222.9亿元,货币资金为106亿元。

资料来源:李清理. 三一重工财务隐忧　银行贷款飙涨至273亿元[N]. 中国证券报,2012-09-05.

分析:什么是负债经营?企业高负债会带来什么后果?

六、补充阅读资料

职工薪酬准则修订后有六大亮点

《企业会计准则第9号——职工薪酬》明确了职工范围,扩展了职工薪酬的适用内涵,充实了"离职后福利"的内容,非货币性福利特定情况下可以采用成本计量,增设"其他长期职工薪酬",整合了带薪缺勤、利润分享计划、辞退福利等薪酬,对企业报表将产生重大影响。

财政部修订后的《企业会计准则第9号——职工薪酬》,将自2014年7月1日起在所有执行企业会计准则的企业范围内施行。本次职工薪酬准则的更新也是紧随国际会计准则的大趋势,体现了我国会计准则体系与国际体系趋同的方向。新修订的准则有六大亮点。

(1)明确了职工范围。除了与企业订立劳动合同的所有人员外,职工范围还包括虽未与企业订立劳动合同但由企业正式任命的人员。此外,针对此前颇具争议的劳务派遣问题,新准则明确了那些向企业所提供服务与职工所提供服务类似的人员也都属于职工的范畴,而不管其是否与企业订立劳动合同或由其正式任命,这样的情况涵盖了通过企业与劳务中介公司签订用工合同而向企业提供服务的人员。

(2)扩展了职工薪酬的适用内涵。职工薪酬是指企业为获得职工提供的服务或解除劳动关系而给予的各种形式的报酬或补偿,包括短期薪酬、离职后福利、辞退福利和其他长期职工福利。企业提供给职工配偶、子女、受赡养人、已故员工遗属及其他受益人等的福利,也属于职工薪酬。

(3)充实了“离职后福利”的内容。这是新准则中首次提出的概念,并区分设定提存计划和设定受益计划,完整地规范了离职后福利的会计处理。原职工薪酬准则中的养老保险费、失业保险费便属于离职后福利中的设定提存计划范畴。

原准则的工会经费、职工教育经费、五险一金,计提比例应按国家规定,借记“成本费用类”科目,贷记“应付职工薪酬——工会经费”“应付职工薪酬——职工教育经费”“应付职工薪酬——社会保险费(或住房公积金)”账户。

新准则的养老保险费、失业保险等,记入“应付职工薪酬——离职后福利”账户。

(4)非货币性福利计量统一采用公允价值计量,但公允价值无法可靠获得时,可以采用成本计量。这主要是解决原准则中非货币性福利计量不一致的问题,并提高准则的可操作性。

例 1 某公司为化妆品生产企业,共有职工 200 人,其中生产工人 170 人,行政管理人员 30 人。2017 年 6 月以每套成本为 200 元的化妆品发放职工元旦福利,市场售价为每套 300 元,增值税税率 17%。

借:生产成本　　59 670
　管理费用　　10 530
　贷:应付职工薪酬——非货币性福利　　70 200
借:应付职工薪酬——非货币性福利　　70 200
　贷:主营业务收入　　60 000
　　应交税费——应交增值税(销项税额)　　10 200
借:主营业务成本　　40 000
　贷:库存商品　　40 000

(5)增设“其他长期职工薪酬”。在常见的 3 类职工薪酬(短期薪酬、离职后福利、辞退福利)的基础上,引入其他长期职工福利,有助于囊括实务中可能存在的其他职工薪酬,以完整规范与职工薪酬相关的会计处理问题。

(6)整合了带薪缺勤、利润分享计划、辞退福利等薪酬。这些薪酬规定以前分布在准则应用指南和讲解,这次借新准则颁布之际,归入新准则体系。

例2　惠民公司2014年10月有2名销售人员放弃15天的婚假,假设平均每名职工每个工作日工资为200元,月工资为6 000元。

①假设该公司未实行非累积带薪缺勤货币补偿制度,会计处理为:

借:销售费用　　12 000

　贷:应付职工薪酬——工资　　12 000

②假设该公司实行非累积带薪缺勤货币补偿制度,补偿金额为放弃带薪休假期间平均日工资的2倍,会计处理为:

借:销售费用　　24 000

　贷:应付职工薪酬——工资　　12 000

　　应付职工薪酬——非累计带薪休假　　(2×15×200×2) 12 000

实际补偿时一般随工资同时支付:

借:应付职工薪酬——工资　　12 000

　应付职工薪酬——非累计带薪休假　　12 000

　贷:库存现金　　24 000

例3　2014年10月1日,A企业集团实行主业改造、辅业分流,拟解除与一部分职工的劳动关系,因此一次性支付具有辞退福利性质的经济补偿,但未签订解除劳动合同,共计金额1 000 000元。

借:管理费用　　1 000 000

　贷:应付职工薪酬——辞退福利　　1 000 000

例4　续上例,2014年12月31日,A企业集团支付辞退福利性质的经济补偿。

借:应付职工薪酬——辞退福利　　1 000 000

　贷:银行存款　　1 000 000

新修订准则对实务的最大影响可能体现在:以前准则没有明确设定受益计划的会计处理,在实务中仅在国有企业改制等特定情况下,按照财务和国资管理方面的规定对统筹外离退休福利等予以预提,并未建立起确认此类职工福利的常态化机制。现在新准则将这些内容纳入,也就是建立了确认和计量这些事项的常态化机制,因此原先很多没有予以确认和计量的表外职工福利负债将纳入表内,对不少国有和国有控股企业的报表将产生重大影响。

例如,根据《关于企业重组有关职工安置费用财务管理问题的通知》(财企〔2009〕117号)规定,在预计负债核算的一些人员费用需要转移至应付职工薪酬进行核算,其中离退休人员的费用转入"应付职工薪酬——离职后福利"核算,内退人员的费用转入"应付职工薪酬——其他长期职工福利"中进行核算。同时对于精算利得或损失变动,属于离退休人员的部分记入"其他综合收益",而属于内退人员的部分记入"当期损益"。以上账户的变动,将会影响报表的主要指标分析。

资料来源:吕佐志,秦文娇.职工薪酬准则修订后有六大亮点[N].中国税务报,2014-04-08.

中国税收政策十年之变迁

2002 年:农业税

2002 年 3 月 27 日,经国务院批准,国务院办公厅发出《关于做好 2002 年扩大农村税费改革试点工作的通知》。根据 2002 年中央财政对扩大改革试点的财力安排和近年来各地的试点情况,国务院确定河北、内蒙古等 16 个省(自治区、直辖市)为 2002 年扩大农村税费改革试点省。

2003 年:出口退税

2003 年 10 月 13 日,国务院发布《关于改革现行出口退税机制的决定》,决定自 2004 年 1 月 1 日起,出口退税率的平均水平降低 3 个百分点左右。同时加大中央财政对出口退税的支持力度,建立中央和地方财政共同负担出口退税的新机制,累计欠退税由中央财政负担。出口退税后,外贸出口增幅之高,涉及地区之多,是近年来少有的。

2004 年:东北税改

2004 年 9 月 22 日,国家税务总局公布了东北地区增值税转型试点方案,东北税改试点启动。这次试点,在黑龙江、吉林、辽宁三省进行,涉及石化、机械制造等八大行业的企业,在购买设备、进行技术改造等固定资产投资时所缴纳的增值税,将可以得到抵扣。中央财政每年将因此减少 100 亿元的税收。

2005 年:农业税

2005 年 12 月 29 日,十届全国人大常委会第十九次会议高票通过决定,自 2006 年 1 月 1 日起废止《中华人民共和国农业税条例》,这意味着在中国延续两千多年的农业税正式走入历史。农业税曾经是中国农民长久以来的历史负担之一。城市居民需要交纳所得税和增值税,农村居民则为农作物收成缴纳税款,交税数额不管收益如何都按照同一比率来定。

2006 年:消费税

2006 年 3 月 21 日,财政部、国家税务总局联合下发通知,规定自 2006 年 4 月 1 日起,对我国现行消费税的税目、税率及相关政策进行调整,进一步增强消费税调节功能。这也是自 1994 年税制改革以来,对消费税进行的最大规模的一次比较重要的调整。消费税是我国 1994 年税制改革时设置的税种,是对货物征收增值税以后,再根据特定的财政或调节目的选择部分产品(主要是一些消费品)进行征收。

2007 年:个人所得税

2007 年 12 月 29 日,十届全国人大常委会第三十一次会议表决通过了《关于修改〈中华人民共和国个人所得税法〉的决定》。个人所得税起征点自 2008 年 3 月 1 日起由 1 600 元提高到 2 000 元。2011 年 9 月 1 日起,个税起征点上调至 3 500 元。

2008 年:燃油税

2008 年 12 月 18 日,国务院印发关于实施成品油价格和税费改革的通知,决定从 2009 年 1 月 1 日起实施成品油税费改革。取消原在成品油价外征收的公路养路费等六项收费，同时将价内征收的汽、柴油消费税单位税额每升分别提高0.8元和0.7元，其他成品油消费税单位税额相应提高。这种燃油税制实质上是通过将养路费"捆绑"到油价上，将每辆汽车要交的养路费转换成税费，更多地体现了"多用多缴，少用少缴"的公平原则。

2009年：关税

2009年6月19日，经国务院批准，国务院关税税则委员会发出《关于调整部分产品出口关税的通知》，自当年7月1日起执行，其中规定取消部分产品的出口暂定关税，取消部分化肥和化肥原料的特别出口关税。降低部分产品的出口暂定关税。12月8日，经国务院批准，国务院关税税则委员会发出《关于2010年关税实施方案的通知》，降低鲜草莓等6个税目商品的进口关税税率，自2010年1月1日起实施。至此，中国2001年加入世界贸易组织的降低关税税率承诺已经全部履行：进口关税税率总水平从15.3%降低到9.8%，农产品平均税率从18.8%降低到15.2%，工业品平均税率从14.7%降低到8.9%。

2010年：房地产税

2010年5月31日，国务院同意发改委《关于2010年深化经济体制改革重点工作的意见》（以下简称《意见》）。《意见》指出，深化财税体制改革，逐步推进房产税改革，完善消费税制度。2011年1月27日，上海、重庆公布房产税细则，自2011年1月28日起实施，重庆房产税税率为0.5%至1.2%，上海税率为0.6%。

2011年：提高增值税、营业税的起征点

2011年11月16日，经国务院批准，财政部、国家税务总局印发《营业税改征增值税试点方案》，将增值税起征点幅度提高至每月5 000元至20 000元（此前为2 000元至5 000元），将营业税起征点幅度提高至每月5 000元至20 000元（此前为1 000元至5 000元）。此次调整自2012年1月1日开始试点。这是一项重要的结构性减税措施，有助于消除重复征税。

2012年：营业税改增值税

2011年11月16日，经国务院批准，财政部、国家税务总局联合下发营业税改征增值税试点方案。从2012年1月1日起，在上海交通运输业和部分现代服务业开展营业税改征增值税试点。至此，货物劳务税收制度的改革拉开序幕。

据新华社北京2012年7月25日电，国务院总理温家宝25日主持召开国务院常务会议，决定扩大营业税改征增值税试点范围，研究部署进一步实施促进中部地区崛起战略，加强和改进最低生活保障工作。

会议决定，自2012年8月1日起至年底，将交通运输业和部分现代服务业营业税改征增值税试点范围，由上海市分批扩大至北京、天津、江苏、浙江、安徽、福建、湖北、广东和厦门、深圳10个省（直辖市、计划单列市）。2013年继续扩大试点地区，并选择部分行业在全国范围试点。

续：2016年中国出台了20年来规模最大的全国性税务改革，以减轻服务型企业的负担并鼓励企业创新。2016 年 5 月 1 日起我国全面推行营业税改增值税，2017 年 7 月 1 日起，将增值税税率由 4 档减至 3 档；将农产品、天然气等增值税税率从 13% 降低至 11%，2017 年全年新增减税 3800 亿元。

2018 年上半年财税部门出台了 20 余项税收优惠政策，涉及多个方面，有效助力社会经济发展。2018 年 1 ~5 月，支持小微企业发展税收优惠政策减税 943 亿元，增长 25%，有力推动了“大众创业、万众创新”；鼓励高新技术企业税收优惠政策减税 2 886 亿元，增长 46%，较好减轻了创新型市场主体负担，增强了企业发展新动能；支持生态文明建设相关税收优惠政策减税 536 亿元，增长 30%，有效助推了经济社会生态协调发展。

国家税务总局 2018 年 8 月 23 日颁布 2018 年第 46 号公告，企业在 2018 年 1 月 1 日到 2020 年 12 月 31 日之间，新购的设备，器具单位价值在 500 万元以内的，允许一次性计入当期成本费用，在计算应纳所得额时需要扣除不再分年度计算折旧。从 2018 年 10 月 1 号开始，我国个人所得税的起征点从 3500 元变成了 5 000 元，惠及全国 6 000 千多万人，仅仅 10 月就减少个人所得税 316 亿元……

资料来源：佚名．中国税收政策十年之变迁[EB/OL].[2012 - 03 - 06]. http://business.sohu.com/.

增值税转型后固定资产的会计处理

增值税转型改革是指将现行的生产型增值税转变为消费型增值税，二者最大的区别在于，生产型增值税只能抵扣属于非固定资产那部分生产资料的进项税额，消费型增值税同时允许抵扣外购固定资产部分所含的进项税额。因此，增值税转型改革实质上是扩大了抵扣范围，相应地，这一减税政策也给固定资产涉及增值税的会计处理带来了极大变化。

一、增值税转型后固定资产的会计处理

(一)购进固定资产的会计处理

根据改革后的增值税制度，自 2009 年 1 月 1 日起，增值税一般纳税人购进(包括接受捐赠、实物投资)或者自制(包括改扩建、安装)固定资产发生的进项税额，可根据增值税暂行条例及实施细则的有关规定，凭增值税专用发票、海关进口增值税专用缴款书和运输费用结算单据(以下简称增值税扣税凭证)从销项税额中抵扣。会计处理为：借记“固定资产”“应交税费——应交增值税(进项税额)”科目，贷记“银行存款”科目。

(二)用于自制固定资产购进货物或应税劳务的会计处理

增值税转型后，企业采购工程物资时，如果取得的是增值税专用发票，以不含税金额记入“工程物资”，税金记入“应交税费——应交增值税(进项税额)”，经过专用发票的认证便可在当期进行抵扣。

例 1　企业于 2009 年 6 月 8 日自建一条生产线，购入为工程准备的各种物资 200

万元，支付增值税 34 万元，实际领用工程物资（含增值税）210.6 万元，剩余物资转为原材料。8 月 2 日领用原材料一批，实际成本为 50 万元，所含增值税为 8.5 万元。分配工程人员薪酬 40 万元。以上均取得了增值税合法抵扣凭证，货款以银行存款支付，工程于 11 月 20 日完工交付使用。[①] 相关会计处理如下：

1. 购入为工程准备的物资

借：工程物资	2 000 000	
应交税费——应交增值税（进项税额）	340 000	
贷：银行存款		2 340 000

2. 生产线工程领用物资及剩余物资转为原材料

（不含增值税的工程物资金额 = 210.6 ÷ 1.17 = 180 万元）

借：在建工程	1 800 000	
原材料	200 000	
贷：工程物资		2 000 000

3. 工程领用原材料

借：在建工程	500 000	
贷：原材料		500 000

4. 分配工程人员薪酬

借：在建工程	400 000	
贷：应付职工薪酬		400 000

5. 生产线完工交付使用时

（在建工程成本 = 1 800 000 + 500 000 + 400 000 = 2 700 000 元）

借：固定资产	2 700 000	
贷：在建工程		2 700 000

（三）进项税额转出的会计处理

增值税转型后，企业 2009 年 1 月 1 日以后购入固定资产时，已按规定将增值税进项税额记入“应交税费——应交增值税（进项税额）”科目的，如果相关固定资产用于非应税项目，或用于免税项目、集体福利、个人消费、出现非正常损失等，应将原已记入“应交税费——应交增值税（进项税额）”科目的金额予以转出。

例 2　某企业在 2009 年 1 月 1 日后接受捐赠的固定资产，含税价为 117 万元，专用发票上已注明增值税额，若企业将此项固定资产用于免税项目。则会计处理如下：

借：固定资产	170 000	
贷：应交税费——应交增值税（进项税额转出）		170 000

（四）销售企业使用过固定资产的会计处理

（1）销售 2009 年 1 月 1 日之后购入的固定资产。销售自己使用过的 2009 年 1 月

① 从 2018 年 5 月 1 日起，制造业等行业的增值税税率从 17% 降至 16%，交通运输、建筑、基础电信服务等行业的增值税税率从 11% 降至 10%。

1 日以后购进或者自制的固定资产，按照适用税率征收增值税。

例 3　企业于 2009 年 9 月 22 日转让同年 2 月购入的生产用机器设备，原值 300 万元，已提折旧 17.5 万元，该固定资产售价 362.7 万元（含增值税）。则会计处理如下：

借：固定资产清理　2 825 000
　累计折旧　175 000
　贷：固定资产　3 000 000

（不包含增值税的售价 = 3 627 000 ÷ 1.17 = 3 100 000）

借：银行存款　3 627 000
　贷：固定资产清理　3 100 000
　　应交税费——应交增值税（销项税额）　527 000

（出售净收益 = 3 100 000 − 2 825 000 = 275 000）

借：固定资产清理　275 000
　贷：营业外收入——处置非流动资产利得　275 000

（2）销售 2009 年 1 月 1 日之前购入的固定资产。2009 年 1 月 1 日以前未纳入增值税抵扣范围试点的纳税人，销售自己使用过的 2009 年 1 月 1 日以前购进或者自制的固定资产，按照 4% 征收率减半征收增值税。

例 4　企业于 2009 年 6 月转让 2007 年 6 月所购入的不需安装的生产用设备，原值 9.36 万元（其中买价 8 万元，增值税为 1.36 万元）。已提折旧 1.872 万元，该固定资产售价 8.424 万元（含增值税），该固定资产原所含增值税进项税额 1.36 万元计入固定资产。则会计处理如下：

借：固定资产清理　74 880
　累计折旧　18 720
　贷：固定资产　93 600

出售固定资产应交增值税 = (84 240 ÷ 1.04) × 4% ÷ 2 = 1 620（元）

借：银行存款　84 240
　贷：固定资产清理　82 620
　　应交税费——应交增值税（销项税额）　1 620

出售净收益 = 82 620 − 74 880 = 7 740（元）

借：固定资产清理　7 740
　贷：营业外收入——处置非流动资产利得　7 740

（五）通过非货币性资产交换、债务重组等方式取得固定资产的会计处理

非货币性资产交换、债务重组等方式取得固定资产可视同销售，但非货币性资产交换涉及固定资产的，应注意以下问题：一是若企业在非货币性资产交换中以使用过的旧资产换入新存货的，应当以存货的当期公允价值作为换入资产的入账价值；二是根据《企业会计准则应用指南》中"作为换入资产的成本""作为换出资产的成本"以

及会计价税分开核算的影响，这里的资产公允价值不包括价外增值税金额；三是公式中补价应当为交换双方的资产的公允价值之间的差额；四是公式中的“应支付的相关税费”，是指应当直接计入资产价值的税费，而不包括单独入账的税费。因此，计算换入资产入账价值的公式可以表述为：换入资产入账价值 = 换出资产公允价值 + 应支付的计入资产价值的相关税费 +（或 -）资产公允价值差额。

例5 甲公司以一幢办公楼与乙公司的某种生产设备进行交换，其中：甲公司厂房账面原值300万元，已计提折旧50万元，公允价值290万元；乙公司设备账面原值为330万元，已提折旧22万元，公允价值为270万元，乙公司向甲公司支付补价12万元。甲乙公司均为一般纳税人，甲、乙公司资产均为增值税转型后购入。

甲公司的会计分录如下。

借：固定资产清理	2 500 000	
累计折旧	500 000	
贷：固定资产		3 000 000

应交增值税销项税额 = 290 × 17% = 49.3（万元）

借：固定资产清理	493 000	
贷：应交税费——应交增值税（销项税额）		493 000

换入固定资产的入账价值 = 290 - 20 = 270（万元）

增值税进项税额 = 270 × 17% = 45.9（万元）

借：固定资产	2 700 000	
应交税费——应交增值税（进项税额）	459 000	
银行存款	120 000	
贷：固定资产清理		3 279 000

（非货币交换收益 = 3 279 000 - 2 500 000 - 493 000 = 286 000元）

借：固定资产清理	286 000	
贷：营业外收入——非货币性资产交换利得		286 000

二、存在的问题和改进建议

（1）影响会计信息的客观公正。增值税转型会带来固定资产折旧的减少，进而增加利润，提高资产报酬率，最终对财务报表所提供的信息产生影响。笔者认为，为了便于企业外部报表使用者理解，在增值税转型期间，企业应对这部分信息进行披露。

（2）加大税务机关的工作量和工作难度。增值税转型后，由于企业购入固定资产的时间以及固定资产折旧基数的不同，企业在计算固定资产折旧额时，必须对含增值税的固定资产与不含增值税的固定资产加以区分，因此增加了税务机关的工作量和工作难度。针对这种情况，应着手两方面的工作：一是应该重新调整固定资产的范围和确认标准；二是完善与增值税征管相配套的各项工作。

资料来源：刘思淼. 增值税转型后固定资产的会计处理[EB/OL]. [2014 - 03 - 13]. http://www.ctaxnews.com.cn/.

参考答案

一、单项选择题

1. B　2. D　3. D　4. B　5. B　6. A　7. D　8. A　9. D　10. A
11. A　12. C　13. D　14. B　15. C　16. C　17. D　18. D

【4－解析】选 B。600＋600×10%×6/12＝630(万元)

【9－解析】选 D，企业销售无形资产应该缴纳的增值税记入应交税费账户。

【15－解析】选 C。2009 年 1 月 1 日起在全国实施的修订后的《中华人民共和国增值税暂行条例实施细则》规定：小规模纳税人征收率统一调低至 3%。70 000÷(1＋3%)×3%＝2 038.83(元)。

【16－解析】选 C。外购的生产用设备增值税是可以抵扣的，所以增值税不应计入生产设备成本，而运杂费应该计入固定资产成本中，所以选项 C 是正确的。

【18－解析】选 D。企业交纳本期应交增值税，应通过“应交税费——应交增值税(已交税金)”科目核算。

二、多项选择题

1. AB　2. BCD　3. ABC　4. ABCD　5. ABC　6. ABC
7. ACD　8. AD　9. ABCD　10. ABCD　11. BD　12. ABC

【11－解析】选 BD。销售人员的薪酬应计入销售费用，企业管理人员的薪酬计入管理费用；在建工程人员的薪酬计入在建工程成本，生产车间人员的薪酬计入生产成本。

三、判断题

1. ×　2. ×　3. ×　4. ×　5. ×　6. ×　7. √　8. ×　9. √　10. ×
11. √　12. √　13. ×　14. ×　15. ×　16. √　17. √

【6－解析】×。预收账款不多的企业，可以不设置“预收账款”科目。企业预收客户货款时，应将其记入“应收账款”科目的贷方。

【7－解析】√。根据相关规定企业应交的各种税金都通过“应交税费”科目核算的。

【8－解析】×。确实无法支付的应付账款，经批准确认后计入营业外收入。

【9－解析】√。174 000÷(1＋16%)＝150 000(元)，150 000＋500＋200＝150 700(元)。

【12－解析】√。企业购入产品生产的材料用于集体福利设施，由于材料改变用途不能在销项税额中抵扣，应由“应付职工薪酬——职工福利费”承担。

【15－解析】×。企业出售无形资产所有权应交纳的增值税销项税额记入“应交税费——应交增值税(销项税额)”。

【16－解析】√。该批产品应交增值税＝206 000÷(1＋3%)×3%＝6 000(元)。

【17－解析】√。企业购买固定资产支付的增值税进项税额凭取得的增值税专用发票可以从销项税额中抵扣。

四、业务题

1.(1)2014 年 1 月 1 日借入短期借款

借:银行存款　1 200 000

　贷:短期借款　1 200 000

(2)2014 年 1 月末,计提 1 月份应支付的利息

借:财务费用　4 000

　贷:应付利息　4 000

本月应计提的利息＝1 200 000×4%÷12＝4 000(元)

2 月末计提 2 月份利息费用的处理与 1 月份相同。

(3)3 月末计提 3 月份利息费用并支付第一季度银行借款利息

借:财务费用　4 000

　贷:银行存款　4 000

借:应付利息　8 000

　贷:银行存款　8 000

或:

借:财务费用　4 000

　　应付利息　8 000

　贷:银行存款　12 000

第二、三季度的会计处理同上。

(4)2014 年 10 月 1 日偿还银行借款本金

借:短期借款　1 200 000

　贷:银行存款　1 200 000

2.①分配 5 月工资

借:管理费用　80 000

　　销售费用　100 000

　　生产成本　500 000

　贷:应付职工薪酬——工资　680 000

②计提职工薪酬其他费用

借:管理费用　(80 000×21.5%)17 200

　　销售费用　(100 000×21.5%)21 500

生产成本　　(500 000 ×21.5%) 107 500
贷:应付职工薪酬——医疗保险费　　(680 000 ×10%) 68 000
——住房公积金　　(680 000 ×8%) 54 400
——工会经费　　(680 000 ×2%) 13 600
——职工教育经费　　(680 000 ×1.5%) 10 200

3. 计入生产成本的基本养老保险 = 200 × 12% = 24(万元)
计入制造费用的基本养老保险 = 30 × 12% = 3.6(万元)
计入管理费用的基本养老保险 = 50 × 12% = 6(万元)

借:生成成本　　240 000
制造费用　　36 000
管理费用　　60 000
贷:应付职工薪酬——设定提存计划　　336 000

4.(1)借:在途物资　　34 800
贷:银行存款　　34 800
(2)借:在途物资　　20 000
贷:应付账款　　20 000
(3)借:银行存款　　103 000
贷:主营业务收入　　100 000
应交税费——应交增值税(销项税额)　　3 000
应交增值税 = 103 000 ÷ (1 + 3%) × 3% = 3 000(元)
(4)借:应付账款　　20 000
贷:银行存款　　19 800
财务费用　　200
(5)借:应交税费——应交增值税　　4 000
贷:银行存款　　4 000

5.(1)借:原材料　　20 000
贷:银行存款　　20 000
(2)借:在途物资　　50 000
应交税费——应交增值税(进项税额)　　8 000
贷:银行存款　　58 000
(3)借:在建工程——厂房工程　　80 000
应交税费——应交增值税(进项税额)　　5 120
应交税费——应交增值税(待抵扣进项税)—— 厂房工程　　5 120
贷:原材料　　80 000

第13个月继续抵扣40%的增值税

借:应交税费——应交增值税(进项税额)　5 120

　贷:应交税费——待抵扣进项税额——厂房工程　5 120

(4)借:银行存款　10 000

　　贷:应收出口退税款　10 000

(5)借:应收账款　1 160 000

　　贷:主营业务收入　1 000 000

　　　应交税费——应交增值税(销项税额)　160 000

(6)借:应交税费——应交增值税(已交税金)　100 000

　　贷:银行存款　100 000

(7)借:待处理财产损益——待处理流动资产损益　243 600

　　贷:原材料　210 000

　　　应交税费——应交增值税(进项税额转出)　33 600

　借:管理费用　243 600

　　贷:待处理财产损益——待处理流动资产损益　243 600

6. (1)固定资产应抵扣的增值税进项税额计算如下:

56 000 + 20 000 × 10% = 58 000(元)(按规定运输费增值税的抵扣率为10%)

借:固定资产　368 000

　应交税费——应交增值税(进项税额)　58 000

　贷:银行存款　426 000

(2)①购入工程物资时:(用于固定资产中的生产线)

借:工程物资　600 000

　应交税费——应交增值税(进项税额)　96 000

　贷:银行存款　696 000

②工程领用工程物资时:

借:在建工程　600 000

　贷:工程物资　600 000

③工程领用原材料时:

借:在建工程　30 000

　贷:原材料　30 000

(3)①购入工程物资时:(用于固定资产中的厂房工程)

借:工程物资　600 000

　应交税费——应交增值税(进项税额)　57 600

　应交税费——待抵扣进项税额　38 400

　贷:银行存款　696 000

②工程领用工程物资时：

借:在建工程	600 000	
贷:工程物资		600 000

③工程领用原材料时：

借:在建工程——厂房工程	30 000	
应交税费——应交增值税(进项税额)	1 920	
应交税费——应交增值税(待抵扣进项税)——厂房工程	1 920	
贷:原材料		30 000

第 13 个月继续抵扣原材料 40% 的增值税

借:应交税费——应交增值税(进项税额)	1 920	
贷:应交税费——待抵扣进项税额——厂房工程		1 920

(4)①购入设备时：

借:固定资产	2 000 000	
应交税费——应交增值税(进项税额)	320 000	
贷:银行存款		2 320 000

②出售设备时：

借:固定资产清理	1 800 000	
累计折旧	200 000	
贷:固定资产		2 000 000
借:固定资产清理	95 000	
贷:银行存款		95 000
借:银行存款	1 856 000	
贷:固定资产清理		1 600 000
应交税费——应交增值税(销项税额)		256 000

清理净损失 = 1 800 000 + 95 000 − 1 600 000 = 295 000(元)

借:资产处置损益	295 000	
贷:固定资产清理		295 000

(5)增值税销项税额 = 824 000 ÷ (1 + 3%) × 2% = 16 000(元)

借:固定资产清理	850 000	
累计折旧	150 000	
贷:固定资产		1 000 000
借:银行存款	824 000	
贷:应交税费——应交增值税(销项税额)		16 000
固定资产清理		808 000
借:资产处置损益	42 000	
贷:固定资产清理		42 000

7. 应交城市维护建设税 =(320 000 +30 000)×7% =24 500(元)

应交教育费附加 =(320 000 +30 000)×3% =10 500(元)

借:税金及附加——城市维护建设税 24 500
——教育费附加 10 500
贷:应交税费——应交城市维护建设税 24 500
——应交教育费附加 10 500

8.(1)2012 年 1 月 1 日发行债券

借:银行存款 1 000 000
贷:应付债券——债券面值 1 000 000

(2)2012 年 6 月 30 日、2012 年 12 月 31 日和 2013 年 6 月 30 日分别计提利息

借:在建工程 30 000
贷:应付债券——应计利息 30 000

(3)2013 年 12 月 31 日、2014 年 6 月 30 日和 2014 年 12 月 31 日分别计提利息

借:财务费用 30 000
贷:应付债券——应计利息 30 000

(4)2015 年 1 月 1 日支付本金和利息

借:应付债券——债券面值 1 000 000
应付债券——应计利息 180 000
贷:银行存款 1 180 000

9.(1)借:无形资产 6 300 000
应交税费——应交增值税(进项税额) 378 000
贷:其他货币资金 6 678 000

(2)增值税销项税额 = 3 100 000 ×6% =186 000(元)

借:银行存款 3 100 000
累计摊销 2 000 000
资产处置损益 386 000
贷:无形资产 5 300 000
应交税费——应交增值税(销项税额) 186 000

五、案例分析题

【案例一】

红旗公司的会计处理是错误的。

红旗公司属于增值税小规模纳税企业,无论是否取得增值税专用发票,支付的增值税均不能抵扣,只能计入购进货物成本。红旗公司购进货物成本应是 58 000 元而不是 50 000 元。销售货物的收入应是 112 621 元[其计算公式为 116 000/(1 +3%)],应交的增值税为 3 378.63 元(112 621 ×3%)。

【案例二】

华泰股份有限公司的会计处理不正确。

(1)按规定,企业将自产的货物用于集体福利或个人消费的,应视同销售交纳增值税。作为公司福利发给公司职工的300台冰箱应视同销售交纳增值税,增值税销项税额为48万元(300×10 000×16%),同时确认收入300万元。

(2)福利部门领用生产用原材料应该将材料的成本和增值税进项税额由职工福利承担。

(3)错误。根据2016年3月23日财政部、税务总局的通知,2016年5月1日起我国全面推行营业税改增值税,企业购置建造的固定资产属于不动产的,支付的增值税进项税额分两年进行抵扣,第一年抵扣增值税进项税额的60%,第二年(第13个月)抵扣剩余的40%。

(4)发生非常损失的原材料,由于已经到保险公司进行了保险,保险公司应该赔偿,除了保险公司的赔偿,还需考虑材料的残料价值,扣除这些因素后的净损失才能计入营业外支出。

(5)企业用材料对外投资,应按实际成本600 000元以及计税价格计算的增值税销项税额记入长期股权投资账户。

【案例三】

光大企业的做法是错误的。

(1)10个月期限的银行借款利息不能在1个月内就全部计入当期的财务费用,应当在10个月内分摊,这样做会虚增当月财务费用72万元,利润虚减72万元,少缴纳所得税:72×25% =18(万元)

(2)光大企业错误的做法导致12月份虚增管理费用28万元,利润虚减28万,少交纳所得税:28×25% =7(万元)

光大企业的做法根本不是遵循会计信息质量谨慎性的要求,而是为企业违反会计准则找借口。

【案例四】

华名股份有限公司的会计处理不恰当。

华名股份有限公司债券发行手续费为10万元(1 000×10 000×1%),债券在发行收入冻结期间产生的利息收入15万元,应将5万元(15 -10)视为发行债券产生的溢价收入,在计提利息时摊销。

【案例五】

负债经营是指企业通过银行贷款,发行债券、股票、商业信用等方式来筹集资金的经营方式,负债经营作为一种经营策略,它不仅可以弥补企业经营资金的不足,满足企业生产经营对资金的需求,而且还可为企业带来许多其他的好处,主要表现在以下几个方面:负债具有财务杠杆作用;负债利息具有"抵税作用"等。

虽然负债经营在一定条件下能为企业带来生机和巨大效益,但同时也具有风险。企业负债是为了生存和发展,必须使盈利能完全补偿借入的资金成本。否则,企业将无利可图,更谈不上发展。

企业负债越多,财务压力越重,越有可能不能及时偿还债务。即使企业盈利能力很强,也存在着过度举债、利息包袱沉重而不能到期偿还本息的财务风险。高负债带来高风险,过度而不合理的负债肯定会危及企业的生存。

第六章
所有者权益

重点提示：实收资本和资本变动的会计处理，资本公积的构成核算及其经济含义，留存收益的性质与用途和会计处理，其他综合收益的构成及其核算。

难点提示：资本公积、其他综合收益的构成及其核算。

一、单项选择题

1. 下列各项中不属于企业所有者权益来源的是(　　)。
   A. 由投资者投入的
   B. 生产经营过程中形成的
   C. 直接计入所有者权益的利得和损失
   D. 收到购货方的预付账款

2. 某企业于2007年成立，(假定所得税率为25%)当年发生亏损80万元，2008年至2013年每年实现利润总额为10万元。除弥补亏损外，假定不考虑其他纳税调整事项。则2013年年底该企业“利润分配——未分配利润”科目的借方余额为(　　)万元。
   A. 30　　B. 50　　C. 22.5　　D. 10

3. 关于实收资本，下列说法错误的是(　　)。
   A. 企业吸收的实收资本应据实登记入账
   B. 在企业持续经营期间，通过股东商量后可以抽回投资
   C. 对于企业吸收的实收资本，企业依法享有经营管理权
   D. 投资者凭借实收资本的多少可参与企业的经营管理并分享利润和承担风险

4. 企业增资扩股时，投资者实际缴纳的出资额大于其按约定比例计算的其在注册资本中所占的份额部分，应计入(　　)。
   A. 资本公积　　B. 实收资本　　C. 盈余公积　　D. 营业外收入

5. 某股份制公司委托某证券公司代理发行普通股100 000股，每股面值1元，每股按1.5元的价格出售。按协议，证券公司从发行收入中收取3%的手续费，从发行收入中扣除，则该公司计入资本公积的数额为(　　)元。

A. 50 000　　B. 100 000　　C. 145 500　　D. 45 500

6. 下列关于留存收益表述错误的是(　　)。

A. 从税后利润中提取盈余公积

B. 盈余公积和未分配利润都是税后利润形成的

C. 未分配利润属于留存收益

D. 是直接计入所有者权益的利得

7. 对有限责任公司而言,如有新投资者介入,新介入的投资者交纳的出资额大于其按约定比例计算的其在注册资本中所占的份额部分,应记入(　　)科目。

A. 实收资本　　B. 营业外收入　　C. 资本公积　　D. 盈余公积

8. 某公司委托证券公司发行股票 2 000 万股,每股面值 1 元,每股发行价 3 元,向证券公司支付佣金 20 万元。该公司应贷记“资本公积——资本溢价”科目的金额为(　　)。

A. 6 000　　B. 2 000　　C. 4 000　　D. 3 980

9. 下列各项中,能引起所有者权益总额变化的是(　　)。

A. 以资本公积转增资本　　B. 增发新股

C. 用盈余公积补亏　　D. 支付股票股利

10. 关于所有者权益与负债的区别,下列说法中不正确的是(　　)。

A. 负债的求偿力高于所有者权益

B. 所有者的投资收益取决于企业的经营成果

C. 债权人的求偿权有固定到期日

D. 所有者承受的风险低于债权人

11. 下列反映企业根据企业会计准则规定,未在当期损益中确认的各项利得和损失扣除所得税影响后的净额的是(　　)。

A. 净资产　　B. 综合收益总额

C. 其他综合收益　　D. 所得税费用

二、多项选择题

1. 下列项目中,属于“其他综合收益”核算的内容有(　　)。

A. 企业收到投资者出资额超出其在注册资本或股本中所占份额的部分

B. 直接计入所有者权益的利得

C. 直接计入所有者权益的损失

D. 企业收到投资者的出资额

2. 下列各项,属于企业留存收益的有(　　)。

A. 法定盈余公积　　B. 任意盈余公积

C. 资本公积　　D. 未分配利润

3. 下列各项中,仅影响所有者权益结构发生变动的有(　　)。

A. 用盈余公积弥补亏损　　B. 用盈余公积转增资本
C. 宣告分配现金股利　　D. 分配股票股利

4. 所有者权益核算有如下意义(　　　)。
A. 所有者权益能反映企业的生产经营状况
B. 所有者权益能正确反映企业内部资本来源结构
C. 所有者权益能反映企业生产经营的风险
D. 所有者权益能反映企业在利润分配上的制约因素

5. 盈余公积可用于(　　　)。
A. 派送新股　　B. 转增资本
C. 弥补亏损　　D. 发放工资

6. 留存收益属于企业的所有者权益,包括(　　　)。
A. 盈余公积　　B. 未分配利润
C. 实收资本　　D. 资本公积

7. 通常情况下盈余公积的减少是由于(　　　)。
A. 用盈余公积转增资本　　B. 用盈余公积派发现金股利或利润
C. 用盈余公积补亏　　D. 用盈余公积开支福利

8. 以下项目,属于企业实收资本或股本的来源有(　　　)。
A. 接受固定资产投资　　B. 盈余公积转增资本
C. 接受货币资金投资　　D. 增加发行股票

9. 企业所有者权益包括(　　　)。
A. 投入资本　　B. 资本公积
C. 盈余公积　　D. 未分配利润

10. 企业的资本公积包括(　　　)。
A. 吸收投资发生的资本溢价
B. 发行股票发生的股本溢价
C. 交易性金融资产公允价值计量发生的损益
D. 接受现金捐赠

三、判断题

1. 由于所有者权益和负债都是对企业资产的要求权,因此它们的性质是一样的。(　　)

2. 用盈余公积转增资本或弥补亏损时,均不导致所有者权益总额的变化。(　　)

3. 用盈余公积转增资本不影响所有者权益总额的变化,但会使企业净资产减少。(　　)

4. 企业不能用盈余公积扩大生产经营。(　　)

5. 企业接受的原材料投资,其增值税额不能计入实收资本。 ( )

6. 收入能够导致企业所有者权益增加,但导致所有者权益增加的不一定都是收入。 ( )

7. 当企业投资者投入的资本高于其注册资本时,应当将高出部分计入营业外收入。 ( )

8. 所有者权益是指企业投资者对企业总资产的要求权。 ( )

9. 所有者权益和负债都需要在规定的期限内进行偿还。 ( )

10. 投资者投入企业的资金均构成实收资本或股本。 ( )

四、业务题

1. 飞翔公司原由投资者 C 和投资者 D 共同出资成立,每人出资 200 000 元,各占 50% 的股份。经营两年后,C 和 D 投资者决定增加公司资本,此时有一新的投资者 E 要求加入公司。经有关部门批准后,飞翔公司实施增资,将实收资本增加到 900 000 元。经三方协商、一致同意,完成下述投入后:三方投资者各拥有飞翔公司 300 000 元实收资本,并各占飞翔公司 1/3 的股份。各投资者的出资情况如下:

(1)投资者 C 以一台旧设备投入飞翔公司作为增资,该设备取得时未抵扣过进项税,设备原价 180 000 元,已提折旧 95 000 元,评估确认价 180 000 元,评估确认净值 123 600 元,增值税进项税额 20 160 元。

(2)投资者 D 以一批原材料投入飞翔公司作为增资,该批材料账面价值 105 000 元,评估确认价值 110 000 元,税务部门认定应交增值税额为 17 600 元。投资者 D 已开具了增值税专用发票。

(3)投资者 E 以银行存款投入飞翔公司 390 000 元。

要求:根据以上资料,分别编制飞翔公司接受投资者 C、投资者 D 增资时以及投资者 E 初次出资时的会计分录。

2. (1)光明公司经过批准用资本公积 350 000 元,盈余公积 650 000 元转增资本。

(2)某企业原来由 A、B、C 三家企业共同出资设立,投资比例分别是 30%、20%、50%,经股东大会决议增加资本 100 万元,三家企业都用银行存款出资。其中,A 企业出资 35 万元,B 企业出资 23 万元,C 企业出资 60 万元,所有出资已收到存入银行。

要求:根据以上资料,编制有关会计分录。

3. 光华公司委托乙证券公司发行普通股,股票面值总额 4 000 万元,发行总额 16 000 万元,发行费按发行总额的 2% 计算(不考虑其他因素),股票发行净收入已经收到。

要求:计算光华公司该笔业务记入"资本公积"科目的金额,编制会计分录。

4. (1)星星公司 2018 年 7 月 17 日收到某企业投入全新设备一套,价值 140 万元,收到该企业的增值税专用发票,增值税税率为 16%。设备已运达星星公司。

（2）公司接受甲企业投入的一项非专利技术，双方协议确定价值为340万元，增值税率为6%，已取得投资方开具的增值税专用发票。

要求：根据上述经济业务编制会计分录。

五、案例分析

【案例一】

开元股份有限公司2014年实现利润总额为30 000 000元，年初“利润分配——未分配利润”借方余额为12 000 000元（均为5年内未弥补亏损），企业的所得税税率为25%，本年度该企业有关利润分配方案如下：

（1）投资者分配现金股利8 000 000元。

（2）按净利润的10%提取法定盈余公积。

（3）按净利润的10%提取任意盈余公积。

该公司编制有关分录如下：

（1）弥补亏损时：

借：本年利润　　12 000 000

　贷：利润分配——未分配利润　　12 000 000

（2）利润分配时：

分配现金股利：8 000 000

提取法定盈余公积 = [（30 000 000 − 12 000 000）×75% − 8 000 000] ×10%

= 550 000（元）

提取任意盈余公积 = [（30 000 000 − 12 000 000）×75% − 8 000 000] ×10%

= 550 000（元）

借：利润分配——提取法定盈余公积　　550 000

　　　　——提取任意盈余公积　　550 000

　　　　——应付现金股利或利润　　8 000 000

　贷：盈余公积——法定盈余公积　　550 000

　　　　——任意盈余公积　　550 000

　　应付股利　　8 000 000

该公司2014年年末未分配利润金额为：

（30 000 000 − 12 000 000）×75% − 550 000 − 550 000 − 8 000 000

= 4 400 000（元）

分析：（1）根据《中华人民共和国公司法》的规定，企业进行利润分配的顺序是什么？（2）如果你是公司财务人员，请向应如何对上述会计处理做出调整？

【案例二】

最佳股东回报上市公司

中国平安分红超过375亿元

中国平安是以保险业务为核心,以统一的品牌向客户提供包括保险、银行、证券、信托等多元化金融服务的全国领先的综合性金融服务集团。

2015年前三个季度,中国平安实现归属于母公司股东的净利润482.76亿元,同比增长52.4%;截至2015年9月30日,归属于母公司股东权益为3 283.37亿元,较年初增长13.4%;公司总资产约4.67万亿元,较年初增长16.5%。公司历年定期报告显示,中国平安从2007年上市以来累计分红17次,累计分红金额为375亿元。公司上市以来每年都进行现金分红,而且大多数的年份一年分红两次。

在"2015中国上市公司口碑榜"评选中,中国平安荣获"最佳股东回报上市公司"奖项。

宇通客车连续分红12年

宇通客车是我国从事客车生产较早的专业厂之一。公司大、中型客车国内市场占有率超过20%,企业综合实力居国内同行业前列。宇通客车是中国汽车行业首家获得"出口免验"证书的企业。

公司今年第三季度实现收入85.42亿元,同比增长49.96%;实现净利润9.19亿元,同比增长64.57%;实现扣非净利润8.67亿元,同比增长132.32%,增速超市场预期。

公开数据显示,宇通客车从2003年开始到2014年,已经连续12年实现分红。如果从上市算起,公司已分红16次,累计分红金额为49.66亿元。

在"2015中国上市公司口碑榜"评选中,宇通客车荣获"最佳股东回报上市公司"奖项。

万达院线——高比例分红的新星

万达院线是国内领先的影院投资及运营商。

2010年和2012年,公司两次获得CINEASIA(亚太电影博览会)颁发的"年度放映商"大奖。该奖项是院线行业在亚洲地区的最高荣誉。万达院线成为该展会历史上第一家两次荣获该项荣誉的院线公司。

2015年前三季度万达院线实现营收54.60亿元,同比增长40.11%;归属母公司净利润9.38亿元,同比增长38.78%。

万达院线2015年1月上市,上市以来首次现金分红就达4.48亿元。

在"2015中国上市公司口碑榜"评选中,万达院线荣获"最佳股东回报上市公司"奖项。

广发证券年均分红超10亿元

作为国内大型券商,广发证券综合能力突出。广发证券2015年第三季度归属母公司净利润19.8亿元,同比增长45%;第三季度营业收入66亿元,同比增长91%。

在业务方面，广发证券积极响应“互联网+”战略，着力打造集股票、债券、基金、期货、信托、理财和资管于一体的“易淘金”电商平台，快速抢滩市场份额，其新开户数量和金额均居行业前列。

广发证券从2010年上市以来年年分红。2010到2014年分红额分别为22.7亿元、14.8亿元、8.9亿元、11.8亿元和11.8亿元。年均分红额稳定在10亿元以上。

在“2015中国上市公司口碑榜”评选中，广发证券荣获“最佳股东回报上市公司”奖项。

双汇发展连续分红15次

双汇发展是国内最大的肉类加工企业之一，公司冷鲜肉和低温肉制品的产量在行业内领先。

今年前三季度公司实现销售收入322.05亿元，同比下滑2.86%；实现归属母公司股东净利润31.19亿元，同比下滑1.37%。但单就第三季度来看，公司实现收入118.5亿元，同比下滑2.15%，降幅收窄；实现净利润11.36亿元，同比增长17.74%。

不管业绩如何，双汇发展一直重视股东回报。公司从2000年到2014年，连续分红15次，分红总额达114.7亿元，期间总利润为165.4亿元，总的股利支付率达到69.4%。

在“2015中国上市公司口碑榜”评选中，双汇发展荣获“最佳股东回报上市公司”奖项。

（注：本文有删减）

资料来源：胡敏超．最佳股东回报上市公司[N]．每日经济新闻，2015-11-6.

分析：（1）分派现金股利对所有者权益有什么影响？

（2）上市公司分派现金股利应具备哪些条件？

【案例三】

资本公积充裕 上市公司频推高送转方案

根据中国证券报2016年2月24日的消息，佰利联2月23日晚发布2015年度利润及资本公积转增股本预案，拟每10股转增25股同时派息3.5元（含税），追平了此前预案转增比率最高的财信发展。从近期上市公司的分配方案看，有多家上市公司推出了资本公积金转增股本的方案，而且转增的比率有越来越高之势。

资本公积普遍较高

过去每10股转增10股就算高送转了，但现在这似乎仅仅是起步阶段。这也表明，目前上市公司的资本公积比较充足。上市公司要进行资本公积转增股本，就必须要有充足的资本公积。这是进行资本公积转增股本的基本前提。从实际情况看，凡拟进行大比率资本公积转增股本的上市公司大都有较多的资本公积金。

根据Wind资讯统计数据，今年以来发布2015年分配预案的上市公司有63家，其中拟每10股转增15股及以上的公司就有10家。最高的是财信发展，每10股转增25股。

多数拟实施转增股本的上市公司的资本公积金是比较高的。比如思美传媒2015

年三季度每股收益为4.625 6元；拟每10股转增20股的三峡水利2015年年报的每股资本公积金为4.241 3元；拟每10股转增20股的先导智能2015年年报的每股资本公积金为2.609 7元；拟每10股转增20股的豫光金铅2015年三季报的每股资本公积金为2.596 9元。

不过也有推出高转增预案的上市公司资本公积金并不高，如首航节能2015年三季报为1.783 5元，而拟每10股转增18股的新联电子2015年三季报每股资本公积金为1.891 3元。但总体看这些公司资本公积金也是比较充足的。

业内人士分析，上市公司进行资本公积金转增股本应是综合考虑各个因素后做出的决定。每股资本公积数量是一个重要因素，但不是必须要高送转。此外还需考虑股本因素。相对而言，股本较小的上市公司扩张股本的意愿更强烈。如思美传媒目前总股本只有8 829万股，新联电子总股本为2.52亿股。

应关注未来业绩变化趋势

业内人士指出，在推出分配方案时，股价、目前及未来公司业绩的增长率等也是上市公司需要考虑的因素。如果目前公司股价较高，也有可能导致市场成交不够活跃，因此上市公司通过转增股份的方式将股价拉低，以促进成交活跃。

但对一些公司而言，虽然目前股价表现尚可，但是其未来业绩如果表现不佳，将来股价很可能持续走低，有可能影响公司的形象。因此，上市公司推出高比率送转方案也要考虑这些的因素。

而从投资者角度看，追捧高送转方案的同时，更要关注上市公司未来业绩的变化趋势，以确定其中长期价值。从过去情况看，有些公司在经过高送转后，其业绩并没有相应增长。因此股价也逐步走低，这将不利于进行中长期投资。

严格来讲，以资本公积金转增股本并非属于上市公司的分配范畴。只有送红股和派送现金红利才是真正的利润分配。但因为送红股和派送现金要以实现的利润为基础，特别是派现金很有可能影响公司的现金流，所以一些上市公司送红股或分配现金相对更为谨慎。

资料来源：佚名．资本公积充裕 上市公司频推高送转方案[N].中国证券报，2016-02-24.

分析：(1)资本公积转增股本后企业所有者权益有什么变化？(2)企业分派现金股利与股票股利有什么不同？

六、补充阅读材料

追问明天科技重大财务嫌疑

经历了连续两年的亏损之后，明天科技(600091)在2007年辗转腾挪，终于实现净利润的扭亏，从而避免了ST的命运。不过，扣除非经常性损益后，3 600万元的亏损额以及羸弱的现金状况表明，通过疑似财务舞弊手段实现的净利润扭亏，并不能扭转每况愈下的财务危机。

可疑的股权转让收益

公司报告期实现净利润1 024.11万元，不过2007年公司的非经常性损益就达到

4 624.02 万元，扣除非经常性损益后，公司将出现较大幅度亏损。

在非经常性损益项目中，股权转让收益达 3 347.56 万元。其中，公司于 2007 年 9 月 28 日向北京锦荣源博贸易有限公司（以下简称锦荣源博）转让的明天浩海发展有限公司（以下简称浩海公司）87.31% 的股权，转让价格为 14 450 万元，产生 2 909.67 万元的转让收益。

据查证，浩海公司成立于 2003 年 8 月，注册资本 11 225 万元，2007 年 6 月底总资产为 23 194.82 万元，净资产 13 240.28 万元。该公司在 2007 年上半年的主营业务收入为 3 402.9 万元，净利润为 -148.07 万元。

由此可见，浩海公司的业绩并不理想。对于生产计算机软硬件、电子元器件、设备器材等技术更新较快产品的公司而言，我们认为浩海公司的资产并不具备较高的评估增值条件。不过辽宁元正资产评估有限公司却给出了 25% 的净资产评估增值率。我们没有找到这家资产评估公司的详细信息。

而股权受让方更为可疑。锦荣源博的成立日期为 2007 年 7 月 26 日。也就是说，成立后两个月，该公司就斥巨资收购了浩海公司的股权。根据工商局的注册信息，锦荣源博的注册地址为北京通州区兴一街 517 号，注册资本 3 000 万元，截至 2007 年 8 月 31 日，公司总资产也只有 16 059.56 万元，而用于收购浩海公司股权的资金高达总资产的 90%。

《投资者报》记者于 5 月 21 日下午来到北京通州区兴一街探访锦荣源博公司，村委会一位工作人员向记者表示，兴一街并没有进行门牌编号，她也没听说过兴一街有这样一家公司。

随后，记者来到通州区政府招商科。该科工作人员告诉记者，锦荣源博只是一家在该镇虚拟注册的公司，实际办公地和业务并不在此，该镇有许多公司都是这样注册的，很难找到他们的真实办公地或是厂房地址。

据招商科人士介绍，锦荣源博一直没有到当地工商局备案。而按照相关法规规定，公司自成立后十天就应该到注册地所在的工商局备案。另外，锦荣源博目前尚未进行年检。由此可见，锦荣源博的公司运营并不规范。

据一位从事虚拟注册公司的业内人士介绍，选择虚拟注册的公司一般为小公司。之所以选择这样的注册方法，一是为了享受当地政府给出的财税优惠政策，二是不需要购置符合公司注册要求的办公场所。

就是这样一家运营并不规范的公司，而且是一家甚至不愿意购置自用办公场所的公司，在成立后的第二个月，用占总资产 90%，总额达 1.445 亿元的资金收购了一家仍在亏损的公司股权，这未免让人生疑，因为一家理性的公司很难做出这样的投资决策。

联想到明天科技如果 2007 年继续亏损，公司将遭 ST 处理，我们怀疑，锦荣源博不过是明天科技或其股东通过关联方临时成立的一家公司，成立的目的就是进行此项收购，从而帮助明天科技实现扭亏。

我们注意到，公司在发布的股权转让公告中称，股权转让的款项将在协议签订后10日首付7 500万元，剩余款在两月内付清。但从2007年报看，截至年底仍有2 903万元款项尚未支付，此时距股权转让协议签订日早已超过两个月时间。

可疑的投资核算方法

截至2007年年末，公司对鄂尔多斯泰宝投资有限责任公司（以下简称泰宝投资）的投资额为5.1亿元，占被投资单位股权比例为36.43%。

按照会计准则相关规定，投资额占被投资单位超过20%时，一般应采用权益法核算。然而，明天科技对该项投资未采用权益法核算，而是采用了成本法核算。采用成本法核算的特点在于当被投资单位出现亏损时，上市公司不需要承担相应的投资损失。

我们注意到，在2006年12月28日的公告中，公司表示此项对泰宝投资的股权投资是为了“进一步优化公司的对外投资结构，提高公司未来的投资收益”。在股权投资的财务核算中，成本法核算只有在收到现金股利时才能确认投资收益，而非上市公司发放现金股利的现象非常少见。公司在投资比例达到36.43%的情况却采用了成本法核算，显然与“提高公司未来的投资收益”这一初衷背离。或许，只有一种可能，那就是公司已经知道该项投资在权益法核算下无法获得投资收益，甚至将出现亏损。

由于公司未对泰宝投资的详细财务状况予以披露，我们也无法通过其他渠道获得相关信息，但根据明天科技于2008年3月20日发布的公告，泰宝投资“在工程施工建设中遇到了一些不可预见的情况，造成工程施工难度增加，项目建设情况较公司初始增资时发生了较大变化”。

从上述公告内容可窥一斑，泰宝投资的财务状况并不理想。或许，这正是当初明天科技要把投资比例达36.34%的股权投资以成本法核算的原因。

2008年第一季度发生的事情也许能让我们更清楚地看清其中的真相：

2008年3月20日，明天科技退出泰宝投资的股权投资，收回5.1亿元的初始投资额，并且向泰宝投资收取1 520.8万元的资金占用费。

财务前景不容乐观

尽管实现扭亏，但公司财务前景依然不容乐观。

2007年度，公司营业收入同比下降24.23%，销售毛利率为2.7%，与2006年持平。较低的销售毛利率表明公司产品缺乏竞争力。

令人担忧的是公司的资金状况。2007年公司经营活动现金流量净额为-2 247.87万元，年末现金余额为12 194.98万元，而年初为34 274.12万元。

资金的紧张已经影响到公司的投资，2007年用于投资的资金支出为24 889.3万元，同比缩减43.87%。我们担心，投资的缩减会进一步削弱公司的研发实力，这对已经是低毛利率的产品获利能力愈发不利，并将导致财务状况的再度恶化。

2008年第一季度，公司经营状况仍不理想，销售毛利率为-8.89%，较去年同期的0.94%下降9.83个百分点。受此影响，第一季度营业利润为-1 828.49万元，净利润也出现1 883.04万元的亏损。

今年该公司如何扭亏为盈,我们拭目以待,希望不再是如去年般的财技表演。

资料来源:周俊. 追问明天科技重大财务嫌疑[N]. 投资者报,2008-05-26.

背景资料:　明天科技(上市公司,股票代码:600091)

公司是包头市地方企业中的首家上市公司,在"中国化工500强"中名列第441名。公司目前已发展成为集化工、计算机软件及网络开发、能源、参股金融机构为一体的上市公司。公司基础化工产业有"山泉""双环""云杉"三大品牌十余种产品,生产规模为年产电石10万吨,聚氯乙烯树脂3万吨,苯酚1.4万吨等。公司是全国最大的电石出口企业,产品远销日本、韩国、印尼、菲律宾等国家。公司的主要高科技分公司、子公司主营业务集计算机软硬件开发、生产、销售为一体,并提供系统集成、网络设计与咨询、电子商务等服务,成功地为涵盖军队、金融、能源、交通、电力、邮电等二十多个行业开发并完成"企业级应用整体解决方案"。

奈何不了绿大地　创业板退市制度形同虚设

深交所4月20日正式发布《深圳证券交易所创业板股票上市规则》(2012年修订)(以下简称《创业板股票上市规则》),并自2012年5月1日起施行。这意味着酝酿多时的创业板退市制度终于正式出台。

从《创业板股票上市规则》来看,创业板退市制度的最大亮点莫过于直面财务造假问题。在暂停上市情形的规定中,新增"因财务会计报告存在重要的前期差错或者虚假记载,对以前年度财务会计报告进行追溯调整,导致最近一年年末净资产为负"的情形;在终止上市情形的规定中,也新增了"因财务会计报告存在重要的前期差错或者虚假记载,对以前年度财务会计报告进行追溯调整,导致最近两年年末净资产为负"的情形。

之所以将"追述财务造假"问题列为创业板退市制度的最大亮点,究其原因在于财务造假问题在中国股市具有普遍性。以企业上市为例,包装上市几乎涉及最近几年上市的每一家公司,尤其是创业板公司。而包装上市的实质就是造假,就是欺诈。这里不仅涉及资本市场最基本的诚信问题,而且也涉及企业上市标准问题。如果企业上市都是造假的,不仅该企业没有诚信可言,而且整个市场的诚信问题也面临着挑战。而在企业不符合上市条件的情况下,通过造假上市,这本身就是对企业上市标准的践踏。因此,创业板退市制度能正视财务造假,这是值得肯定的,这实际上是对中国股市诚信体系的维护。更何况,这个问题也在一定程度上弥补了现行《中华人民共和国证券法》(以下简称《证券法》)的不足。根据现行的《证券法》规定,企业成功骗取发行上市资格后,是不会被退市的。

但创业板退市制度这个最大亮点也存在重大不足。那就是对于上市公司的财务造假行为并没有实行直接退市处理,而只是对以前年度财务会计报告进行追溯调整,如果是导致最近一年年末净资产为负,才会被暂停上市;只有是导致最近两年年末净资产为负,才会被终止上市。这种退市规定,在一定程度上是对企业财务造假的一种包容。毕竟诚信是资本市场的根本,如果资本市场没有了诚信,那么这个市场是不可能发展下去的。所以财务造假动摇的是资本市场的根本,让造假者直接退市这是没有条件可讲的。尤其是对于造假上市者来说,由于新股的高价发行,因此带给上市公司的净资产都是很高的,在这种情况下,即便是追溯调整,其净资产也不可能成为负数。如此一来,即便企业是造假上市,也会因为公司净资产不是负数而逃避退市问题。

最明显的如绿大地,该公司 2007 年 12 月份发股上市,发行价每股 16.49 元,发行后每股净资产高达 7.39 元。虽然后来绿大地造假事件东窗事发,但 2009 年的每股净资产仍然还有 3.67 元。因此,根据创业板退市制度,绿大地仍然不会被退市。可见,创业板退市制度又在一定程度上是对造假者的包容。而要真正惩治造假者,就必须让造假者直接退市,在这个问题上,不应该有半点的退让。

资料来源:皮海洲. 奈何不了绿大地　创业板退市制度形同虚设[N]. 国际财经时评,2012-04-26.

续:

2018 年 11 月 16 日深夜,沪深交易所正式发布《上市公司重大违法强制退市实施办法》(以下简称《办法》),并修订完善《股票上市规则》《退市公司重新上市实施办法》等规则。新规主要是明确了证券重大违法和社会公众安全重大违法两类强制退市情形,特别是对于上市公司严重危害市场秩序,严重侵害社会公众利益,造成重大社会影响的,专门作为一类退市情形进行规范。同时,深交所宣布启动对长生生物重大违法强制退市机制。

自 2001 年建立了证券市场退市制度以来,到 2017 年的 16 年间,合计 96 家企业退市,而同期上市企业总量近 3 400 家,退市率不足 1%。比较而言,美国纳斯达克的退市率约为 9%,日本东京证券交易所的退市率超过 10%,显然,A 股的退市制度没有发挥应有作用,股票市场的竞争淘汰机制没有发挥作用。特别是由于我国证券市场退市的审查周期很长,被打上 ST 标签后,企业经常"脱帽"再"戴帽",如此反复,已经成为所谓中国股市的"特色"。

一个市场光进不退,其容纳的企业数字虽然多,但质量无法提升。实际上,市场上有价值的标的会越来越少,反而各种千奇百怪的投机活动会大量出现。可以说 A 股所谓的涨跌停敢死队、炒 ST 专业户、炒壳,以及亏损股组合更赚钱等扭曲现象,都与目前退市机制没发挥作用有关。

目前中国证券市场面临全面的低潮,但也是改革的机会。过去改革多集中在上市制度改革,实际上退市淘汰也是重要的改革。如果此次修改退市办法能较为彻底,那么对中国证券市场改革而言是一个很好的机会,我们应该抓住这个机会。

资料来源:李靖云. 完善退市制度是股市改革的重要内容[N]. 21 世纪经济报道,2018-11-21.

参考答案

一、单项选择题

1. D　2. C　3. B　4. A　5. D　6. D　7. C　8. D　9. B　10. D
11. C

【1－解析】选D。购货方支付的预付账款是企业的债务。

【2－解析】选C。根据相关规定，企业出现亏损，可在以后的5年内用税前利润弥补亏损，5年后如果亏损还没有弥补完，只能用税后利润弥补。2008—2012年，5年内企业已用税前利润弥补了50万元的亏损。到2013年，只能用税后利润弥补亏损。这时“利润分配——未分配利润”科目的借方余额为30万元。在2013年交纳了2.5万元所得税后，剩余的7.5万元利润可以弥补亏损。当弥补亏损后，“利润分配——未分配利润”科目的借方余额为30－7.5＝22.5（万元）。

【3－解析】选B。在企业持续经营期间，投资者除依法转让其投资外，不得以任何方式抽回投资。

【5－解析】选D。100 000×（1.5－1）－100 000×1.5×3%＝45 500（元）

【9－解析】选B。ACD项目只会引起所有者权益项目内部的此增彼减，不会导致所有者权益总额发生变化。B项目会增加企业的所有者权益。

【10－解析】选D。债权人承受的风险低于所有者。

【11－解析】选C。根据2014年修订后的会计准则，将原来记入“所有者权益资本公积——其他资本公积”中的、没有在当期确认的各项利得和损失，记入新设立的科目“其他综合收益”。

二、多项选择题

1. BC　2. ABD　3. ABD　4. ABD　5. ABC　6. AB
7. ABC　8. ABCD　9. ABCD　10. AB

【3－解析】选择ABD。ABD项目只会引起所有者权益项目内部的此增彼减，不会导致所有者权益总额发生变化。C项目会导致企业的负债增加（应付股利），所有者权益减少。（未分配利润）

三、判断题

1. ×　2. √　3. ×　4. ×　5. ×　6. √　7. ×　8. ×　9. ×　10. ×

【6－解析】√。直接计入所有者权益的利得也会增加所有者权益。

四、业务题

1. 借：固定资产	126 000
应交税费——应交增值税（进项税额）	20 160
贷：实收资本——C	100 000
资本公积	46 160
借：原材料	110 000
应交税费——应交增值税（进项税额）	17 600
贷：实收资本——D	100 000
资本公积	27 600
借：银行存款	390 000
贷：实收资本——E	300 000
资本公积	90 000
2.（1）借：资本公积	350 000
盈余公积	650 000
贷：实收资本	1 000 000
（2）借：银行存款	1 180 000
贷：实收资本——A	300 000
——B	200 000
——C	500 000
资本公积	180 000

3. 计入资本公积的金额 = 16 000 − 4 000 −（16 000 × 2%）

= 16 000 − 4 000 − 320 = 11 680（万元）

借：银行存款	156 800 000
贷：股本	40 000 000
资本公积——股本溢价	116 800 000
4.（1）借：固定资产	1 400 000
应交税费——应交增值税（进项税额）	224 000
贷：实收资本	1 624 000

（2）增值税进项税额 = 3 400 000 × 6% = 204 000（元）

借：无形资产	3 400 000
应交税费——应交增值税（进项税额）	204 000
贷：实收资本	3 604 000

五、案例分析题

【案例一】

(1)根据公司法的规定,在无亏损要弥补的情况下,利润分配的顺序是:第一,提取法定盈余公积;第二,提取任意盈余公积;第三,向投资者分配现金股利或利润。存在亏损没有弥补的情况下,首先弥补亏损,如果亏损弥补后已经没有利润,后面的利润分配就不存在了。如果弥补亏损后还有剩余利润,仍然按以上的顺序分配利润。

(2)应作如下会计处理:

弥补亏损没有必要作专门的账务处理,通过利润转入“利润分配”账户自动得到弥补。

①结转实现的利润(包括弥补亏损的利润和可供分配的净利润)

借:本年利润　　25 500 000

　贷:利润分配——未分配利润　　25 500 000

能够用于分配的净利润 = (30 000 000 - 12 000 000) ×75% =13 500 000(元)

转入“利润分配”账户的利润 =13 500 000 +12 000 000 =25 500 000(元)

②利润分配时

提取法定盈余公积 =13 500 000 ×10% =1 350 000(元)

提取任意盈余公积 =13 500 000 ×10% =1 350 000(元)

分配现金股利 =8 000 000(元)

借:利润分配——提取法定盈余公积　　1 350 000

　　　　——提取任意盈余公积　　1 350 000

　　　　——应付现金股利或利润　　8 000 000

　贷:盈余公积——法定盈余公积　　1 350 000

　　　　　——任意盈余公积　　1 350 000

　　应付股利　　8 000 000

该公司 2014 年年末未分配利润金额为:

[(30 000 000 - 12 000 000) ×75% - 1 350 000 - 1 350 000 - 8 000 000]

=2 800 000(元)

【案例二】

(1)现金股利是上市公司以货币形式支付给股东的股息红利。上市公司以现金形式派发股利,会减少企业的所有者权益,同时减少企业的货币资金。

假定柳林公司派发现金股利前的所有者权益组成为:

实收资本(股本)	1 000 万股(每股面值 1 元)
资本公积	1 000 万元
盈余公积	1 200 万元
未分配利润	800 万元

则所有者权益合计为4 000万元。

用未分配利润按每股0.50元派发现金股利,需要银行存款支付:

1 000 × 0.50 = 500(万元)

派发现金股利后的所有者权益组成:

实收资本(股本)	1 000万股(每股面值1元)
资本公积	1 000万元
盈余公积	1 200万元
未分配利润	800 - 500 = 300万元

则所有者权益合计为3 500万元。

(2)上市公司采用现金股利形式时,必须具备三个基本条件:

第一,公司要有足够的未指明用途的留存收益(未分配利润);

第二,公司要有足够的现金;

第三,有股东大会、董事会的决定。

但是,如果企业较多地支付现金股利会减少公司的现金持有量,使资产的流动性降低。

【案例三】

(1)企业用资本公积转增股本会导致企业的资本公积减少,股本增加。会计处理如下。

借:资本公积

  贷:股本

所有者权益项目内部产生此增彼减,但所有者权益总额没有变化。企业的资产也不会减少。

(2)现金股利是上市公司以货币形式支付给股东的股息红利,会导致企业的资产和所有者权益都减少。

①现金股利的会计处理。

A. 企业股东大会批准现金股利分配方案宣告时的会计分录:

借:利润分配——应付现金股利

  贷:应付股利

借记"利润分配"科目,会减少未分配利润,从而减少企业的所有者权益;

B. 企业向投资者实际发放现金股利时的会计分录:

借:应付股利

  贷:银行存款

实际发放现金股利时贷记"银行存款",减少企业的货币资金,即减少企业的资产。

②股票股利的会计处理。

分派股票股利,一不会使所有者权益总额发生变动,而仅仅使所有者权益各项目结构发生内部的调整;二不需要企业拿出现金。

A. 企业股东大会批准股票股利分配方案并宣告分派时,不作任何账务处理,不会对企业的所有者权益总额产生影响。

B. 企业向投资者实际发放股票股利时,需作账务处理,应编制会计分录:

借:利润分配——转作股本的股利

　贷:股本

借记“利润分配”科目,会减少未分配利润;贷记“股本”科目,会增加企业的股本。所有者权益项目内部产生此增彼减。企业用资本公积、盈余公积转增股本的结果与未分配利润转增股本的结果一样。

第七章
费用与成本

重点提示：生产费用的归集与分配的基本原理和方法，产品成本计算的基本程序和计算方法，财务费用、管理费用和销售费用的内容及会计处理。

难点提示：产品成本计算的基本程序和计算方法。

一、单项选择题

1. 下列各项费用中，应计入产品生产成本的是(　　)。

A. 销售费用　　B. 管理费用　　C. 财务费用　　D. 制造费用

2. 费用的计量应按照(　　)这一会计属性进行计量。

A. 重置成本　　B. 可变现净值　　C. 历史成本　　D. 公允价值

3. 朝阳企业“生产成本”科目的期初余额为100万元，本期为生产产品发生直接材料费用800万元，直接人工费用150万元，制造费用200万元，企业行政管理费用100万元，本期结转完工产品成本为1 000万元。假定该企业只生产一种产品，期末“生产成本”科目的余额为(　　)万元。

A. 50　　B. 150　　C. 250　　D. 350

4. 应计入产品成本，但不能分清应由何种产品负担的费用，应(　　)。

A. 直接计入当期损益

B. 作为管理费用处理

C. 先作为制造费用处理，期末再通过分配计入产品成本

D. 直接记入生产成本科目

5. 生产车间发生的制造费用分配后，一般应记入(　　)科目。

A. 库存商品　　B. 本年利润　　C. 生产成本　　D. 主营业务成本

6. 彩虹企业生产车间生产A和B两种产品，该车间共发生制造费用6 000元，生产A产品生产工人工时为300小时，生产B产品生产工人工时为200小时。若按生产工人工时比例分配制造费用，A和B两种产品应负担的制造费用分配为(　　)。

A. 3 600和2 400　　B. 2 400和3 600

C. 3 000和3 000　　D. 4 000和2 000

7. 阳光企业 C、D 两种产品共同消耗的燃料费用为 60 000 元，C、D 两种产品的定额消耗量分别为 2 000 千克和 3 000 千克。则按燃料定额消耗量比例分配计算的 C 产品应负担的燃料费用为(　　)元。

A. 24 000　　B. 30 000　　C. 36 000　　D. 60 000

8. 下列各项费用中，不能直接记入“生产成本——基本生产成本”科目的是(　　)。

A. 车间生产工人薪酬　　B. 构成产品实体的燃料和动力费用

C. 车间管理人员薪酬　　D. 构成产品实体的原料费用

9. 明星企业 1 号产品月末在产品只计算原材料费用。该产品月初在产品原材料费用为 3 600 元；本月发生的原材料费用 2 100 元，原材料均在生产开始时一次投入。本月完工产品 2 000 件，月末在产品 1 000 件，单位材料消耗定额为 1.90 元，据此计算的 1 号产品本月末在产品原材料费用是(　　)元。

A. 5 700　　B. 3 800　　C. 2 100　　D. 1 900

10. 下列项目中，应计入财务费用的是(　　)。

A. 筹集生产经营所需资金等而发生的筹资费用

B. 为购建或生产满足资本化条件的资产发生的应予资本化的借款费用

C. 专设销售机构固定资产的折旧费

D. 企业行政管理部门设备折旧费用

11. 先锋企业生产丙、丁两种产品，该企业的单位电价为每度 0.75 元，各产品的电费按生产工时分配。丙、丁两种产品本月用电合计 2 000 度；生产工时共计 1 500 小时，其中丙产品的生产工时 900 小时，据此计算丁产品本月负担的电费是(　　)元。

A. 900　　B. 600　　C. 150　　D. 200

12. 创利企业 2013 年 3 月份发生的费用有：计提车间用固定资产折旧 1 万元，发生车间人员工资 4 万元，支付广告费用 3 万元，计提短期借款利息 2 万元，支付现金折扣 1 万元。则该企业当期的期间费用总额为(　　)万元。

A. 5　　B. 6　　C. 10　　D. 11

13. 下列各项中，应列为管理费用处理的是(　　)。

A. 自然灾害造成的流动资产净损失　　B. 业务招待费

C. 固定资产盘盈净收益　　D. 广告费

14. 在固定资产达到预定可使用状态后发生的专门借款费用，应计入(　　)。

A. 在建工程　　B. 财务费用　　C. 管理费用　　D. 销售费用

15. 下列费用中，不属于管理费用列支范围的是(　　)。

A. 业务人员差旅费　　B. 印花税

C. 无形资产摊销费用　　D. 业务招待费

二、多项选择题

1. 下列费用中，应记入“生产成本”科目的有(　　)。

A. 直接材料　　B. 直接工资　　C. 制造费用　　D. 管理费用

2. 下列费用中,不应计入产品成本的有(　　)。

A. 车间机器设备修理费用　　B. 企业行政管理部分设备折旧费用

C. 行政管理人员的工会经费　　D. 行政管理人员薪酬

3. 制造费用的分配,通常采用的方法有(　　)。

A. 生产工人工时比例法　　B. 生产工人工资比例法

C. 机器工时比例法　　D. 约当产量比例法

4. 下列事项中,属于成本项目的有(　　)。

A. 直接材料　　B. 直接人工　　C. 制造费用　　D. 折旧费

5. 下列各项,属于企业期间费用的有(　　)。

A. 销售费用　　B. 制造费用　　C. 管理费用　　D. 财务费用

6. 企业发生的下列费用中,应计入管理费用的有(　　)。

A. 广告费　　B. 业务招待费　　C. 董事会经费　　D. 研究费用

7. 关于费用的特点,下列说法中正确的有(　　)。

A. 费用是企业在日常活动中发生的经济利益的总流出

B. 费用会导致企业所有者权益的减少

C. 费用与向所有者分配利润无关

D. 费用与向所有者分配利润有关

8. 下列费用中不应计入产品成本的有(　　)。

A. 直接材料和人工　　B. 企业行政管理部门设备折旧费用

C. 工会经费　　D. 技术转让费

9. 下列各项费用,应计入销售费用的有(　　)。

A. 咨询费　　B. 业务招待费　　C. 广告费　　D. 展览费

10. 下列各项中,应在发生时直接确认为期间费用的有(　　)。

A. 管理人员工资支出　　B. 广告费支出

C. 固定资产安装工人工资支出　　D. 专设销售机构的职工工资支出

11. 下列税金中不应计入管理费用的有(　　)。

A. 房产税　　B. 城镇土地使用税

C. 车船使用税　　D. 消费税

12. 财务费用的核算内容包括(　　)。

A. 汇兑损失　　B. 利息支出

C. 诉讼费　　D. 购货单位享受的现金折扣

三、判断题

1. 车间管理人员的工资不属于直接工资,因而不能计入产品成本,而应计入期间费用。(　　)

2. 企业在只生产一种产品的情况下,本期发生的构成产品成本的费用均为直接费用。（ ）

3. 期初在产品和期末在产品的数量基本平衡的情况下,对生产费用进行分配时,可以不考虑期初和期末在产品应负担的生产费用。（ ）

4. 在基本生产车间只生产一种产品的情况下,制造费用可以直接计入该种产品的成本。在生产多种产品的情况下,制造费用应采用适当的分配方法计入各种产品的成本。（ ）

5. 期末销售费用、管理费用和制造费用账户均应无余额。（ ）

6. 企业发生的所有借款利息都应作为财务费用处理。（ ）

7. 管理费用、销售费用、财务费用和制造费用均属于期间费用。（ ）

8. 制造费用与管理费用不同,本期发生的管理费用直接影响本期损益,而本期发生的制造费用不一定影响本期的损益。（ ）

四、业务题

1. 大力公司基本生产车间生产产品共同领用某材料 2 200 千克,单价 30 元,材料成本合计 66 000 元,生产 1 号产品 40 件,2 号产品 20 件。1 号产品消耗定额为 20 千克,2 号产品消耗定额为 60 千克;生产 1 号产品直接领用的材料成本 60 000 元,生产 2 号产品直接领用的材料成本 80 000 元,辅助生产车间领用材料成本 20 000 元,生产车间一般耗用材料 10 000 元。

要求:(1)计算 1 号产品和 2 号产品应分配的材料成本。(2)编制领料会计分录。

2. 某企业 2×18 年 10 月发生相关费用如下:

产品生产发生直接材料费用 800 万元,直接人工费用 230 万元,发生生产车间管理人员工资 105 万元,计提生产车间固定资产折旧 20 万元;发生行政管理部门人员工资 120 万元,支付广告宣传费用 75 万元,计提短期借款利息 40 万元,支付固定资产维修费 45 万元;专设销售机构办公费用 40 万元,计提销售机构固定资产折旧 20 万元,销售人员工资 30 万元,支付业务招待费 30 万元,发生现金折扣 12 万元。

要求:根据以上资料计算企业 2×18 年 10 月计入产品成本的费用;计算管理费用、财务费用和销售费用。

3. 大地公司生产乙产品,有关的成本资料如下:

单位:元

摘要	直接材料	直接人工	制造费用	合计
月初在产品成本	200 000	12 000	24 000	236 000
本月发生生产成本	700 000	100 000	200 000	1 000 000
本月生产成本合计	900 000	112 000	224 000	1 236 000

原材料在生产开始时一次投入,其他费用在生产过程中均衡发生。本月完工产品数量800件,月末在产品数量200件。直接材料单价每千克20元,每件产品材料定额为48千克,单位产品工时定额25小时,计划每工时费用分配率为:直接人工5元/小时,制造费用10元/小时。

要求:月末在产品按定额成本计价法分配计算本月完工产品和月末在产品成本,并将计算结果填入表中。

月末在产品定额成本计算表

在产品数量	原材料费用(元)	定额工时(小时)	直接人工(元)	制造费用(元)	定额成本合计(元)

乙产品成本计算单

单位:元

摘要	直接材料	直接人工	制造费用	合计
月初在产品成本				
本月发生生产成本				
本月生产成本合计				
月末在产品定额成本				
本月完工产品成本				

4. 甲企业9月份发生的与管理费用相关的业务有:计提行政管理部门职工工资200 000元;计提固定资产折旧费15 000元;无形资产摊销7 400元;用银行存款支付业务招待费5 800元;行政管理人员报销差旅费4 200元,以现金支付。

要求:根据上述资料编制会计分录。

五、案例分析

【案例一】

小刘的虚假差旅费报销单

——上海卓美企业管理咨询有限公司咨询侧记

透过办公室的玻璃窗能够很清楚地看见销售部经理老李今天很不自在。

销售工程师小刘的差旅费报销单厚厚的一叠就放在办公桌上。该不该签字?老李实在不想签!这已不是第一次了。小刘每次出差的费用都偏高。就拿桌面上的单据来说吧,仅温州两个晚上请客户吃饭就花了5 200多元,发票很明显属于虚开的。

小刘说两个晚上请两家客户吃饭都在同一个饭店，所以饭店老板就一起开了票。作为资深销售员，这种事情老李很明白，小刘即使没有请客户吃饭，也能开出发票。老李深深吸了口烟，觉得很为难：如果彻底调查的话，小刘在公司肯定是不能待了。小刘平时工作是比较卖力的，又是公司内公认的自己的嫡系人马，和自己感情也不错，销售部十几个人中小刘的业务水平也还可以，但是小刘就这个毛病，只要出差就会发生虚报费用的事情。目前公司销售业绩很好，在销售费用上公司卡得不紧，但是作为主管销售的经理，老李明白自己必须想办法来解决这个问题。

老李是公司外聘的，在公司也没有股份，但是作为公司领导，首先要为公司考虑，在搞好公司销售管理工作的同时必须为公司打造一支能征善战的队伍。没有好的管理制度，销售人员个个变得贪图小利、自私自利，长此以往，不但公司的销售工作做不好，领导没有权威，更重要的是还会在公司内形成一种贪污腐化的风气，在客户当中给公司形象带来不好的影响，完全有可能影响到公司今后的发展。老板会怎么评价自己作为一个职业经理人的工作？

作为公司的外聘咨询顾问，上海卓美企业管理咨询有限公司的专家为老李解决了这个问题。专家分析了为何会产生这种情况：是公司销售管理制度有缺陷，还是员工不执行公司的制度规章，或者是员工不清楚公司的规定。

首先应当检查公司的出差管理制度是否制定得合理。了解了销售管理制度的业务费用使用规定后，卓美咨询公司的专家明白了，制度中对于出差的住宿、交通、误餐费用规定得还是比较详细的，但是对于销售人员出差中间的请客送礼等活动的费用没有规定。该公司一般的做法是只要能够拿回来销售单子，对于请客送礼和请客户吃饭就放得比较宽松。因此，在平时的工作中，销售人员对招待费用的使用很随意，往往是先支出后报销，并且没有事后的文字说明，只是在报销前向老李汇报一下这次请什么人了，给什么人送了什么东西。作为公司销售负责人的老李仅仅是形式上签个字而已。

针对这种情况，上海卓美咨询公司的专家为老李提出了先修改制度，再用制度来约束人员的解决办法。制度的修改主要是将以前的事后汇报改为事前的书面申请，在书面申请中必须说明支出的主要目的、客户的成熟度、交易情况等等。考虑到每次招待的客户多少、重要性、身份的不同，依据具体情况来衡量每次招待费用的数额，既不能影响客户关系的维护，又要避免销售人员的胡乱开支。卓美咨询公司的专家认为通过事前做一些少量的工作计划，完全能够解决这个问题。刚开始老李很担心，经过前期的沟通交流，销售人员的确反感制度的修改：一方面，每次出差时请客送礼的随意性较大，不能做到事事能够计划好；另一方面，销售人员对老李也产生了抱怨，他们认为招待客户总是为了公司好，花的钱是公司的，得利的也是公司，因此这方面没有必要进行约束，因此有些人觉得老李真讨厌：反正不是你的钱，你干吗要这样斤斤计较，这不是给我的工作制造困难嘛。

上海卓美企业管理咨询有限公司的专家坚持提议老李先不要考虑这些方面，先实行再根据实际情况修正制度。在公司总经理同意且大力支持的情况下，新的销售招待费用管理办法细则出台实行。约四个月后，老李的销售队伍发生了一些变化：有一个区域经理离开了公司，增加了六个新的销售工程师，销售费用始终能够得到有效控制，销售业绩不断增长。

顺便说一下，那个小刘已经成长为老李手下的区域经理了。

资料来源：张俊才．小刘的虚假差旅费报销单[EB/OL]．(2007－05－22)[2008－07－05]．http://management. bosslink. com.

分析：什么是管理费用？企业的差旅费和业务招待费应计入期间费用中的哪项费用？企业的业务招待费是否可以随意开支？

【案例二】

天价“业务招待费”为何人间蒸发

备受瞩目的央企“业务招待费”在2013年年报中再现“诡异一幕”。临近4月底，上市公司2013年年报披露已近尾声。曾在2012年以8.37亿元的业务招待费“荣登”A股之首的中国铁建，在2013年年报中将“业务招待费”直接“清零”。而在中国北车、中国化学等部分2012年招待费过亿元的央企在2013年年报中，同样难觅“业务招待费”的影踪。

曾经动辄数千万甚至上亿元的央企“业务招待费”，突然在2013年会计期间骤减为“零”，天价“业务招待费”到底去哪儿了？

或隐藏或变身：

其一，藏身于“管理费用——其他”最常见。

以某央企为例，2013年“业务招待费”从2012年的8.37亿元改为“不再披露”，而“其他”从2012年的22亿元暴增为32.6亿元；再如，另一央企2013年“其他”为13.81亿元，较2012年的12.13亿元增加了1.68亿元。业务招待费去哪了，由此可见一斑。

其二，将“业务招待费”化身为“会议费”“差旅费”“办公费”“研发费”等，也是常用手段。

其三，将“业务招待费”计入生产设备、材料等费用，也是手段之一。

没有人会相信，在没有一分一厘业务招待费的情况下，一家年营业收入近6 000亿元的大型企业竟能正常运转。原本是企业经营过程中必不可少的招待费看似被隐藏了，实则越藏越容易暴露(注意：本案例对该文有删减)。

根据以上资料回答下面问题：

(1)企业的业务招待费应在什么账户中核算？企业隐瞒天价“业务招待费”的目的是什么？

(2)企业隐瞒业务招待费对于企业的经营成果有什么影响？

资料来源：屈涛．天价“业务招待费”为何人间蒸发[N]．中国会计报，2014－04－25.

六、补充阅读材料

成本控制案例:百安居——节俭的精细化哲学

节俭从来就不是个大问题,但却需要大本领才能做得彻底,做得不留遗憾。特别是对于当今零售行业来说,利润微薄的同时还要快速扩张,不实行低成本运营就难以生存,可谓成本决定存亡。

百安居(B&Q)隶属于世界500强企业之一、拥有30多年历史的大型国际装饰建材零售集团——英国翠丰集团,从1999年进入中国内地,至今已开设了23家分店。中国公司2004年的营业额约为32亿人民币,利润达7 000万人民币。如此财大气粗的公司却将节俭发展为一种生存哲学,在日常的运营中阐释着什么叫"细者为王"。

客户不会为你的奢侈买单

北京四季青桥百安居一楼卖场,偏僻的西南角摆了张小桌子,来访者在有些破旧的登记簿上签字后,通过狭窄的楼道,华北区的百安居总部就借居在此,与明亮宽敞的卖场相比,办公区显得寒碜。

华北区总经理办公室照样简陋,一张能容6人的会议桌,毫无档次可言的普通灰白色文件柜。没有老板桌,总经理文东坐的椅子(用"凳子"这个词也可以)和普通员工一样,连扶手都没有。就这几件物品,办公室已不宽裕。

总经理手中的签字笔只要1.5元,由行政部门按不高于公司的指导价去统一采购——这听上去有些令人惊叹。而他们选用廉价笔的理由是,既然都能写字,为什么要用贵的呢?

这就是百安居的节俭哲学:企业的所有支出,都是建立在可以给客户提供更多价值的基础之上。换句话说,企业所有的投入都应该为客户服务,以可向客户提供更多的让渡价值为本。

于是有没有老板桌不成为问题,选择廉价笔也理所当然!对于那些对客户没有直接价值的支持部门进行照明控制,以及对空调温度的控制同样如此。因为客户不会为你的奢侈买单!

正是这种节约的意识,百安居的营运费用占销售额的百分比远低于同行。以百安居北京金四季店为例,京城另一家营业面积同样为2万平方米的建材超市,销售额只有金四季的1/2,营运费用却比金四季店高出一倍。

价值分析的全球坐标

价值分析的要义就是从客户的角度评估企业的所有支出,百安居的数据库不会让客户多花一分冤枉钱,这就是最好的选择。

通过多年来在全球范围内的经营活动,百安居随时注意收集各地数据,并据此形成各种费用在不同情况下的不同标准。它包括核心城市、二类城市,单层店、二层店等不同参考体系。在已有的控制体系中,当标准同实际实施情况比较时,任何有助于降低成本的差异都能够被用来作为及时更正的依据。

以百安居营运成本中的人事成本为例，他们对人事的成本控制，控制的是总量，特别是员工数量，而对员工的个人收入不加限制。简单说来，人力配置项目与人均利润息息相关。

2万多平方米的卖场，只有230多名员工，平均100平方米配置1名。顾客所看到的店员由三部分人组成——固定员工、供应商所派过来的促销员、配送和收银中的部分小时工，在衣着的颜色和标识上会有区别。

此外，临时工占员工总数的20%～30%，目前主要只在部分配送和收银工作中使用。人员配置的调整，主要从部门、全店、全国人力效率（每小时的销售额）的对比为主来考虑，其次再考虑商店的具体情况（如卖场形状、面积、现货比例等）。人员的配置主要包括与销售相关的部门以及支持部门。

在此后的运营过程中，会根据实际情况继续对人员配置进行调整，如对销售相关的部门员工配置，他们会设置以各部门为纵向坐标，"标准配置、实际配置、建议配置、销售达成、员工效率"等项为横向坐标的表格进行分析汇总（商店部门员工效率＝部门销售实际/部门人时；前后台部门员工效率＝商店销售实际/部门人时）。而对防损、物业、行政、团购等支持部门，主要采取定岗编制，调整原因则以事实描述为主。

精细化管理的立体行动

有了价值分析，有了全球数据库对比，有了标准，唯一难的就是如何确保实施。一个人节俭比较容易，而要让超过6 000名员工，在超过300 000平方米的营业区内将节俭发展成一种组织行为，则难上难。但百安居办到了！

没有数字衡量，就无从谈及节俭和控制。

对于一些直接的、显性的成本项目，"每一项费用都有年度预算和月度计划，财务预算是一项制度，每一笔支出都要有据可依，执行情况会与考核挂钩。"卫哲说。

"员工工资、电费、电工安全鞋、推车修理费、神秘顾客购物……"5月份的营运报表上记录着137类费用单项。其中，可控费用（人事、水电、包装、耗材等）84项，不可控费用（固定资产折旧、店租金、利息、开办费摊销）53项。尽管单店日销售额曾突破千万元，营运费用仍被细化到几乎不能再细化的地步，有的甚至单月费用不及100元。

每个月、每个季度、每一年都会由财务汇总后发到管理者的手中，超支和异常的数据会用红色特别标识，管理者会对报告中的红色部分相当留意，在会议中，相关部门需要对超支的部分做出解释。

预算只能对金额可以量化的部分进行明确的控制，但是如何实施以及那些难以金额化的部分怎么降低成本呢？百安居的标准操作规范（SOP）将如何节俭用制度固化下来取得了良好的效果。

一套成型的操作流程和控制手册在百安居被使用，该手册从电能、水、印刷用品、劳保用品、电话、办公用品、设备和商店易耗品八个方面提出控制成本的方法。比如将用电的节俭规定到了以分钟为单位,如用电时间控制点从 7:00 到 23:30,依据营业、配送、春夏秋冬季和当地的日照情况划分为 18 个时间段,相隔最长的 7 个小时,相隔最短的仅有两分钟。

"我们希望所有员工不要混淆'抠门'与'成本控制'的关系,原则上,'要花该花的钱,少花甚至不花不该花的钱',我们要讲究花钱的效益。"《营运控制手册》的前言部分如此写道。而且"降低损耗,人人有责"的口号随处可见。这种文化的灌输从新员工入职培训时就已经开始,并且常常在每天晨会中不断灌输、强化。

当节俭成长为百安居的一种企业组织行为,甚至植入员工的文化血脉,计划 2005 年在中国做到 100 亿——"其实看来 100 亿是'不求上进'的目标",自然很容易做到。

资料来源:周锡冰. 成本控制案例:百安居——节俭的精细化哲学[J]. 中国商业评论,2005(7).

参考答案

一、单项选择题

1. D　2. C　3. C　4. C　5. C　6. A　7. A　8. C　9. D　10. A
11. B　12. B　13. B　14. B　15. B

【3 - 解析】选 C。企业的生产成本由期初余额加直接材料、直接人工和制造费用构成,不包括企业行政管理费用 100 万元。期末"生产成本"科目余额 = 100 + 800 + 150 + 200 - 1 000 = 250(万元)

二、多项选择题

1. ABC　2. ABCD　3. ABC　4. ABC　5. ACD　6. BCD
7. ABC　8. BCD　9. CD　10. ABD　11. ABCD　12. ABD

三、判断题

1. ×　2. √　3. √　4. √　5. ×　6. ×　7. ×　8. √

【5 - 解析】正确答案 ×。制造费用属于成本类科目,期末可能有余额,而销售费用、管理费用属于期间费用,期末应该将余额结转到本年利润,结转后无余额。

四、业务题

1.(1) 1 号产品应分配的材料成本 = 66 000 ÷ (40 × 20 + 20 × 60) × 40 × 20 = 26 400(元)

2 号产品应分配的材料成本 = 66 000 ÷ (40 × 20 + 20 × 60) × 20 × 60 = 39 600(元)

(2)借:生产成本——基本生产成本——1 号产品　　86 400

　　　　　　　　　　　　　　　——2 号产品　　119 600

生产成本——辅助生产成本　　20 000
制造费用　　10 000
贷:原材料　　236 000

2. 9 月应计入产品成本的费用
=直接材料费用+直接人工+车间管理人员工资+生产车间固定资产折旧
=800+230+105+20=1 155(万元)

9 月的管理费用=行政管理部门人员工资+固定资产维修费+业务招待费
=120+45+30=195(万元)

9 月的财务费用=短期借款利息+现金折扣
=40+12=52(万元)

9 月的销售费用=专设销售机构办公费+销售机构固定资产折旧+销售人员工资+广告宣传费
=40+20+30+75=165(万元)

3.

月末在产品定额成本计算表

在产品数量	原材料费用(元)	定额工时(小时)	直接人工(元)	制造费用(元)	定额成本合计(元)
200	200×20×48=192 000	200×25×50%=2 500	2 500×5=12 500	2 500×10=25 000	229 500

乙产品成本计算单

摘要	直接材料	直接人工	制造费用	合计
月初在产品成本	200 000	12 000	24 000	236 000
本月发生生产成本	700 000	100 000	200 000	1 000 000
本月生产成本合计	900 000	112 000	224 000	1 236 000
月末在产品定额成本	192 000	12 500	25 000	229 500
本月完工产品成本	708 000	99 500	199 000	1 006 500

4. 计提行政管理人员工资时:
借:管理费用　　200 000
贷:应付职工薪酬　　200 000
计提固定资产折旧费时
借:管理费用　　15 000
贷:累计折旧　　15 000
摊销无形资产时:

借:管理费用 7 400
　贷:累计摊销 7 400
支付业务招待费时:
借:管理费用 5 800
　贷:银行存款 5 800
行政人员报销差旅费时:
借:管理费用 4 200
　贷:库存现金 4 200

五、案例分析

【案例一】

管理费用是指企业行政管理部门为组织和管理生产经营活动而发生的各种费用,包括行政管理部门人员的职工薪酬、办公费、折旧费、工会经费、差旅费、业务招待费、技术转让费、劳动保险费、董事会费、修理费、研究与开发费等。

企业的差旅费和业务招待费应计入期间费用中的管理费用。

考虑到商业招待和个人消费之间难以区分,为加强管理,同时借鉴国际经验,《企业所得税法实施条例》第四十三条规定,企业发生的与生产经营活动有关的业务招待费支出,按照发生额的60%扣除,但最高不得超过当年销售(营业)收入的5‰。也就是说,企业至少要自己承担四成的业务招待费。这是新所得税法做出的一项重要变化。

例 甲公司2014年度取得主营业务收入2 100万元,其他业务收入300万元,本年度在管理费中共列支业务招待费30万元。请计算甲公司30万元业务招待费有多少可以在税前扣除,有多少不能在税前扣除。

根据所得税法规定,可税前扣除的业务招待费 =30×60% =18(万元),但最高扣除限额 =2 400×5‰ =12(万元),所以30万元业务招待费只有12万元能在税前扣除,(30－12) =18万元不能在税前扣除,应调增应纳税所得额18万元。

【案例二】

(1)企业的业务招待费应在管理费用账户中核算。企业隐瞒天价“业务招待费”的目的可能是避免引发公众的负面舆论,避免与中央八项规定“唱反调”。如果将业务招待费计入会务费、差旅费,那就能实现全额税前抵扣,减少所得税的交纳。

(2)企业隐瞒本应计入管理费用的业务招待费,对于经营成果的影响是:税前抵扣的费用增加,企业利润减少,交纳的企业所得税减少。如果企业将“业务招待费”计入生产设备、材料等费用,还会虚增资产、虚减费用等。

第八章
收入与利润

重点提示:商品销售收入的确认、计量、记录,利润的形成及构成、利润分配的顺序、弥补亏损的来源渠道、净利润及未分配利润的计算及账务处理等。

难点提示:根据修改后的收入准则确认商品销售收入,注意本章需结合第三章流动资产;第四章非流动资产;第五章流动负债;第六章和第七章的相关内容来进行综合练习。

一、单项选择题

1. 下列各项中,符合会计要素收入定义的是(　　)。

A. 出售材料的收入　　B. 出售无形资产所有权的净收益

C. 转让固定资产净收益　　D. 向购货方收取的增值税销项税额

2. 收入确认的核心原则是(　　)。

A. 买卖双方签订合同　　B. 实际收到货款

C. 商品已经发出　　D. 控制权转移

3. 企业对确实无法支付的应付账款,应转入(　　)科目。

A. 其他业务收入　　B. 盈余公积

C. 营业外收入　　D. 资本公积

4. 甲企业于2017年7月1日以50 000元的价格购入一项摊销期为5年的专利权。2018年7月1日,甲企业将其出售,取得增值税专用发票,发票标明转让收入70 000元,增值税税率为6%。则转让该项专利权应记入"资产处置损益"的金额为(　　)元。

A. 16 500　　B. 20 000　　C. 26 500　　D. 30 000

5. 某工业企业销售产品每件220元,若客户购买100件(含100件)以上,每件可得到20元的商业折扣,某客户2018年12月10日购买该企业商品100件,按规定现金折扣条件为2/10,1/20,n/30. 适用的增值税税率为16%。该企业于12月26日收到该笔款项时,应给予客户的现金折扣为(　　)元。假定计算现金折扣时不考虑增值税。

A. 0　　B. 200　　C. 234　　D. 220

6. 下列项目中，按照会计准则的规定，销售企业应当作为财务费用处理的是（　　）。

A. 购货方获得的现金折扣　　B. 购货方获得的商业折扣

C. 购货方获得的销售折让　　D. 购货方放弃的现金折扣

7. 企业为购买原材料所发生的银行承兑汇票手续费，应当计入（　　）。

A. 管理费用　　B. 财务费用　　C. 销售费用　　D. 其他业务成本

8. 企业用税前利润弥补亏损时，应作的会计处理是（　　）。

A. 借记"本年利润"科目，贷记"利润分配——未分配利润"科目

B. 借记"利润分配——未分配利润"科目，贷记"本年利润"科目

C. 借记"利润分配——未分配利润"科目，贷记"利润分配——未分配利润"科目

D. 无须专门作会计处理

9. 某国有工业企业，2014 年 8 月份因雷击造成火灾，共计损失 150 万元，其中：流动资产损失 90 万元；固定资产损失 60 万元。企业收到保险公司的赔偿款 100 万元，其中，流动资产保险赔偿款 30 万元。企业由于这次火灾而应计入营业外支出的金额为（　　）万元。

A. 150　　B. 90　　C. 60　　D. 50

10. 企业发生的违约金支出应计入（　　）。

A. 管理费用　　B. 营业外支出　　C. 财务费用　　D. 其他业务成本

11. 下列项目中，属于企业其他业务收入的是（　　）。

A. 罚款收入　　B. 出售固定资产收入

C. 材料销售收入　　D. 出售无形资产所有权的收入

12. 业务招待费应计入（　　）。

A. 财务费用　　B. 其他业务成本　　C. 营业外支出　　D. 管理费用

13. 企业专设销售机构人员的工资应记入（　　）账户。

A. 管理费用　　B. 销售费用　　C. 主营业务成本　　D. 其他业务成本

14. 某企业当期应交纳的增值税为 120 000 元，当期应交纳的消费税、资源税、城市维护建设税分别为 20 000 元、22 000 元、24 000 元，则反映在该企业当期利润表上的税金及附加项目的金额应为（　　）元。

A. 20 000　　B. 46 000　　C. 66 000　　D. 120 000

15. 确实无法支付的应付款项，应将其转入（　　）。

A. 营业外收入　　B. 资本公积

C. 营业外支出　　D. 管理费用

16. 当合同中包含两项或多项履约义务时，企业应当在合同开始日，按照一定的

方法,将交易价格分摊各单项履约义务。这里的方法是指(　　)。

A. 各单项履约义务所承诺商品的单独售价的相对比例

B. 平均摊销

C. 各单项履约义务所承诺商品的成本的相对比例

D. 各单项履约义务所承诺商品的毛利的相对比例

17. 下列各项中,经批准计入营业外支出的是(　　)。

A. 计算差错造成的存货盘亏　　B. 管理不善造成的存货盘亏

C. 自然灾害造成的固定资产盘亏　　D. 出售原材料结转的成本

18. 某企业2013年发生亏损100万元,2014年实现税前会计利润600万元,其中包括国债利息收入50万元;在营业外支出中有税收滞纳金罚款70万元;所得税率25%。企业2014年的所得税费用为(　　)万元。

A. 148.5　　B. 130　　C. 198　　D. 204.6

19. 下列有关利润分配的顺序中,正确的是(　　)。

A. 提取法定盈余公积,提取任意盈余公积,向投资者分配利润

B. 向投资者分配利润,提取法定盈余公积,提取任意盈余公积

C. 向投资者分配利润,提取任意盈余公积,提取法定盈余公积

D. 提取法定盈余公积,向投资者分配利润,提取任意盈余公积

20. 某企业于2007年成立,假定所得税税率为25%,当年发生亏损80万元,2008—2013年每年实现利润总额为10万元。除弥补亏损外,假定不考虑其他纳税调整事项。则2013年年底该企业“利润分配——未分配利润”科目的借方余额为(　　)万元。

A. 20　　B. 20.2　　C. 22.5　　D. 40

21. 下列各项,能够引起企业所有者权益减少的是(　　)。

A. 股东大会宣告派发现金股利　　B. 以资本公积转增资本

C. 提取法定盈余公积　　D. 提取任意盈余公积

二、多项选择题

1. 按我国企业会计准则规定,下列项目中不应确认为收入的有(　　)。

A. 销售商品收取的增值税

B. 出售飞机票时代收的保险费

C. 旅行社代客户购买景点门票收取的款项

D. 销售商品收到的货款

2. 下列各项收入中,应计入其他业务收入的有(　　)。

A. 企业技术转让收入　　B. 多余材料出售取得的收入

C. 包装物出租收入　　D. 固定资产出租收入

3. 收入的特征表现为(　　)。
A. 收入与所有者实收资本无关
B. 收入会导致所有者权益增加
C. 收入是企业在日常活动中产生的经济利益的总流入
D. 收入分为主营业务收入和其他业务收入
4. 下列各项中,应计入财务费用的包括(　　)。
A. 银行承兑汇票的手续费　B. 利息支出
C. 诉讼费　D. 购货单位享受的现金折扣
5. 下列各项,按规定应计入企业营业外支出的有(　　)。
A. 无形资产出售净收益　B. 公益捐赠支出
C. 固定资产盘亏净损失　D. 坏账损失
6. 下列项目中属于营业外支出的有(　　)。
A. 固定资产盘亏　B. 出售无形资产所有权的损失
C. 水灾损失　D. 捐赠设备支出
7. 企业交纳的下列各种税金中,可能通过"税金及附加"科目核算的有(　　)。
A. 增值税销项税额　B. 消费税
C. 城市维护建设税　D. 印花税
8. 下列项目中,应计入销售费用的有(　　)。
A. 专设销售机构销售人员的薪酬
B. 专设销售机构固定资产的折旧费
C. 广告费
D. 生产车间融资租入固定资产的租赁费
9. 下列各项中,影响营业利润的项目有(　　)。
A. 主营业务成本　B. 税金及附加
C. 营业外收入　D. 管理费用和财务费用
10. 下列各项中,属于其他业务收入的有(　　)。
A. 出售材料取得的收入　B. 出售包装物取得的收入
C. 出售设备取得的收入　D. 出租包装物取得的收入
11. 下列各项中,不应计入其他业务收入的是(　　)。
A. 罚款收入　B. 出售固定资产收入
C. 出租无形资产取得的收入　D. 出售无形资产所有权的收入
12. 下列各科目,年末应无余额的有(　　)。
A. 管理费用　B. 所得税费用　C. 累计折旧　D. 累计摊销
13. 下列各项,影响企业营业利润的有(　　)。
A. 管理费用　B. 财务费用　C. 所得税费用　D. 营业成本

14. 企业取得的下列款项中,符合“收入”会计要素定义的有(　　)。

A. 出租固定资产收取的租金　　B. 出售固定资产收取的价款

C. 出售原材料收取的价款　　D. 出售自制半产品收取的价款

15. 企业弥补亏损的渠道主要有(　　)。

A. 用以后年度税后利润弥补　　B. 用以后年度税前利润弥补

C. 用盈余公积弥补　　D. 用实收资本弥补

16. 在企业盈利时,下列项目中应按净利润的一定比例提取的有(　　)。

A. 法定盈余公积　　B. 任意盈余公积

C. 应付股利　　D. 所得税费用

17. 下列各项中,属于净利润中留在企业的部分有(　　)。

A. 资本公积　　B. 盈余公积

C. 未分配利润　　D. 弥补亏损

三、判断题

1. 企业发生收入往往表现为货币资产的流入,但是并非所有货币资产的流入都是企业的收入。(　　)

2. 收入仅仅表现为企业的资产增加。(　　)

3. 企业代第三方收取的款项以及企业预期将退还给客户的款项,应作为负债处理,不得计入交易价格。(　　)

4. 企业为客户提供的现金折扣应当在实际发生时冲减当期收入。(　　)

5. 从净利润中提取的盈余公积是专门用于弥补企业亏损的,不能用于其他任何项目。(　　)

6. 企业用当年实现的利润弥补以前年度的亏损时,需要进行专门的账务处理。(　　)

7. 出售无形资产所有权的净收益和转让固定资产净收益都应记入“其他业务收入”科目。(　　)

8. 收入确认的核心原则是:控制权转移。即企业履行了合同义务,客户取得了商品(或服务)的控制权。(　　)

9. 收入一定表现为企业所有者权益的增加。(　　)

10. 企业当期应交所得税可以用会计利润乘以所得税税率计算确定。(　　)

11. 企业销售商品涉及商业折扣的,应当按照扣除商业折扣后的金额确定销售商品收入金额。(　　)

12. 企业为组织生产经营活动而发生的一切管理活动的费用,包括车间管理费用和企业管理费用,都应作为期间费用处理。(　　)

13. 企业专设销售机构销售人员的工资应记入管理费用账户。（　　）

14. 收入可能与所有者投入资本无关，也可能与投入资本有关。（　　）

15. 企业生产经营实现的利润或发生的亏损都应通过“本年利润”账户核算。（　　）

16. 信用减值损失是指企业按照《企业会计准则第22号——金融工具确认和计量》的要求计提的各项金融工具减值准备所形成的现实信用损失。（　　）

17. 现金折扣和商业折扣，均应在实际发生时计入当期财务费用。（　　）

18. 年度终了，只有在企业盈利的情况下，才能将“本年利润”科目的本年累计余额转入“利润分配——未分配利润”科目。（　　）

19. 企业以前年度亏损未弥补完之前，不得提取法定盈余公积，但是可以提取任意盈余公积。（　　）

四、业务题

1. 顺达股份有限公司（以下简称顺达公司）系工业企业，为增值税一般纳税人，适用的增值税税率为16%；销售价格均为不含增值税价格。下列业务全部符合收入准则中收入确认的条件，假定不考虑其他因素。

（1）顺达公司向甲企业出售A产品一批，售价1 600 000元，采用交款提货方式销售。产品已经发出，提货单和发票已交付甲企业，公司已收到甲企业的货款存入银行。该批产品的成本为960 000元。

（2）顺达公司与丙企业签订合同，向丙企业出售E、F、G三种产品，合同总价款为280万元，E、F、G产品的成本分别为84万元、50.4万元、33.6万元，货款已收到存入银行。E、F、G产品在市场上的单独销售价格（不包含增值税）分别为161万元，96.6万元和64.4万元，合计322万元。

要求：根据上述经济业务编制会计分录。其中，第二笔经济业务应先计算出E、F、G产品应分摊的不含增值税的交易价格，然后做相关会计分录。

2. 乙公司为增值税一般纳税人，适用的增值税税率为16%。本期发生的营业外收入、营业外支出业务如下：

（1）有一笔无法支付的应付账款金额3 200元，按规定转为营业外收入。

（2）期末将一台遭受意外灾害报废清理设备的清理净损失31 200元转入营业外支出。

（3）因遭受火灾公司毁损一批材料，价值460 000元（不含增值税进项税额）。根据保险合同规定，应由保险公司赔偿349 600元，其余损失计入营业外支出。

要求：根据上述经济业务编制会计分录。

3. 企业 2×18 年年末各损益类账户余额如下：

会计科目	贷方发生额	会计科目	借方发生额
主营业务收入	5 300 000	主营业务成本	3 870 000
其他业务收入	420 000	其他业务成本	380 000
投资收益	105 800	税金及附加	58 400
公允价值变动损益	35 000	销售费用	255 000
营业外收入	900 000	管理费用	230 000
		财务费用	142 000
		营业外支出	25 800
		所得税费用	425 000

要求：根据上述经济业务做结转收入类、成本费用类账户余额的会计分录；计算并结转本年净利润。

4. (1)光明公司 2×17 年税后利润为 180 000 元，公司董事会决定按 10% 的比率提取法定盈余公积，按 25% 的比率提取任意盈余公积，分派现金股利 50 000 元。

(2)光明公司现有股东情况如下：A 占 25%，B 占 30%，C 占 10%，D 占 5%，其他占 30%。经公司股东大会决议，以盈余公积 50 000 元转增资本，并已办妥转增手续。

(3)2×18 年光明公司亏损 10 000 元，股东大会决议以盈余公积补亏。

要求：根据以上资料，编制有关会计分录。

五、案例分析

收入确认的调控 白酒行业利润调控弹簧

根据 2011 年 07 月 23 日 21 世纪经济报道徐亦姗的文章，除最常见的非经常性损益调节手段外，利用预收账款进行盈余管理则是白酒企业公开的秘密。

其中最为知名的案例莫过于在行业景气度较高的 2010 年，贵州茅台高管收紧预收账款，故意延迟业绩释放。

自 2009 年起，贵州茅台昔日迅猛的成长性已开始一去不复返，2010 年更直接迎来了成长神话的破裂。

2010 年，贵州茅台三个季度的盈利增长均低于市场预期。其中，2010 年一季报净利润同比增长仅为 4%，半年报净利润则同比增长 11.09%，到了三季报，公司净利润同比增长则仅为 10.22%。

但仔细查看公司报表，利用预收账款人为控制业绩释放的现象十分明显。以贵州茅台 2010 年三季度报表为例，截至 9 月末，公司的预收账款高达 32.62 亿元，同比增加 20 亿元，比 2010 年中期增加 13 亿元。

而相对应的是，贵州茅台前三季度实现营业收入 93.28 亿元，同比增长 19.47%，归属于母公司净利润 41.74 亿元，其实贵州茅台的真实业绩并不至于连续低于市场预期。

“这两年赶上白酒行业的高度景气，受益于产品价格提升，各白酒厂商的销量都较为迅猛。”一位北京地区私募人士直言，“在这种情况下，一线白酒公司业绩好坏跟公司高管的经营理念就存在了极大关系。”

根据贵州茅台股份有限公司公布 2018 年半年报的披露，虽然预付账款较 2017 年同期减少 31.11%，却仍然高达 99.4 亿多元，与其他上市公司相较真是“太有钱”了。预付账款在未向客户转移商品控制权前，不得确认为收入，却可以无偿使用客户的资金。

背景资料：贵州茅台酒独产于中国的贵州省仁怀市茅台镇，是与苏格兰威士忌、法国科涅克白兰地齐名的三大蒸馏酒之一，是大曲酱香型白酒的鼻祖。贵州茅台是中国顶尖一线白酒企业。它 1915 年荣获美国巴拿马万国博览会金奖，近一个世纪以来，已先后 14 次荣获各种国际金奖。

（贵州茅台是中国顶尖的一线白酒企业）

根据贵州茅台（600519.SH）2018 年 8 月 2 日发布的上半年财报，公司 2018 年上半年实现营业收入 333.96 亿元，同比增长 38.06%；实现净利润 157.64 亿元，同比增长 40.12%。

要求：根据上述资料回答下列问题。

（1）收入、费用、利润的概念是什么？三者之间的关系？

（2）什么是预收账款？预收账款在什么条件下才能确认为销售收入？延迟将预收账款确认为收入对企业的经营业绩有什么影响？

六、补充阅读资料

上市公司利润操纵调查：“千谎百计”下的业绩幻影

这是一场关于 2 183 家 A 股上市公司、千万散户、百余家机构投资者间的不对等博弈游戏。此间的生存法则只有一条：眼见不一定为真，耳闻也并非为实。

昔日投资者手中最后一道王牌——上市公司财务报表，其投资价值正在不断减退。一张张看似经过层层把关审计的财务报表，却变为了某些上市公司暗箱操作的答卷。

一位审计人士告诉记者：“基于信息不对称原理，公司管理层能在第一时间全面把握财务信息，但中小股东却只能在相对固定时点，通过公开渠道有限地了解企业的业绩。客观上为管理层财务调控留下操作可能。”

此外，2007 年新《会计准则》在上市公司全面得以应用。与原会计制度相比，新准则在运用公允价值、会计估计变更、研发支出资本化和预计负债方面进行了较大变更，但具体实施仍然依赖于会计人员的职业判断和资产评估机构的报告，为公司管理层利用财务手段调控业绩留下了空间。

尤其在白酒、房地产、餐饮、钢铁等行业，由于自身营收确认等会计处理方式存在特殊性，上述行业上市公司更能根据自身需要，利用会计手段灵活调整业绩。

细数上市公司调控或操纵利润的目的，有些是为了保住再融资或冲刺上市资格，虚增利润，以达到再融资规定的净资产收益率的条件；有些故意隐瞒折旧计提，以免3年连亏陷入退市泥潭。还有的借道关联交易隐瞒收益，实现对母公司的利益输送。此外，一些公司管理层为顺利推行股权激励，不惜报告期内蓄意粉饰报表。

但在上市公司随意调控业绩背后，众多中小股东不能被反映企业真实经营状况的财务数据蒙蔽双眼，不能失去了做出客观投资决定的权利。

甚至一些倡导价值投资的险资、基金等机构投资者也因上市公司的财务数据失信而损失惨重。

纵观中国证券市场20年风雨历程，尽管前有银广夏、蓝田股份等“古人”，后有两面针(600249)、绿大地等“来者”均为其欺骗行为付出了代价，但在种种利益的驱动下，前浪们的前车之鉴能否阻止后浪们的前行？

尽管财务调节手段最常用在白酒、房地产、餐饮、钢铁四大行业中，但实际上，该现象在其他行业上市公司上也屡有出现。

而记者在采访中了解到，“虚增收入”“提前或延迟确认收入”“转移及推迟确认费用”“多提或少提资产减值准备以调控利润”“通过非经常性损益调控利润”“对存货计价进行调节”“对或有负债预计的忽略与隐瞒”，则是上市公司单独或组合频繁使用的会计手段。

非经常损益操纵：“卖子求生”的中报预增王

在所有会计调节手段中，使用非经常损益操纵利润无疑是最容易，也最常被企业使用的手法。

通过投资收益、营业外收入、大额政府补贴和调整以前年度损益四种手法，上市公司们可以在短期内调整账面利润，以避免业绩变脸或满足再融资、保壳等目的。

4月28日，青海明胶(000606)在一季报中称半年报公司净利润将达到3 700万元，较去年同期的25.38万元增长145倍，由此被冠上“预增王”名号。而公司股价也由8.98元一度拉升至10.29元，12个交易日内涨幅达到14.58%。

但业绩暴增背后，除去年同期实现的净利润基数较小外，公司上半年3 700万增利并非来自主营产品贡献，而是通过变卖子公司股权获得。

事实上，青海明胶一季度业绩惨淡，在营业收入实现1.92亿元的情况下，净利润却亏损638.80万元。

此外，青海明胶此前已多次使用非经常性损益调节业绩。自2009年亏损1 742.09万元后，2010年，公司凭借4 292.02万元的税收返还、减免以及922.29万元的政府补贴实现扭亏，以55.42万元的净利润侥幸逃离了被ST的厄运。

2月11日，青海明胶公告称，拟以9 000万元将子公司禾正制药的股权转让给重庆风投，而该笔股权转让产生的净利润为4 700万～4 900万元。正是该笔近5 000万元的投资收益最终使公司力挽狂澜。

但一个不容忽略的事实是，根据公司去年年报中列举的9家子公司财务状况，在仅能实现盈利的3家中，四川禾正实现的营业利润最高，为660.97万元。

那么，青海明胶为何在业绩如此惨淡时，将最具盈利能力的子公司转让套现？

“出售股权应该是提高业绩，为再融资铺路。”一位行业研究员向记者指出，“一季度已经亏损600多万，若半年报继续亏损，公司拟推行的再融资方案或将遇阻。”

5月23日，正当股价因中报业绩爆发而多日连阳时，青海明胶戛然停盘。5月31日，公司抛出4亿元定向增发方案，拟向不超过10名特定投资者发行6 000万股，用于收购、增资宏升肠衣，并建设年产4亿米胶原蛋白肠衣生产线技改项目。

但公司的苦心并未得到认同，其精心打造的再融资方案一经推出即遭到二级市场投资者反对。5月31日，青海明胶一开盘就被一个15.98万手的大卖单封住跌停。在其后的几个交易日中，公司股价更多次跌破8.84元的增发价。

“尽管开辟肠衣公司打造了新的收入来源和利润增长点，但是短期难以对业绩提升产生明显作用。”上述分析师对上述收购计划如此点评。

记者通过调查更发现，公司卖子铺路再融资背后，或存在溢价收购、利益输送之嫌。

收购报告显示，宏升肠衣成立于2006年9月，注册资本为5 549万元，由天津水星创业投资有限责任公司（下称“水星创投”）、广西海东科技创业投资有限公司（下称“海东科技”）以及陈维义等43名自然人股东共同持股拥有。

其中，海东科技是青海明胶持股比例70%的控股子公司。此外，青海明胶更有三位高级管理人员同时也担任宏升肠衣的高管，所以宏升肠衣和青海明胶构成关联关系。此外，公司并未披露43名自然人股东的详细情况。

根据预案，青海明胶将以18 620万元的预估值收购宏升肠衣98%的股权，收购完成后还要以19 000万元对宏升肠衣进行增资，建设年产4亿米胶原蛋白肠衣生产线技改项目。

但斥资4亿元投资下的宏升肠衣，却是一家资质较差的亏损企业。截至2010年年底，宏升肠衣的净资产只有4 318万元，而在营业收入实现3 078万元的情况下，净利润更是亏损200万元。

按照净资产来计算，宏升肠衣98%净资产的价格应该为4 231万元，而青海明胶以18 620万元交易，实际溢价约340%。

更令人疑惑的是，对于如此高溢价的原因，青海明胶却在预案中只字未提。

收入确认的调控：白酒行业利润调控弹簧

除最常见的非经常性损益调节手段外，利用预收账款进行盈余管理则是白酒企业公开的秘密。

与前述贵州茅台案例相对的，则是三线白酒企业古井贡酒（000596）的业绩爆发。

古井贡酒可谓2010年以来，白酒行业的一匹黑马。继2010年全年净利润增长123.71%之后，今年上半年公司更实现净利润约2.68亿元，同比增长约150%。

亮丽业绩报表背后，除产品结构调增和数次调价导致毛利率增高外，古井贡酒对于预收账款的充分释放也对业绩增利做出较大贡献。

以古井贡酒2010年三季度报表为例，截至9月末，公司合并报表和母公司预收账款，分别高达3.55亿元、5.34亿元，而截至12月末，上述两项预收账款数额则大幅度减少至9 149.14万元和3亿元，说明公司在四季度将预收账款充分确认为收入。

对此，有业内人士指出，白酒企业的盈余管理或者调节利润有两方面的原因：一方面，由于会计收入确认与费用计提过程中含有诸多主观判断，其中存在一定的运作空间；另一方面，出于绩效考核等方面考虑，有时保持业绩的相对稳定也是经营必要的。

虚增收入：绿大地消失的采购大户

实际上，相比前述两种可以公开讨论的会计调控手法，更多的调节手段因触及法律层面，仅能潜伏水下，暗箱操作。

2007年10月31日，绿大地二次过会闯关成功。但不为人知的是，幸运通过的绿大地此时就已背负上了一条虚增收入、粉饰报表的原罪。

上市前，绿大地盈利主要依靠绿化苗木销售。根据招股书，2004—2006年及2007年上半年，公司的重要销售客户分别有昆明鑫景园艺工程有限公司（下称“鑫景园艺”）、昆明润林园艺有限公司、昆明滇文卉园艺有限公司、昆明自由空间园艺有限公司（下称“自由空间园艺”）、昆明千可花卉有限公司、昆明天绿园艺有限公司（下称“天绿园艺”）等一大批昆明企业以及部分成都、北京企业。

这些公司的大额采购，更直接为公司业绩增利做出重要贡献。2004、2005、2006、2007年上半年报告期内，公司对重要销售客户的销售额合计分别为8 504万元、6 849万元、5 281万元、3 495万元，占当期主营业务收入的比例分别为58.02%、43.56%、27.83%、26.33%。

然而，绿大地上市后不久，这些大客户就集体出现销售退回举动。绿大地2010年接受监管层调查中承认，2008年苗木销售退回2 348万元，并由此追溯调减2008年2 348万元营业收入和1 153万元净利润；而2009年苗木销售退回金额更高达1.58亿元，这直接引致该公司当年巨亏1.51亿元。

上述事实表明，绿大地或存在与大客户联手，在上市前签订大额订单确认收益，但上市后又退回销售进行虚增交易之嫌。

而中审亚太会计师事务所也对2008年、2009年的销售退回出具保留意见，认为“受审计手段的限制，无法获取充分适当的审计证据对绿大地部分交易是否属于关联交易以及交易的真实性、公允性进行判定”。

事实上，这些采购大户之间的确存在千丝万缕的关系。

其中，鑫景园艺是公司2007年上半年苗木采购第一大户，当期采购苗木的金额为755万元，占同期绿大地营业收入的5.69%。

值得注意的是，鑫景园艺持股10%的自然人股东晁晓林，又同时担任昆明晓林园艺工程有限公司（下称“晓林园艺”）的法定代表人，并持有该公司80%股权。而晓林园艺则在2007年上半年向绿大地购买超过300万元的苗木。

而另外两家来自成都的苗木采购大户贝叶园艺和万朵园艺，也存在相关联的迹象。

两家公司于2005年11月15日同一天成立，且注册资本均为100万元，注册经营范围也惊人一致的为：“种植、销售、租赁、养护花卉苗木；花卉苗木的技术咨询；园林绿化工程的设计、施工（凭资质证经营）”。

此外，上述采购大户更相继在绿大地上市后“功成身退”。

曾在2005年向绿大地采购了价值1 152万元苗木的第四大客户——北京都丰培花卉有限公司，因未按规定参加年检，于2006年12月25日被北京市工商局吊销了营业执照，率先“蒸发人间”。

两年后的2008年4月15日，天绿园艺也被吊销了营业执照。而贝叶园艺和万朵园艺则在2008年6月5日一道注销了工商执照。

值得注意的是，在2010年3月17日绿大地收到中国证监会《调查通知书》前后，仍有两家绿大地曾经的采购大户神秘注销工商登记。

2010年2月3日，昔日第一大客户鑫景园艺经股东大会决议解散公司，委派相关人员到昆明市工商局办理了工商注销手续。

2010年3月18日，自由空间园艺亦经股东大会决议解散公司，并办理了工商注销手续。

2011年3月17日，绿大地董事长何学葵因涉嫌欺诈发行股票罪锒铛入狱。

2011年3月21日，证监会有关部门负责人确认，绿大地存在涉嫌虚增资产、虚增收入、虚增利润等多项违法违规行为。

“虚增收入的手法最常通过关联交易来完成。”上述审计人士表示，“像绿大地一样，一些IPO公司通过会计手段人为调节利润，做出业绩高成长假象满足发审委要求，这也可以解释为何新股公司上市后业绩迅速变脸。”

记者了解到，目前发审委对拟冲刺创业板公司的独立性和财务会计问题颇为看重。如果申请人存在同业竞争、重大非必要且持续性的关联交易，或者市场销售依赖等情形，将被发审委认为在独立性上有重大缺陷。

而在2010年未通过审核的25家创业板公司中，有4家公司因报告期内会计核算不规范和会计处理不合理被否，占未通过企业数量的16%。

业绩是可以调出来的：会计调节“锦囊”详解

相比绿大地，洛阳北方玻璃技术股份有限公司（下称“洛阳北玻”）的上市之路则更一波三折。

但两者相同之处在于，均以虚假增收利润或刻意隐瞒负债的方式保证了IPO过会的通过率。

早在2010年3月19日，由第一创业证券保驾护航的洛阳北玻就已经过会。但却因存在未了的侵权官司和巨额赔付而被迫中止上市之路。

2011年5月30日，雪藏整整一年的洛阳北玻，二次上会（会后事项审核）获得发审委通过。

尽管过会成功，但公司轻描淡写避开的1亿元侵权索赔，实际上已成为其头顶上的一把达摩克利斯之剑。

此前洛阳北玻止步上市，缘于悬而未解的英国和加拿大两项专利侵权事件。

2004年10月13日，Tamglass以其在欧洲的0261611号有关玻璃弯曲钢化机器和方法的发明专利技术遭到侵犯为由，在英国高等法院对洛阳北玻提起诉讼。2006年2月15日，英国高等法院做出判决——洛阳北玻构成侵权，要求原告应在收到被告提供的"声明"（主要是对侵权收益及花费的确认）后4周内，在"损失预计赔偿"与"利润计算赔偿"中做出选择，以确定赔偿数额。同时，要求其支付诉讼费用25万英镑。

2011年3月10日，洛阳北玻子公司上海北玻收到加拿大联邦法院寄送的诉讼案件判决书，法院于2010年11月26日对Tamglass起诉Horizon Glass & Mirro公司和上海北玻侵犯其在加拿大的专利号为1308257号"弯曲及强化玻璃板的方法及器材"和2146628号"弯曲及强化玻璃板工作站"的专利权案件做出缺席判决。

法院认为，上海北玻的侵权事实成立，特此发出禁止令，禁止其以任何方式出售侵权设备到加拿大；此外，上海北玻由于侵权造成的损失将由法院首席书记确定。

记者从投行人士处了解到，公司首发申请过会后，若因特殊原因而未能在合理时间内发行，应该向监管部门补报相关文件，并对招股书做相应修改。

而监管层则要对公司过会后突发事件对其造成的影响做出判断，若该事件发生后，对发行人生产经营、财务、实际控制人及管理层员工等方面均没有较大影响，则不需要提交二次上会重新审核。

"洛阳北玻二次上会，说明英国和加拿大两项侵权事件及其审判结果已经对公司未来上市产生了实质性的影响。"上述投行人士表示。

而为了保证二次上会通过，洛阳北玻先是在最新申报稿上表示，上述两境外专利案对公司最大的影响就是不能在Tamglass公司持有的相关专利有效期内，向英国和加拿大销售所谓的侵权设备。

不过，由于报告期内公司向英国和加拿大销售的设备只有2台，仅占钢化设备销售数量的0.24%。因此即使失去这两个市场，对公司的生产经营也不会构成重大影响。

此外，在上述三项专利有效期中，已有两项专利已经于2007年9月和2009年10月到期失效，而加拿大2146628号专利的有效期则截止于2015年4月7日。

此外，对两项或有负债的计提上，洛阳北玻认为，在英国专利案中，因其销售该台设备未盈利，原告无法向法院举证公司销售设备对其造成的损失，因此未选择赔偿方式，也没有向中国法院申请执行。因此，公司可能承受的损失主要为25万英镑的诉讼费用和利息。

而在加拿大专利案中，法院并未明确具体的赔偿数额。公司比照英国专利案认为，其利用涉案技术生产出口到加拿大的设备只有一台，承担的最高损失也仅为该台设备的全部盈利，赔偿最高不超过18万美元；此外，原告支付的律师费预计也不会高于英国专利案的25万英镑。

由于中国与英国、加拿大未签署任何有关司法协助的双边协议，也没有任何相关的国际条约、互惠待遇。因此英国、加拿大法院不能通过司法协助到中国执行其判决。

由此，出于谨慎性考虑，公司对两境外专利案可能带来的损失，计提预计负债800万元。

但记者注意到，洛阳北玻此次计算的赔偿金额与Tamglass公司此前在加拿大专利上申请的索赔金额，存在较大差异。

2010年5月，Tamglass公司曾正式致函洛阳北玻，要求其履行英国高等法院大法官有关专利侵权诉的判决，并在收到函件十五天内支付全部索赔，数额共计1 004.4万英镑。

若按照1英镑兑人民币中间价10.387 1元的最新汇率计算，该笔赔偿额约合人民币1.04亿元。

这意味着，仅这一笔赔偿金额，就是公司计提800万元赔偿负责的13倍，相当于公司2010年净利润9 678.49万元的1.07倍。

"洛阳北玻在申报稿上故意忽略巨额赔偿金一事，应该是出于过会风险的考虑。"上述投行人士表示，"其上会能否通过的关键在于，监管层对侵权官司对公司生产经营影响程度的判断。若计提负债的数额不大，则从侧面反映侵权官司对公司整体影响较小，将增加过会成功率。"

资产减值调节：＊ST秦岭(600217)的保壳之术

有人为上市"千谎百计"，有人为避免退市绞尽脑汁。

6月2日晚，＊ST秦岭公告称，公司于2011年6月1日收到中国证券监督管理委员会陕西监管局下发的《行政监管措施决定书》——《关于对陕西秦岭水泥(集团)股份有限公司采取责令改正措施的决定》。

公告显示，陕西证监局在2010年年报现场检查中，发现＊ST秦岭在固定资产管理和核算方面存在三处问题。

一是＊ST秦岭2009年以前采用分类折旧法计提折旧，未能及时将已提足折旧的固定资产、毁损报废等不需计提折旧的固定资产剔除，未将已提减值准备金额剔除。

二是＊ST秦岭部分固定资产未将达到预定可使用状态时间作为入账时间。

三是，对于购入的非全新固定资产，＊ST秦岭未考虑该资产已使用时间、成新率等情况，未重新估计预计使用年限，固定资产使用寿命的会计估计依据不足。

因此，上述问题导致公司计提的固定资产折旧错误。经初步测算，2010年因少提折旧约 401 万元,多计当期利润约 401 万元。

由此, * ST 秦岭凭借减少计提资产减值,冲高了当期利润。而若将时间推至稍早前的 2010 年,就可完整窥得公司调节当期利润的用意。

2010 年下半年以来,冀东水泥(000401)开始进行对 * ST 秦岭进行重大资产重组,筹备将其在陕西省的水泥资产以定向增发的方式注入秦岭水泥,并承诺拟注入的资产在 2010 年的净利润不低于 2 亿元。但该方案后却因条件不成熟而中止。

由此,在重组未有实质性进展之时,保护珍贵的壳资源避免退市,则成为 * ST 秦岭的首要任务。而上述会计调节手法可理解成公司为扭亏业绩,刻意减少对资产减值的计提,冲高业绩。

但天网恢恢,疏而不漏,在年报披露过去 2 个多月后,陕西监管局下发《行政监管措施决定书》,将公司财务调节的手法公之于世。

当谎言被揭穿后,公司的"摘帽去星"之旅或因此遇阻。

今年 3 月 22 日, * ST 秦岭称董事会同意向上交所提交撤销股票实行退市风险警示及其他特别处理的申请。

然而至今已过去 4 个月时间,该事件仍未有实质性进展。

颇为可惜的是,年报显示,因债务重组顺利, * ST 秦岭 2010 年扣除非经常性损益后的净利润为 1 300 多万元,已达到"摘帽去星"的条件,即使冲回多计的 401 万元当期利润,公司 2010 年净利润仍然为正。

费用调节 + 存货操纵:攀钢钒钛(000629)的金蝉脱壳

同样为了避免退市而大施财务调控之术的还有攀钢钒钛。

2011 年 4 月 25 日至 4 月 29 日,"攀钢系"第二次现金选择权("攀钢 AGP1""攀钢 AGP2"及"攀钢 AGP3")进入行权期。如果这些选择权全部被行权,不仅大股东鞍钢集团将需付出约 245 亿元的巨额资金,攀钢钒钛还会面临退市的风险。

而不久前的 3 月 4 日,攀钢钒钛交出了一份颇为亮眼的年报。其中,营业收入实现 432.47 亿元,同比增长 12.37%,而净利润由 2009 年亏损 16.36 亿元,大幅逆转为盈利 10.62 亿元。

而在年报扭亏、成功摘帽、重组成功预期较大的影响下,股价也从 2010 年 11 月初的约 9 元/股,一路飙升至 2011 年 4 月的 14 元/股左右,大大高于其第二次现金选择权的行权价格。

对于在钢铁行业整体产能过剩、成本上升的情况下,取得净利润大幅扭亏,攀钢钒钛解释为"进一步优化炉料结构,生铁成本控制成效较好;有效进行品种结构调整,降低了原燃料价格上涨带来的影响;此外狠抓降本增效,营业成本增速低于同行业水平"。

但上海交大安泰经管学院会计系副教授陈欣却认为,公司 2009 至 2010 年度报表显示的大翻身,很大程度上可能是公司为了避免第二次现金选择权行权而进行跨年度利润转移和其他盈余管理的结果。

他指出，攀钢钒钛报表中以下几点可能存在盈余管理行为：

一是管理费用。

2010年公司管理费用为32.19亿元，较2009年同期的40.59亿元下降8.40亿元，下降幅度为20%，而减少的管理费用约为公司2010年税前利润的77%。

攀钢钒钛在年报中将管理费大幅下降的解释为“内退人员预计负债减少及公司采取措施压缩费用开支”。

蹊跷的是，针对上述“压缩费用开支”之说，最能够表现公司压缩费用开支的项目“差旅费”“业务招待费”和“办公费”与2009年相比不但没有减少，反而分别增加14%、27%和12%。

事实上，在管理费用一栏中，减少最多的项目是“修理费”(10.21亿元)和“其他”(4.50亿元)，分别较2009年下降约33%和36%。其下降金额为5.08亿元和2.58亿元，占2010年税前利润的46.6%和23.7%。

同时，修理费2010年占当年固定资产账面净值的比例为3.36%，也较2009年的5.14%有大幅下降。

陈欣认为，在公司主营业务收入增加13%的情况下，与公司正常生产运营相关紧密的修理费用却下降了33%，这种反常的财务现象看起来有些不符合逻辑。一种可能是攀钢钒钛将一部分主要修理提前在2009年进行，这样2010年的修理费用就可以大幅降低，从而提高2010年的利润。假设2010年公司的修理费占固定资产账面净值的应有比例为2009、2010年的均值4.25%，则修理费会增加2.71亿元。

“更糟糕的可能性是攀钢钒钛有意推迟许多正常的修理，或者是将实际发生的修理费用推迟到2011年确认。”陈欣指出。

二是资产减值准备。

2010年，公司在坏账计提、固定资产折旧方面的计提比例均出现大幅下降，且远远低于同行业上市公司的水平。

2010年公司的坏账计提为0.14亿元，仅占当年应收账款账面余额与其他应收账款账面余额之和(31.84亿)的0.45%，相比2009年公司的坏账计提比例4.42%大幅下降。

对比同行业公司可以发现，2010年行业龙头宝钢股份(600019)和四川本地钢铁龙头重庆钢铁(601005)的上述比例分别为2.13%和1.96%。

而在固定资产折旧费用方面，2010年公司固定资产折旧费用2.96亿元，占其固定资产账面净值的9.73%，较2009年8.78%的比例虽然有所增长，但仍然明显低于鞍钢和宝钢的计提比例。

其中，鞍钢股份(000898)2010年和2009年的比例分别是12.22%和11.61%，宝钢股份的比例分别是11.06和11.31%。

陈欣认为，攀钢钒钛2010年大幅度降低的资产减值计提，已存在以财务调节的手段增加利润之嫌。

三是存货跌价准备。

2010 年,攀钢钒钛的存货跌价计提为 0. 60 亿元,仅占当年存货账面余额(95. 50 亿元)的 0. 62% ,相比 2009 年公司的 2. 03% 大幅下降。

但同行业鞍钢股份和重庆钢铁上述比例分别为 9. 45% 和 7. 39% ,而行业龙头宝钢股份也有 2. 21% 。

不仅如此,攀钢钒钛还对 2009 年的存货跌价准备进行了 0. 23 亿元的转回。

“这些数据显示攀钢钒钛有利用少计提存货跌价准备,或利用存货跌价准备转回来进行盈余管理的嫌疑。假设 2010 年公司的存货跌价准备计提与存货账面余额的比例为鞍钢股份、重庆钢铁和宝钢股份的平均值的 6. 35% ,则存货跌价计提费用会增加 5. 47 亿元。保守来说,存货跌价准备计提哪怕是达到公司 2009 年的水平或宝钢股份 2010 年的水平,也应该在 2% 左右,假设正常无转回,则存货跌价计提费用会增加 1. 3 亿元。”陈欣指出。

而基于上述种种财务调控对年报的粉饰,攀钢钒钛巧妙上演了一出金蝉脱壳大戏。

由于此前攀钢钒钛已经实施重大资产置换,年报公布后不到 1 个月就成功摘星脱帽,由 * ST 钒钛变身为攀钢钒钛。

受此影响,公司股价不断走高,顺利摆脱了被投资者大幅行权的危机。

去伪存真:揭穿会计调控的美丽谎言

子之债,父来偿。

上市公司们财务操纵背后,实际利益受损的往往是不知情的中小股东。

在众多因财务造假而倒下的上市公司中,大多数中小股东饱受了股价大跌带来的投资损失。

此外,一贯谨慎的机构投资者往往也难以逃脱被公司欺骗的厄运。

“今年上半年真是倒霉,重仓的绿大地和大商股份(600694)全部踩了雷区。”一位保险公司资管部人士跟记者诉苦,“当初看两家公司的基本面都还不错,谁知道现在一个业绩造假,一个涉嫌利润虚增。”

2010 年,贵州茅台涉嫌隐瞒利润后,基金等机构投资者毅然选择大笔逃离。根据数据显示,截至 2009 年年底,基金对茅台的持仓比例为 21. 19% 。但是到 2010 年第一季度末,这一数据下降到 14. 05% 。3 个月的时间,基金抛售了茅台 7. 24% 的股票。

而今年 5 月,在涉嫌隐瞒重大利润后,华北制药(600812)更遭到愤怒的基金经理的逼供。

既然企业有充分的空间和多样的方法来调控利润,那么会计报表的使用者更需要练就火眼金睛去伪存真。

“对上市公司的经营业绩进行评价时,不能仅仅关注营业收入、净利润、每股净资产等基本指标,还要结合现金流量表对企业盈利情况进行分析,全面把握企业经营情况。”有业内知情人士向记者表示。

其指出,由于现金流量表是以现金的流入和流出反映企业在一定期间内的经营活动、投资活动和筹资活动的动态情况，反映企业现金流入和流出的全貌。则真正运作稳健、良好经营的企业的现金流量应该与其利润表是相互映衬的，如果在取得高额利润同时，企业现金流出现巨大反差就应引起注意。

“投资者不能仅仅局限于报表信息和财务指标，而应当从更多角度进行综合评价，毕竟会计信息仅能在某一程度上反映企业的经营状况。”上述业知情人士认为，“特别注意同行业的比较分析，如果主营业务利润率明显高于同行类似公司，则需要引起关注。”

与此同时，再融资等重大资产重组也应该引起重视，由于再融资之中，往往涉及关联交易，而企业通常以不等价方式与关联方发生资产置换，为母公司输送利润，由此可以重点关注关联交易的定价以及待重组资产的质地。

资料来源：徐亦姗. 上市公司利润操纵调查："千谎百计"下的业绩幻影[N]. 21世纪经济报道，2011-07-23.

全国企业所得税汇算清缴数据显示　内外资企业实际税负率差距缩小

一、内外资企业实际税负率差距进一步缩小

最新出炉的全国企业所得税汇算清缴数据显示，2011年度，内资企业实际税收负担率由2010年的22.87%下降到22.70%，外资企业实际税收负担率由2010年的19.25%提高到20.46%，内外资企业实际税负率差距为2.24%。

国家税务总局有关部门分析认为，过渡期税收优惠政策逐步执行到期，尤其是外商投资企业过渡期税率提高，是内外资企业实际税负率差距缩小的重要因素。

据介绍，全国共有725.35万户企业参加了2011年度汇算清缴，汇算清缴面为99.22%。其中，内资企业为700.96万户，外资企业为24.39万户。在参加汇算清缴的725.35万户企业中，盈利企业为422.56万户，亏损企业为195.47万户，零申报企业为107.31万户。盈利企业实际应纳所得税额为19 095.45亿元，同比增长18.32%。

数据显示，2011年度，共有106.55万户企业享受到所得税优惠政策，共减免所得税额2 323亿元，抵免企业所得税61.63亿元。其中，内资企业中享受所得税优惠政策的企业为101.87万户，减免企业所得税1 415亿元，抵免企业所得税40.34亿元；外资企业享受所得税优惠政策企业4.68万户，减免企业所得税额908亿元，抵免企业所得税21.29亿元。

二、2011年度企业所得税实际税收负担率行业排名

2011年度，全部企业所得税实际税收负担率为22.17%，其中：

文化、体育和娱乐业企业所得税实际税负率最低，为11.02%；

农林牧渔业17.1%，制造业19.21%；

科学研究、技术服务和地质勘探业19.22%；

采矿业20.12%；

信息传输、软件和信息技术服务业20.31%；

水利、环境和公共设施管理业 20.65%；
电力、热力、燃气及水生产和供应业 21.24%；
居民服务、修理和其他服务业 22.86%；
交通运输、仓储和邮政业 23.1%；
建筑业 23.21%；
教育 23.64%；
卫生和社会工作 23.65%；
批发和零售业 23.76%；
公共管理、社会保障和社会组织 23.76%；
金融业 24.64%，房地产业 24.78%；
住宿和餐饮业 24.82%；
租赁和商务服务业 25.22%；
国际组织实际税负率最高，为 25.81%。

资料来源：蔺红. 全国企业所得税汇算清缴数据显示　内外资企业实际税负率差距缩小[N]. 中国税务报，2012－12－14.

参考答案

一、单项选择题

1. A　2. D　3. C　4. D　5. B　6. A　7. B　8. D　9. D　10. B
11. C　12. D　13. B　14. C　15. A　16. A　17. C　18. B　19. A　20. C
21. A

【4－解析】选 D。

增值税销项税额＝70 000×6%＝4 200（元），累计摊销＝50 000÷5＝10 000（元）

专利权处置净收益＝70 000－40 000＝30 000（元）

会计分录：借：银行存款	74 200
累计摊销	10 000
贷：无形资产	50 000
应交税费——应交增值税（销项税额）	4 200
资产处置损益	30 000

【5－解析】选 B，商品销售收入＝（220－20）×100＝20 000（元），企业于 12 月 26 日收到该笔款项，客户应享受的现金折扣为 1/20，20 000×1%＝200（元）。

【14－解析】选 C。税金及附加项目的金额＝20 000＋22 000＋24 000＝66 000（元），税金及附加不包括增值税项目，增值税直接记入应交税费科目。

【16－解析】选 A，根据修改后的收入准则，此题应选择 A。

【18 - 解析】选 B。2013 年发生亏损 100 万元，可以在以后的 5 年内用税前利润弥补亏损，600 - 100 = 500(万元)。500 - 50(国债利息收入免征企业所得税) + 70[税收滞纳金罚款在会计核算中计入营业外支出，按税法规定应交所得税 = 600 - 100 - 50 + 70 = 520(万元)为应纳税所得额，所得税费用 = 520 × 25% = 130(万元)]。

【20 - 解析】选 C。5 年后还没有弥补的亏损 80 - 50 = 30 万元，2013 年先纳税，后弥补亏损，能够用于弥补亏损的是 10 × (1 - 25%) = 7.5(万元)，还有 30 - 7.5 = 22.5(万元)亏损未能弥补。

【21 - 解析】选 A，股东大会宣告派发现金股利，会增加负债，减少企业的所有者权益。会计分录：借：利润分配——应付现金股利，贷：应付股利。其他项目都是所有者权益项目的此增彼减，不会减少所有者权益。

二、多项选择题

1. ABC　2. ABCD　3. ABC　4. ABD　5. BC　6. ACD
7. BCD　8. ABC　9. ABD　10. ABD　11. ABD　12. AB
13. ABD　14. ACD　15. ABC　16. AB　17. BC

三、判断题

1. √　2. ×　3. √　4. ×　5. ×　6. ×　7. ×　8. √　9. ×　10. ×
11. √　12. ×　13. ×　14. ×　15. √　16. ×　17. ×　18. ×　19. ×

【8 - 解析】根据新收入准则的规定，收入的确认标准由现行的“主要风险和报酬转移”转变成“企业履行了合同义务，即客户取得了商品(或服务)的控制权。”

【16 - 解析】信用减值损失是指企业按照《企业会计准则第 22 号——金融工具确认和计量》的要求计提的各项金融工具减值准备所形成的预期信用损失。

【17 - 解析】现金折扣是企业为了鼓励客户在一定时期内早日偿还货款而给予的折扣优惠，发生时计入当期企业财务费用；商业折扣是企业为了增加销量而给予购货方的价格减让，不在交易双方任何一方的账户上反映。

四、业务题

1. (1)确认收入(增值税销项税额 = 1 600 000 × 16% = 256 000 元)

借：银行存款	1 856 000	
贷：主营业务收入		1 600 000
应交税费——应交增值税(销项税额)		256 000

结转产品成本：

借：主营业务成本	960 000	
贷：库存商品		960 000

(2)计算 E、F、G 产品分摊的不含增值税的交易价格

	不含税交易价格(元)	计算过程
E 产品	1 400 000	1 610 000 ÷3 220 000 ×2 800 000
F 产品	840 000	966 000 ÷3 220 000 ×2 800 000
G 产品	560 000	644000 ÷3 220 000 ×2 800 000
合　计	2 800 000	

确认收入(增值税销项税额 =2 800 000 ×16% =448 000 元)

借:银行存款　3 248 000

　贷:主营业务收入——E 产品　1 400 000

　　　　　　　　——F 产品　840 000

　　　　　　　　——G 产品　560 000

　　应交税费——应交增值税(销项税额)　448 000

结转产品成本:

借:主营业务成本　1 680 000

　贷:库存商品——E 产品　840 000

　　　　　　——F 产品　504 000

　　　　　　——G 产品　336 000

2. 借:应付账款　3 200

　　贷:营业外收入　3 200

借:营业外支出　31 200

　贷:固定资产清理　31 200

借:其他应收款——×××保险公司　349 600

　　营业外支出　110 400

　贷:待处理财产损溢　460 000

3.(1)结转收入类账户余额:

借:主营业务收入　5 300 000

　　其他业务收入　420 000

　　投资收益　105 800

　　公允价值变动损益　35 000

　　营业外收入　900 000

　贷:本年利润　6 760 800

(2)结转成本费用类账户余额:

借:本年利润　5 386 200

　贷:主营业务成本　3 870 000

其他业务成本　380 000
税金及附加　58 400
销售费用　255 000
管理费用　230 000
财务费用　142 000
营业外支出　25 800
所得税费用　425 000

本年净利润 = 6 760 800 - 5 386 200 = 1 374 600（元）

（3）借：本年利润　1 376 400
　　贷：利润分配——未分配利润　1 376 400

4.（1）年末结转本年利润、提取盈余公积并分配现金股利：

借：本年利润　180 000
　贷：利润分配——未分配利润　180 000
借：利润分配——提取法定盈余公积　18 000
　　　　　　——提取任意盈余公积　45 000
　贷：盈余公积——法定盈余公积　18 000
　　　　　　　——任意盈余公积　45 000
借：利润分配——应付现金股利或利润　50 000
　贷：应付股利　50 000
借：利润分配——未分配利润　113 000
　贷：利润分配——提取法定盈余公积　18 000
　　　　　　　——提取任意盈余公积　45 000
　　　　　　　——应付现金股利或利润　50 000

（2）以盈余公积转增资本，按股东比例转增：

借：盈余公积——法定盈余公积　50 000
　贷：实收资本——A 公司　12 500
　　　　　　　——B 公司　15 000
　　　　　　　——C 公司　5 000
　　　　　　　——D 公司　2 500
　　　　　　　——其他　15 000

（3）盈余公积补亏：

①借：利润分配——未分配利润　10 000
　　贷：本年利润　10 000
②借：盈余公积　10 000
　　贷：利润分配——盈余公积补亏　10 000

③借：利润分配——盈余公积补亏　　10 000
　　贷：利润分配——未分配利润　　10 000

五、案例分析

（1）收入是指企业在日常活动中形成的、会导致所有者权益增加的、与所有者投入资本无关的经济利益的总流入。

费用是指企业在日常活动中发生的、会导致所有者权益减少的、与向所有者分配利润无关的经济利益的总流出。

利润是指企业在一定会计期间的经营成果，是所得超过所耗的差额。

简单来说，三者之间的关系：收入－费用＝利润。

收入是企业某个期间经济利益的总流入；费用是企业某个期间经济利益的总流出；利润反映的是收入减去费用、利得减去损失后的净额，因此，利润的确认主要依赖于收入和费用以及利得和损失的确认，其金额的确定也主要取决于收入、费用、利得和损失金额的计量。企业必须严格按照收入准则规定来确认收入。

（2）预收账款是指企业按照合同规定向购货单位或劳务接受单位预先收取的款项，如收到销货订单时存入的保证金或定金、预收的租金或利息等。尽管企业已收到这些款项，但因企业并未实际提供有关商品或劳务，不符合收入准则收入确认的规定，故不能确认为收入，而是作为一项负债在资产负债表中披露。

根据企业会计准则收入准则规定：收入确认的核心原则是“控制权转移”，即企业应当在履约了合同中的履约义务，即在客户取得相关商品控制权时确认收入。

贵州茅台违反收入准则的规定，利用预收账款来调节商品销售收入，这种手法是我国酒类上市企业公开的秘密。已经转移了商品的控制权却不将其全部确认为收入，故意延迟业绩释放，这样会增加资产负债表中的负债，减少当期的收入和利润，还会延迟缴纳销售环节的相关税费，同时延迟所得税的缴纳。

第九章
会计报表

重点提示：资产负债表、利润表的概念、作用和编制方法，了解现金流量表的编制原理。

难点提示：资产负债表相关项目的计算填列，现金流量表的功能及编制原理。

一、单项选择题

1. 某企业"应收账款"科目月末借方余额40 000元，其中"应收甲公司账款"明细科目借方余额35 000元，"应收乙公司账款"明细科目借方余额5 000元；"预收账款"科目月末贷方余额15 000元，其中"预收A工厂账款"明细科目贷方余额25 000元，"预收B工厂账款"明细科目借方余额10 000元；应收票据账户期末借方余额30 000元。该企业月末资产负债表中"应收票据及应收账款"项目的金额为(　　)元。

A. 40 000　　B. 70 000　　C. 65 000　　D. 80 000

2. 某企业2014年10月31日生产成本借方余额50万元，原材料借方余额30万元，库存商品借方余额40万元，委托代销商品借方余额10万元，工程物资借方余额20万元。则资产负债表"存货"项目的金额为(　　)万元。

A. 130　　B. 150　　C. 80　　D. 120

3. "应收账款"科目明细账中若有贷方余额，应将其计入资产负债表中的(　　)项目。

A. 应收票据及应收账款　　B. 预收账款

C. 应付账款　　D. 其他应付款

4. 下列资产负债表项目中，应根据多个总账科目余额计算填列的是(　　)。

A. 应付账款　　B. 盈余公积

C. 货币资金　　D. 长期借款

5. 下列项目中，不应在资产负债表"存货"项目下反映的是(　　)。

A. 生产成本　　B. 发出商品

C. 材料采购　　D. 无形资产

6. 某企业2×13年12月31日固定资产账户余额为2 000万元，累计折旧账户余额为800万元,固定资产减值准备账户余额为100万元,在建工程账户余额为200万元。该企业2×13年12月31日资产负债表中"固定资产"项目的金额为(　　)万元。

A. 1 200　　B. 90　　C. 1 100　　D. 2 200

7. 下列资产负债表项目中,不应直接根据总账科目余额填列的是(　　)。

A. 实收资本　　B. 短期借款　　C. 资本公积　　D. 存货

8. 以下项目中,属于资产负债表中"流动负债"项目的是(　　)。

A. 长期借款　　B. 长期应付款　　C. 应付股利　　D. 应付债券

9. 资产负债表中的"未分配利润"项目,平时应根据(　　)填列。

A. "利润分配"科目余额

B. "本年利润"科目余额

C. "本年利润"和"利润分配"科目的余额计算后

D. "盈余公积"科目余额

10. 某企业"应付账款"科目月末贷方余额50 000元,其中"应付甲公司账款"明细科目贷方余额45 000元,"应付乙公司账款"明细科目贷方余额20 000元,"应付丙公司账款"明细科目借方余额15 000元;"预付账款"科目月末贷方余额20 000元,其中"预付A工厂账款"明细科目贷方余额30 000元,"预付B工厂账款"明细科目借方余额10 000元;应付票据科目月末贷方余额36 000元。该企业月末资产负债表中"应付票据及应付账款"项目的金额为(　　)元。

A. 86 000　　B. 131 000　　C. 50 000　　D. 65 000

11. 资产负债表中货币资金项目中包含的项目是(　　)。

A. 银行本票存款　　B. 银行承兑汇票

C. 商业承兑汇票　　D. 交易性金融资产

12. "预付账款"科目明细账中若有贷方余额,应将其计入资产负债表中的(　　)项目。

A. 应收账款　　B. 预收款项

C. 应付票据及应付账款　　D. 其他应付款

13. 某企业2×17年发生的营业收入为1 000万元,营业成本为600万元,销售费用为20万元,管理费用为50万元,财务费用为10万元,投资收益为40万元,资产减值损失为70万元(损失),公允价值变动损益为80万元(收益),营业外收入为25万元,营业外支出为15万元。该企业2×17年的营业利润为(　　)万元。

A. 370　　B. 330　　C. 320　　D. 390

14. 利润表反映企业(　　)。

A. 一定期间的经营成果　　B. 特定日财务状况

C. 某一特定日的经营成果　　D. 有关现金流入流出的信息

15. 下列业务中不影响现金流量的是(　　)。

A. 商业票据贴现　　B. 收回以前年度核销的坏账
C. 预提银行借款的利息　　D. 购买机器设备

二、多项选择题

1. 下列各项,影响企业营业利润的项目有(　　)。
A. 销售费用　B. 管理费用　C. 投资收益　D. 所得税费用
2. 资产负债表中的"应收票据及应收账款"项目应根据(　　)填列。
A. 应收账款所属明细账借方余额合计
B. 预收账款所属明细账借方余额合计
C. 扣除按应收账款余额一定比例计提的坏账准备科目的贷方余额
D. 应收票据科目借方余额
3. 企业期末编制资产负债表时,下列各项应包括在"存货"项目的是(　　)。
A. 委托加工物资　　B. 在途物资
C. 为在建工程购入的工程物资　　D. 生产过程中的产品
4. 下列各项中,对资产负债表作用描述正确的有(　　)。
A. 通过编制资产负债表可以反映企业资产的构成及其状况
B. 通过编制资产负债表可以分析企业的偿债能力
C. 通过编制资产负债表可以分析企业的获利能力
D. 通过编制资产负债表可以反映企业所有者权益的情况
5. 下列各资产负债表项目中,应根据明细科目余额分析填列的有(　　)。
A. 应收票据及应收账款　　B. 预收款项
C. 预付款项　　D. 应付票据及应付账款
6. 资产负债表中的"货币资金"项目包括(　　)。
A. 库存现金　　B. 银行存款
C. 其他货币资金　　D. 预付账款
7. 资产负债表的数据来源,可以(　　)。
A. 直接从总账科目的余额获得
B. 根据明细科目的余额分析计算获得
C. 根据有关总账科目和明细分类账科目余额分析计算获得
D. 根据有关科目的余额分析获得
8. 下列会计科目,在编制资产负债表时应列入"存货"项目的有(　　)。
A. 在途物资　B. 发出商品　C. 周转材料　D. 工程物资
9. 下列资产负债表项目中,根据总账余额直接填列的有(　　)。
A. 短期借款　B. 实收资本　C. 应付账款　D. 应收账款
10. 下列资产负债表项目中,属于流动资产的有(　　)。
A. 交易性金融资产　　B. 一年内到期的非流动资产

C. 预付款项　　D. 开发支出

11. 下列资产负债表项目中,属于流动负债的有(　　)。

A. 应付职工薪酬　　B. 预收款项

C. 一年内到期的非流动负债　　D. 预付款项

12. 现金流量表一般按企业经营业务发生的性质将现金流量分为(　　)三大类。

A. 经营活动产生的现金流量　　B. 分配利润产生的现金流出

C. 筹资活动产生的现金流量　　D. 投资活动产生的现金流量

三、判断题

1. 资产负债表中的“固定资产”项目应包括融资租入固定资产的原价。(　　)

2.“利润分配”总账的年末余额不一定与相应的资产负债表中未分配利润项目的数额一致。(　　)

3. 利润表中“税金及附加”项目不包括增值税。(　　)

4. 资产负债表中确认的资产都是企业拥有的。(　　)

5. 资产负债表中“应付票据及应付账款”项目应直接根据这些科目的总账余额直接填列。(　　)

6. 资产负债表中的“交易性金融资产”项目,反映企业持有的以公允价值计量且其变动计入当期损益的为交易目的所持有的债券投资、股票投资、基金投资等金融资产。(　　)

7.“长期股权投资”项目应根据“长期股权投资”科目的期末余额,减去“长期股权投资减值准备”科目的期末余额后的金额填列。(　　)

8.“预收款项”项目应根据“预收账款”和“应收账款”科目所属各明细科目的期末贷方余额合计数填列。如“预收账款”科目所属各明细科目期末有借方余额,应在资产负债表“应付票据及应付账款”项目内填列。(　　)

9. 在现金流量表中,借款所收到的现金属于筹资活动产生的现金流量。(　　)

10. 支付股票投资的买价和相关税费属于经营活动的现金流量。(　　)

11. 资产负债表是总括反映企业特定日期资产、负债和所有者权益情况的动态报表,通过它可以了解企业资产来源构成和承担的债务及资金的流动性和偿债能力。(　　)

12. 根据企业会计准则的规定,资产负债表和利润表中都应对“其他综合收益”项目进行披露。(　　)

四、业务题

1. 某工业企业为一般纳税企业,适用的增值税税率为16%,所得税税率为25%。该企业2×18年度有关资料如下:(假定销售业务全部满足销售收入确认的条件)

（1）本年度内发出产品 50 000 件，其中对外销售 45 000 件，其余为在建工程领用。该产品销售成本为每件 12 元，销售价格为每件 20 元。

（2）本年度内计入投资收益的债券利息收入为 30 000 元，其中，国债利息收入为 2 500 元。

（3）本年度内发生管理费用 50 000 元，其中，折旧费用 25 000 元，业务招待费 20 000 元，按税法规定可在应纳税所得额前扣除的折旧费用为 20 000 元，业务招待费 15 000 元。

（4）本年一笔 3 000 元的应付账款无法支付，计入当期营业外收入。

要求：计算该企业 2×17 年利润表中营业利润、利润总额、本年度应交所得税、净利润的金额。

2. 丙公司 2×18 年度“主营业务收入”科目的贷方发生额为 5 000 万元，借方发生额为 100 万元（系 10 月发生的购买方退货）；“其他业务收入”科目的贷方发生额为 300 万元；“主营业务成本”科目的借方发生额为 4 000 万元；2×18 年 10 月 10 日，收到购买方退货，其成本为 60 万元；“其他业务成本”科目借方发生额为 200 万元；2×19 年 1 月 10 日，收到 2×18 年 12 月销售给某单位的一批产品，由于质量问题被退回，其收入为 60 万元，成本为 40 万元。

要求：根据上述资料，计算利润表中的营业收入和营业成本项目金额。

3. 天宇股份有限公司系增值税一般纳税人，该公司适用的所得税率为 25%，增值税税率为 16%。库存材料采用实际成本核算，该公司 2×18 年年初未分配利润为 670 万元。该公司 2×18 年度内发生如下有关经济业务：（假定所有销售业务都满足销售收入确认的条件，不考虑其他因素。）

（1）根据与客户签订的销售合同，企业采用托收承付方式销售产品一批，销售价款为 200 万元，合同规定本年应收全部销售价款的 20%。该产品销售成本为 120 万元。本年应收的款项尚未收到。

（2）取得罚款收入 6 万元，存入银行。

（3）结转非常损失的固定资产清理净损失 6.8 万元。

（4）以银行存款支付违反税收规定的罚款 3 万元，公益性捐赠支出 5 万元。

（5）以银行存款支付广告费 7 万元。

（6）销售多余材料一批，该批材料实际成本为 7 万元，销售价格为 10 万元，款项已经收到并存入银行。

（7）计算本期应负担的城市维护建设税 30 万元，其中产品销售应负担城市维护建设税为 28 万元，其他销售负担 2 万元。

（8）计算本期应负担的教育费附加 1 万元，其中产品销售应负担的教育费附加为 0.8 万元，其他销售负担 0.2 万元。

（9）计提短期借款利息 5 万元。

（10）按成本法核算收到被投资单位分配的现金股利 6.6 万元。

(11)计提管理部门使用的固定资产年折旧,该固定资产系 2×15 年 12 月购入并投入使用,其原价为 50.5 万元,折旧年限为 4 年,假使预计净残值为 0.5 万元,采用直线法计提折旧。假定天宇公司按年计提该固定资产折旧。

(12)公司本年度发生其他管理费用 3 万元,已用银行存款支付。

(13)计算本年应交所得税,假定本年度应纳税所得额为111 300 元。

(14)结转"本年利润"和"利润分配——未分配利润"。

要求:(1)编制 2×16 年度有关经济业务的会计分录。(2)编制 2×16 年度利润表。

利润表

编制单位:天宇公司　　2×16 年 12 月 31 日　　单位:元

项目	本期金额	上期金额
一、营业收入		
减:营业成本		
税金及附加		
销售费用		
管理费用		
研发费用		
财务费用		
其中:利息费用		
利息收入		
资产减值损失		
信用减值损失		
加:其他收益		
投资收益(损失以"-"号填列)		
其中:对联营企业和合营企业的投资收益		
净敞口套期收益(损失以"-"号填列)		
公允价值变动收益(损失以"-"号填列)		
资产处置收益(损失以"-"号填列)		
二、营业利润(亏损以"-"号填列)		
加:营业外收入		
减:营业外支出		
三、利润总额(亏损总额以"-"号填列)		
减:所得税费用		

续表

项目	本期金额	上期金额
四、净利润（净亏损以“－”号填列）		
（一）持续经营净利润（净亏损以“－”号填列）		
（二）终止经营净利润（净亏损以“－”号填列）		
五、其他综合收益的税后净额		
（一）不能重分类进损益的其他综合收益项目		
1. 重新计量设定受益计划变动额		
2. 权益法下不能转损益的其他综合收益		
3. 其他权益工具投资公允价值变动		
4. 企业自身信用风险公允价值变动		
……		
（二）将重分类进损益的其他综合收益项目		
1. 权益法下可转损益的其他综合收益		
2. 其他债权投资公允价值变动		
3. 金融资产重分类计入其他综合收益的金额		
4. 其他债权投资信用减值准备		
5. 现金流量套期储备		
6. 外币财务报表折算差额		
……		
六、综合收益总额		
七、每股收益：		
（一）基本每股收益		
（二）稀释每股收益		

五、案例分析题

【案例一】老王的困惑

退休不久的老王最近遇上了一件既令他伤心又困惑的事。伤心的是：他于年初所投资的福兴公司居然在不到一年的时间内破产了！困惑的是：赚钱的公司怎么也会破产呢？投资前，他曾查阅了该公司的利润表，利润表显示有 280 000 万元的销售收入，净利润达 24 000 万元，而资产负债表显示该公司应收账款与存货增加，厂房设备也增加，数据显示的结果似乎良好。他还找到了该公司的现金流量表。

福兴公司现金流量表(简化) 单位:万元

经营活动产生的现金流量	
净利润	24 000
调整项目:	
应收账款增加	-48 000
存货增加	-40 000
折旧费用	+44 000
经营活动产生的现金流量净额	-20 000
投资活动产生的现金流量	
购买设备	-80 000
筹资活动产生的现金流量	
短期借款	-112 000
现金净增加额	-212 000

分析:结合所学的专业,从以下几点为老王分析福兴公司为什么会破产:

(1)利润和现金流量的区别;

(2)现金流量表的作用;

(3)现金流量与财务状况的关系;

(4)福兴公司破产的原因。

【案例二】

任找一家上市公司的年度财务报告,分析下列问题:

(1)计算该企业的流动比率、速动比率指标,分析这些指标说明企业存在什么问题。

(2)计算该企业的资产负债率、权益负债率,根据这些指标分析企业的财务结构如何。

(3)计算该企业的资产利润率、权益利润率,根据这些指标分析企业的盈利状况如何。

六、补充阅读材料

现金流恶化的结局

一个盈利的公司会破产吗?一个公司的发展决策会因缺少现金而停止吗?回答是肯定的。全美便利连锁商店(NCS:National Convenience Stores Inc)就是一例。NCS是一家管理着3个州(加利福尼亚州、佐治亚州和得克萨斯州)、7个市场、988个连锁店的公司。这些店的经营范围是新鲜食品、传统快餐、软饮料和酒精饮料、烟草制品、杂货、保健品和美容用品,约80%的商店装备有半自动的加油设施。

经过从加油站发展到便利连锁商店的残酷竞争,NCS开始试行一种新的战略,即采用"邻近店原则",把每个店的产品和当地客户的购货方式和地理情况直接联系起来。1991年,该公司把这种战略推广到品牌合作者,如必胜客的店堂内,与必胜客合作共同推出在店内烹制新鲜外卖快餐，同时该公司还投产了快餐生产线。

尽管公司首席执行官试图提高其经营业绩，但是 NCS 还是遇到了财务危机。与 1990 年同期盈利 100 万美元相比，1991 年第三季度 NCS 损失了 310 万美元。营业额与 1990 年同期相比，从 2.92 亿元减少至 2.67 亿元，下降比例为 8.5%，此时，现金已为零。1991 年 11 月，公司逾期未付银行贷款达 390 万美元，并停止支付优先股股利。1991 年 12 月 6 日这一周，NCS 被披露已经无力偿还在 1991 年 12 月 1 日到期的 130 万美元的抵押贷款。1991 年 12 月 9 日 NCS 在无法从其主要的供货商处获得信用后，向法院申请破产保护。根据破产法，申请破产的公司在法庭监护下经营，制订还款计划，收入首先用来还债。NCS 的破产申请书上显示：资产 2.775 亿美元，营业额 1.926 亿美元。

NCS 破产前 5 年，相关的财务数据如下表所示：

项　　目	年度结束 6 月 30 日				
	1991 年	1990 年	1989 年	1988 年	1987 年
销售收入	173 958	1 062 183	1 077 150	917 533	831 112
毛利	270 578	293 056	277 211	253 302	223 442
净利润（净损失）	(10 456)	4 963	(8 858)	6 745	(5 445)
经营活动现金流	15 090	6 704	23 585	36 122	31 599
净现金变动	11 448	1 112	(5 190)	3 762	5 580

如上表所示，NCS 净利润在 5 年中变化很大，经营活动现金流每年递减。公司在实施新的发展战略过程中，将大量现金花费在新商店建造和商店装修上，使现金流问题恶化。同时经济衰退以及休斯敦的犯罪风波在不同程度上使 NCS 商店受到打击，不过现金周转恶化是导致 NCS 最终破产的主要因素。

1993 年 2 月，经法院批准以及债权人和公司股东投票决定，该公司通过了一项改组计划，公司对现有股东以 10 股旧股换 5 股新股的方式进行股权置换。经过一年多的调整，公司在 1994 年年末盈利 0.68 亿美元，经营活动产生现金净流量 2.5 亿美元。

资料来源：孙铮．中级财务会计——理论实务案例习题[M]．北京：首都经济贸易大学出版社，2007.

2013 年半年报：今年的“乌龙”来得一如既往

目前，正是上市公司密集披露 2013 年半年报的时期。在这一过程中，仍如以往一样，乌龙事件不断。作为公众公司，上市公司的中期报告需为投资者负责。这些“乌龙事件”看似小事，却潜伏着危机，上市公司只有谨小慎微，方能利己利人。我们且来看看，哪些公司最近出现了乌龙事件；它们出现的乌龙事件都是些什么情况。

金额单位：“万”字最惹火

不管是什么时候的年报、中报披露，金额单位“元”和“万元”总要让许多上市公司

"中枪",有的少了个"万"字,金额少得可怜;有的又多了个"万"字,多得让人惊诧不已。这种现象让上市公司频闹乌龙,不是让人啼笑皆非,就是让人惊诧无语,更有让人空欢喜一场的。

【案例1】万好万家:母公司注册资本仅一万。

在万好万家发布的没有修订的半年报中,其母公司万好万家集团有限公司10 000万元的注册资本,变成了10 000元。此外,万好万家在其半年报补充和更正说明中表示,由于报送系统自动合并相同项目而导致数据遗漏。全文第9页和摘要第5页"非金融类公司委托理财及衍生品投资的情况"中的"委托理财情况"出现了两张表格内容的遗漏。

【案例2】扬农化工:子公司注册资本被夸大千倍。

在扬农化工公布的年报中,第7页(四)投资状况分析一节,公司写道,"报告期内,公司发起设立一个新控股子公司——江苏优嘉化学有限公司,该公司注册地址在如东县洋口化工聚集区,注册资本20 000亿元,本公司控股90%。公司一期出资5 000万元。"事实上,该"20 000亿元"属于低级错误,扬农化工本身的合并报表显示,其总资产也仅有35亿元,绝对不可能设立一个注册资本20 000亿元的公司。而且中报后续的多处资料也显示,优嘉化学的注册资本实际应为20 000万元,因此这次的"夸大千倍"明显属于失误。

【案例3】深圳惠程:凭空飞来26亿元。

中小板公司深圳惠程一度在中报中给投资者带来"天降横财"的惊喜。在8月12日披露的深圳惠程中报第110页中赫然有下列一段话:"本公司之子公司江西先材于2013年收到科技部拨付的关于863计划'PI纳米纤维隔膜的宽温度范围和高倍率充放特性动力锂电池制备技术攻关'课题的专项经费261 000万元。"26.1亿元,这相当于2012年深圳惠程0.64亿元净利润总额的40.78倍。不过,深圳惠程随后紧急发布的中报更正公告表示,此前误将金额单位多写了一个"万"字,实际专项经费却只有261 000元。

审计意见:中报真的不需要

审计意见,只有在年度报告中才需要发表。半年报等中期报告的披露,并不需要经过注册会计师审计并发表审计意见,只需在"重要提示"一栏中注明"公司半年度财务报告未经审计"即可。但这也在一些上市公司中造成了乌龙事件。

【案例4】美都控股:审计报告结论惹虚惊。

美都控股在其未经修订的中报开篇的重要提示中表示:"为本公司出具了无法表示意见的审计报告。"但这句莫名其妙的表述一来没有实施审计的主体,二来会计师事务所通常只会在无法对财务报表获取充分适当的审计证据时才会出具无法表示意见的审计报告,这意味着被审计公司即美都控股可能存在着重大问题。故此言一出,美都控股股价大跌4.46%,而心急火燎的美都控股也在当晚表示"公司半年度财务报告未经审计"才是其要表达的本意。

【案例5】工大高新:拉中准下水。

工大高新在其未经修订的半年报中表示"中准会计师事务所有限公司为本公司出具了标准无保留意见的审计报告",可谓自己闹乌龙还拉中准下水。请问,中准给工大高新出具了标准无保留意见的审计报告了吗?工大高新可谓"后知后觉",就是这一明显的乌龙,也是在上海证券交易所审核反馈意见时才加以改正。即便如此,其更正公告中也表现出浮躁之处,将"半年报"写成"半报"。这是要监管者和投资者来做校对啊。

时间:竟然要等一千年

时间错误也是上市公司信息披露中一项出错频率较高之处,而时间的正确与否,往往会直接影响投资者对上市公司的价值判断。这不,有上市公司便将募资承诺用于一千年以后,有网友调侃说:"世界已没有我,这不明目张胆'抢钱'吗?"

【案例6】杰瑞股份:投资项目"千年等一回"。

在杰瑞股份发布的没有修订的半年报中,第18页的"募集资金承诺项目情况表"中,液氮泵车扩产项目的预计可使用状态日期被标注为3011年6月30号,这一千年之后才能达产的募投项目,被相关媒体调侃为投资项目"千年等一回"。而实际情况却是,液氮泵车扩产项目在2011年6月30日便已达到可使用状态。

分红:这个"真没有"

分红方案是投资者十分关注的一个重要方面,能直接影响股票的短期走势,更时常被短线投资者作为炒作的题材。上市公司给的分红承诺,就像男女谈恋爱一样,还是不要随随便便地承诺吧。

【案例7】长荣股份:分红方案"逗你玩"。

误将以往的财报内容"穿越"到最新公布的财报一直是上市公司在年报、中报披露期间容易惹出的事端。最新掉入这一陷阱中的上市公司便是长荣股份,据长荣股份没有修订的中报第16页"本报告期利润分配及资本公积金转增股本预案"一栏显示,公司上半年的利润分配方案为"以公司现有总股本1.42亿股为基数,向全体股东每10股派6.89元人民币现金"。然而在中报开篇的第2页,长荣股份便宣称"公司计划不派发现金红利,不送红股,不以公积金转增股本"。这种前后矛盾的表述也令投资者晕头转向:长荣股份的年中分红到底是有还是没有?后来,长荣股份发布更正公告明确表示,现金分红"这个真没有"。

合规性:不要忘记祖国的那块土地

对于可能对公司股价带来大幅波动的重要公告需待收盘后发布,这是上市公司必须遵行的规则,但当你的公司是"A+H"股时,就不要得意忘形,A股收盘时,祖国的那块土地——香港还没有收盘。

【案例8】中国联通:未收盘中报已出炉。

对于重要公告需待收盘后发布这一上市公司必须遵行的规则,中国联通便在披露中报的过程中触犯了。8月8日下午3点,A股市场收盘后,国资委网站发布了中国联通上半年的业绩，公司净利润同比增长55%。然而此时香港股市尚在交易，中国联通H股走势迅速由-0.98%急拉至3.91%，为此中国联通H股在当天下午3点32分紧急停牌，但中国联通H股停牌时的股价涨幅仍达到2.67%。

关联事项：说清楚才清白

关联事项，这是上市公司受质疑最普遍的一个方面。关联事项有没有说清楚，关系上市公司的清白，哪怕一项在上市公司看来不那么重要的地方。关联，但不"暧昧"，这样的关联关系才"清白"。

【案例9】东阳光铝：担保人不翼而飞。

在东阳光铝发布的没有修订的半年报中，有关"关联担保情况"中的自然人担保人不翼而飞。在涉及14项担保事项中，东阳光铝及其子公司的担保人中均缺少了张中能、郭梅兰两位自然人。其中，其子公司乳源东阳光精箔有限公司的两项担保事项均只有自然人担保人。也就是说，这两笔担保事项的信息披露，在担保方一项上出现了空缺。

此外，东阳光铝还在采购商品和接受劳务的关联交易中的财务数据出现多处遗漏。

编后语：

每到上市公司披露年报、中报以及一些重要公告发布时，都会出现许多乌龙。限于篇幅，我们整理的只是其中的一小部分。这些乌龙事件，写来令人啼笑皆非。但其背后的问题，却要引起有关方面重视。

在没有出现大问题的时候，小乌龙可能只是一个小的笑料、饭后的谈资。但要知道，"千里之堤，溃于蚁穴"。没有防微杜渐，或许哪一天就会酿成大风险。更何况，这些乌龙事件对市场的影响是直接的。比如长荣股份乌龙分红方案对市场的影响，中国联通提前发布年报对市场的影响。

对于这些乌龙事件，我们可以看到，许多上市公司都会说"由于工作人员疏忽"，但这不是真正的理由。反而这一理由会成为长期懈怠的"挡板"。为何不能从另一个方面来反思：这些丝毫没有技术难度的低级错误，为何屡犯？有一种观点说得好，没有建立有效的投资者索赔制度。

我们期待，监管方能出台更有效的措施来治理这些"牛皮癣"；也建议，为了投资者，更为了自己，请上市公司更多一些"细心"。

资料来源：夏苏. 2013年半年报：今年的"乌龙"来得一如既往[N]. 财会信报，2013-09-02.

山西汾酒收入虚假披露　费用确认存疑

山西汾酒作为二线白酒股的代表，披露的业绩增长数据非常给力，其中2011年营业收入同比增幅为48.78%，净利润同比增幅更是高达57.85%。但是，关键的问题在于，该公司披露的财务数据可信度又有多高？经对山西汾酒披露的2011年年报数据进行分析，本刊发现该公司披露的营业收入数据自相矛盾，非常值得关注。

首先需要特别说明的是，山西汾酒2011年年报的合并范围与半年报略有差异，新增了一家全资子公司山西杏花村包装有限责任公司，但是这并不会影响到年报和半年报销售收入明细数据的对比，因为在年报中针对这家新纳入合并范围的子公司详细信息披露为："山西杏花村包装有限责任公司于2011年注册成立，尚在筹建期间，截至2011年12月31日没有进行任何经营及建设活动，年末只有资产负债表，现金流量表，无利润表。"

这也就意味着，这家新设子公司截止到2011年末还没有对山西汾酒营业收入产生任何影响，单就营业收入这个会计科目来说，该公司年报的实际核算范围，与其半年报不存在差异。这也就进一步对应着，年报中某个大客户2011年全年采购总额，不应当小于半年报中上半年的采购总额；相反半年报中某个大客户上半年的采购总额，也不应当大于年报中披露的全年采购额。但是，山西汾酒却违背了这个再简单不过的财务逻辑。

根据该公司年报披露信息，2011年全年前五大客户合计采购金额为66 950.87万元，占全部销售总额的14.92%。

而该公司半年报披露的上半年营业收入前五名客户信息，客户名单却与年报存在较大差异。

这其中很容易发现一个关键矛盾，上半年前五大客户采购总额为7.5亿元，就已经高于年报中前五大客户采购总额6.7亿元。即便半年报中的前五大客户在下半年中未从山西汾酒处进行过任何采购，仅以上半年的采购金额就足以维持年报中前五大客户采购总额不会少于7.5亿元，前述矛盾又是怎样产生的？

1. 神秘消失的主要客户

半年报中"大同市北方紫昱商贸有限公司"客户在2011年上半年的采购总额就已经高达2.29亿元，但是这个客户名称却消失于年报主要客户名单中，这对应着该公司全年采购额不会高于排名第五位的"山西领通科贸有限公司"对应的0.8亿元，前后相差的1.5亿元收入又流失到哪里去了？

"山西虹通共赢商贸有限公司"也是如此，上半年已经从山西汾酒采购商品9 265.66万元，但是也从年报前五大客户名单中消失了，这意味着到年底时该客户全年采购额也小于排名第五位的"山西领通科贸有限公司"对应的8 001.96万元，显然是前后矛盾的。

2. 关联方采购之谜

同时，位列于年报前五大客户名单和半年报前五大客户名单中的"山西杏花村国际贸易公司"，是山西汾酒的关联方，属于"控股股东投资的其他公司"之类，但是针对此项设计关联交易的数据，也是前后矛盾的。半年报显示，已经向该客户销售了2.24亿元商品，但是到年末时对该客户全年的销售额却下降到了1.88亿元。

前述三个矛盾客户及其矛盾数据，背后自然隐含的是营业收入数据的重大差错，且涉及金额过亿元，财务核算之混乱可见一斑。而且如果半年报数据披露无误，则年报数据便涉嫌虚假披露；反之如果年报数据是正确的，则半年报数据便涉嫌虚增收入，但不知山西汾酒对此将如何解释？

此外，该公司在往来款核算、费用确认等方面也是漏洞百出，并涉嫌巨额利润操纵，值得进一步关注。

资料来源：沈纪. 山西汾酒收入虚假披露　费用确认存疑[N]. 证券市场周刊，2012－07－02.

背景资料：山西杏花村汾酒集团有限责任公司为国有独资公司，以生产经营中国名酒——汾酒、竹叶青酒为主营业务，年产名优白酒5万吨，是全国最大的名优白酒生产基地之一。

集团公司下设22个子、分公司，员工8 000人，占地面积230万平方米，建筑面积76万平方米。核心企业汾酒厂股份有限公司为公司最大子公司，1993年在上海证券交易所挂牌上市，股票代码600809，为中国白酒第一股，山西第一股。公司拥有"杏花村""竹叶青"两个中国驰名商标，据2006年《中国500最具价值品牌排行榜》公布，"杏花村"品牌价值已达47.76亿元。汾酒文化源远流长，是晋商文化的重要一支，与黄河文化一脉相承。汾酒历史上有过四次成名。早在1 500年前的南北朝时期，汾酒就作为宫廷御酒受到北齐武成帝的推崇而一举成名。

2012年11月汾酒集团销售收入已经突破百亿元，达到100.18亿元，提前三年实现了"十二五"确定的百亿目标。

公司财务造假三大损招　会计专家揭八大先兆

"当我们胆敢作恶，来满足卑下的希冀，我们就迷失了本性，不再是我们自己。"莎士比亚的这句话，用在A股部分上市公司高管身上，那是再恰当不过。

从最早的银广夏、蓝田股份，到后来的立立电子、苏州恒久和近期的绿大地及紫鑫药业，在幕后推手的推波助澜之下，利用未公开信息牟利甚至财务造假欺骗投资者，已成为A股不能承受之殇。

损招之无中生有：虚增利润包装上市

在A股诸多财务陷阱之中，虚增利润是最常见的手法。名噪一时的云南花王何学葵就通过虚构交易业务、虚增资产、虚增收入精心打造了一个绿大地骗局。

在接受央视财经频道采访时，中国证监会稽查大队稽查人员小刘回忆说：何学葵这人胆子很大，在上市之前，她的公司当时的收入好像只有大概一两千万，开会的时候她就敢说有一个多亿。此后何学葵萌生了包装上市的念头，但绿大地当时的实际条件并不符合，胆大的何学葵认为：有条件要上市，没有条件创造条件也要上市！

在她的财务总监蒋凯西以及财务顾问庞明星的协助之下，三人开启了绿大地造假的三驾马车：①将公司的名称加入生物科技的字样，以迎合市场和投资人的喜好；②注册了一批由绿大地实际控制的公司，利用其掌控的银行账户，操纵资金运作；③伪造合同、发票和工商登记资料，虚构交易量。

2007年12月21日，二次闯关的绿大地终于成功IPO。为防止资金链的断裂，绿大地在 2009 年 8 月提出了增发申请,而就是这次申请让绿大地的骗局得以大白于天下。

“是一张复印机上的小纸条让我们发现了问题。”据小刘表示:那张纸条是要求会计师事务所出具一份比较好看的报告。我们还调查了绿大地 2008 年、2009 年前十大销售客户,调了工商资料和银行资料,工商资料发现这前十大客户很大一部分都是绿大地的员工,或者说手机号码都是绿大地员工的手机号。经过事后的稽查,绿大地上市前后虚增资产 3.37 亿元,虚增收入 5.47 亿元,个别的资产竟然被虚增了 18 倍之多。

损招之瞒天过海:自买自卖关联交易

紫鑫药业则是通过一套完整的内部交易链条,在人参交易的上中下各个环节均被董事长郭春生家族及其关联方所牢牢把控,上市公司以及大股东可以自由调节紫鑫药业的营收规模以及利润分成情况,支撑其业绩高增长的背后是巨大的自买自卖和虚假交易。

紫鑫药业的主打产品人参价格在 2010 年翻了 3 倍,价格增长立即体现在了业绩上。

2010 年年报显示,当年四季度,紫鑫药业单季实现净利润 1.1 亿元,而前三季度总的净利润只有 0.62 亿元,而此前业绩增长都比较平稳,且从公开资料无法获知其销售政策是否发生重大调整。

财务总监徐吉峰对此的解释是,公司 2010 年开始进入人参产业,由于人参的收获期是每年的 9 月份到 10 月份,因此人参产品的业绩在四季度得到集中体现。

此时又有媒体曝出:紫鑫药业在 2010 年的第二大客户亳州千草药业饮片厂其实是自己的孙公司,这家公司为其贡献营业收入 6 890.6 万元,占到紫鑫药业总营收的 10.73%。

故事并未到此结束,接着又接连曝出其实第一大客户四川平大生物、第三大客户吉林正德药业和第四大客户通化立发人参贸易有限公司和第五大客户通化文博人参贸易公司,都与紫鑫药业存在着或多或少的关联关系。

在停牌两个月之后,紫鑫药业公告称:公司 2010 年第三大客户,吉林正德药业是公司的关联方,另外一家小客户通化鸿涛也同为关联方,两公司共涉及 2010 年关联交易金额 8 674 万元,占 2010 年营业收入的 13.5%。

损招之移花接木:劣质资产注入

资产重组是 A 股上演麻雀变凤凰神话的又一阵地,同时也是造假的重灾区,注入资产的盈利情况直接关系到上市公司未来的发展,如果是优质资产以合理价格注入,原本垂死的公司可能因此起死回生。

如果是将劣质资产高价注入,结果则是恰恰相反当上了冤大头,而真正为此埋单的无疑是广大股民。

吉林制药就是这样一个活生生的例子。2008 年 7 月 15 日,公司公布了一份重组预案:拟以 8.30 元/股的价格发行不超过 90 000 万 A 股,拟购买的资产为滨地钾肥 100% 股权以及冷湖滨地持有的大盐滩钾矿采矿权、土地使用权。而这个价值 72 亿的大盐滩矿区立刻引发了市场的争论。

争议的焦点在于大盐滩钾矿采矿权 5 年前以 1 000 万元的价格从金星矿业转让而来,大盐滩钾矿采矿权 5 年骤增了 720 倍,堪称暴利。

而有钾肥企业人士曾指出,该块地的资源还不值 800 万,无法量产钾肥。此后钾肥项目无奈终止,对此吉林制药董事长张守斌表示:青海滨地钾肥重组失败原因是项目太大。

3 年来吉林制药经历了 4 次重组,经历了矿业公司、房地产风潮和钾肥奇迹等概念炒作,此后广州无线电集团试图奋力一搏,在 2011 年 7 月再次启动重组,结果仍然是失败。

对于此前数次的重组失败,张守斌认为:龙口矿业的失败是因为签约前没有和山东省国资委打招呼,不符合流程;富通重组失败是因为对方认为地产行业开始不好而放弃。

屡战屡败,却屡败屡战,目前吉林制药被业界认为可能是退市新规出台后的首单。

链接

上市公司账目造假的先兆主要是:推迟公布业绩;会计师事务所被更换或主动辞去业务;财务总监更换频繁;独立董事全部辞任;大股东减持;收购与核心业务无关的业务;以发新股支付代价进行并购,利润表中的利息数额远高于现金流表中实际支付的利息;企业的分销商、客户或供应商的独立性、真实性存在问题。

有时候一个简单的测试毛利率的方法就可以识别上市公司是否造假,比如一家公司的毛利率大大超过同行业水平并且波动较大,就有可能存在造假的情况。因为正常发展的公司其毛利率一般会维持在一定的水平上。一个公司如果存在虚构的收入,往往会留下毛利率高得惊人的迹象。

来源:郝静.公司财务造假三大损招　会计专家揭八大先兆[N].华夏时报,2012-06-16.

参考答案

一、单项选择题

1. D　2. A　3. B　4. C　5. D　6. C　7. D　8. C　9. C　10. B　11. A　12. C　13. A　14. A　15. C

【1-解析】选 D。应收票据及应收账款项目的金额 =35 000 +5 000 +10 000 +30 000 =80 000(元)。

【2-解析】选 A。存货项目的金额 =50 +30 +40 +10 =130(万元)。

【6-解析】选 C。固定资产项目的金额 =2 000 -800 -100 =1 100(万元)。

【10－解析】选 B。应付票据及应付账款项目的金额＝45 000＋20 000＋30 000＋36 000＝131 000(元)。

【13－解析】选 A。企业 2×17 年的营业利润＝1 000－600－20－50－10＋40－70＋80＝370(万元)。

【15－解析】选 C。C 选项的分录，借：财务费用，贷：应付利息，没有现金流入和流出。其他选项都有现金的流入和流出。

二、多项选择题

1. ABC　2. ABCD　3. ABD　4. ABD　5. ABCD　6. ABC
7. ABC　8. ABC　9. AB　10. ABC　11. ABC　12. ACD

三、判断题

1. ×　2. ×　3. √　4. ×　5. ×　6. √　7. √　8. ×　9. √　10. ×
11. ×　12. √

【1－解析】×。资产负债表中的“固定资产”项目应减去固定资产累计折旧和固定资产减值损失后的余额填列，不应是原价，融资租入固定资产也是一样的。

【12－解析】√。根据企业会计准则规定，未在损益中确认的各项利得和损失扣除所得税影响后的净额是其他综合收益。其他综合收益应在资产负债表和利润表中进行披露。

四、业务题

1. 该企业 2×18 年利润表中有关项目的金额为：

(1)营业利润＝45 000×20－45 000×12＋30 000－50 000＝340 000(元)

(2)利润总额＝340 000＋3 000＝343 000(元)

(3)本年应交所得税＝[343 000－2 500＋(25 000－20 000)＋(20 000－15 000)]×25%＝87 625(元)

(4)净利润＝343 000－87 625＝255 375(元)

2. (1)“营业收入”项目金额＝5 000－100＋300－60＝5 140(万元)

(2)“营业成本”项目金额＝4 000－60＋200－40＝4 100(万元)

3. 编制 2×18 年度有关经济业务的会计分录

(1)借：应收账款　2 320 000
　　贷：主营业务收入　2 000 000
　　　应交税费——应交增值税(销项税额)　320 000
　借：主营业务成本　1 200 000
　　贷：库存商品　1 200 000

(2)借:银行存款 60 000
　　贷:营业外收入 60 000
(3)借:营业外支出 68 000
　　贷:固定资产清理 68 000
(4)借:营业外支出 80 000
　　贷:银行存款 80 000
(5)借:销售费用 70 000
　　贷:银行存款 70 000
(6)借:银行存款 116 000
　　贷:其他业务收入 100 000
　　　　应交税费——应交增值税(销项税额) 16 000
　借:其他业务成本 70 000
　　贷:原材料 70 000
(7)借:税金及附加 280 000
　　　其他业务成本 20 000
　　贷:应交税费——应交城市维护建设税 300 000
(8)借:税金及附加 8 000
　　　其他业务成本 2 000
　　贷:应交税费——应交教育费附加 10 000
(9)借:财务费用 50 000
　　贷:应付利息 50 000
(10)借:应收股利 66 000
　　贷:投资收益 66 000
　借:银行存款 66 000
　　贷:应收股利 66 000
(11)本年折旧额 =(505 000 - 5 000) ÷4 =125 000(元)
　借:管理费用 125 000
　　贷:累计折旧 125 000
(12)借:管理费用 30 000
　　贷:银行存款 30 000
(13)所得税费用 =111 300 ×25% =27 825(元)
　借:所得税费用 27 825
　　贷:应交税费——应交所得税 27 825
(14)结转费用损失
　借:本年利润 2 030 825
　　贷:主营业务成本 1 200 000

税金及附加　288 000
其他业务成本　92 000
销售费用　70 000
财务费用　50 000
管理费用　155 000
营业外支出　148 000
所得税费用　27 825

结转收入收益

借:主营业务收入　2 000 000
营业外收入　60 000
其他业务收入　100 000
投资收益　66 000
贷:本年利润　2 226 000

结转净利润

借:本年利润　195 175
贷:利润分配——未分配利润　195 175

利润表

编制单位:天宇公司　　2×16 年 12 月 31 日　　单位:元

项目	本期金额	上期金额
一、营业收入	2 100 000	(略)
减：营业成本	1 292 000	
税金及附加	288 000	
销售费用	70 000	
管理费用	155 000	
研发费用	0	
财务费用	50 000	
其中：利息费用	50 000	
利息收入	0	
资产减值损失	0	
信用减值损失	0	
加：其他收益	0	
投资收益（损失以“－”号填列）	66 000	
其中：对联营企业和合营企业的投资收益	0	
净敞口套期收益（损失以“－”号填列）	0	

续表

项目	本期金额	上期金额
公允价值变动收益（损失以“－”号填列）	0	
资产处置收益（损失以“－”号填列）	0	
二、营业利润（亏损以“－”号填列）	311 000	
加：营业外收入	60 000	
减：营业外支出	148 000	
三、利润总额（亏损总额以“－”号填列）	223 000	
减：所得税费用	27 825	
四、净利润（净亏损以“－”号填列）	195 175	
（一）持续经营净利润（净亏损以“－”号填列）	195 175	
（二）终止经营净利润（净亏损以“－”号填列）	0	
五、其他综合收益的税后净额	（以下项目无）	
（一）不能重分类进损益的其他综合收益项目		
1. 重新计量设定受益计划变动额		
2. 权益法下不能转损益的其他综合收益		
3. 其他权益工具投资公允价值变动		
4. 企业自身信用风险公允价值变动		
……		
（二）将重分类进损益的其他综合收益项目		
1. 权益法下可转损益的其他综合收益		
2. 其他债权投资公允价值变动		
3. 金融资产重分类计入其他综合收益的金额		
4. 其他债权投资信用减值准备		
5. 现金流量套期储备		
6. 外币财务报表折算差额		
……		
六、综合收益总额		
七、每股收益：		
（一）基本每股收益		
（二）稀释每股收益		

五、案例分析题

【案例一】

(1)利润和现金流量的区别。

净利润和净现金流量都是反映企业盈利能力和盈利水平的财务指标,其预期值均可用资产评估的收益法,这是它们的共同点。对同一企业或同一资产,这两个指标不仅在数值上是不相同的,而且在其财务含义、计算口径和计算公式上均有重大差异。净利润是静态指标,净现金流量是动态指标。净利润指标界定的基础是权责发生制,净现金流量指标界定的基础是收付实现制。净现金流量比净利润更能客观地反映企业或资产的净收益。

(2)现金流量表的作用:①有利于分析、评价和预测企业未来产生现金流量的能力;②有利于对企业的财务状况做出合理的评价;③有利于分析和评价企业经济活动的有效性。

(3)现金流量与财务状况的关系。

对现金流量表进行分析的意义在于了解企业本期及以前各期现金的流入、流出和结余情况,评价企业当前及未来的偿债能力和支付能力,科学预测企业未来的财务状况,从而为其科学决策提供充分的、有效的依据。

净利润与现金流量是投资者分析上市公司盈利状况的主要财务指标。由于计算两个指标所依据的理论基础不同,净利润与现金流量很难保持"同步性"。当净利润没有足够的现金流量支撑时,上市公司的巨额净利润就成了"纸上富贵"。

现金流量表在评价企业经营业绩、衡量企业财务资源和财务风险以及预测企业未来前景方面,有着十分重要的作用。企业可以利用现金流量表进行财务分析。现金流量表的财务比率分析主要从流动性、偿债能力、资本支出能力和获利能力四个方面来进行。现金流量表可清楚地反映出企业创造净现金流量的能力,更为清晰地揭示企业资产的流动性和财务状况。

(4)福兴公司破产的原因。

综上,可以说明,老王投资的福兴公司,表面上有 24 000 万元的利润,但是经营活动产生的现金流量净额是净流出 20 000 万元,而且公司应收账款与存货增加,厂房设备也增加,还归还了短期借款 112 000 万元,报表上显示出所有这些都没有足够的现金流量支撑,福兴公司的破产也就在所难免。

【案例二】

可登录中国上市公司资讯网收集某个上市公司的报表资料,进行财务报表分析。

(1)计算该企业的流动比率、速动比率指标。

流动比率 = 流动资产合计/流动负债合计

速动比率 = 流动资产合计 - 存货/流动负债合计

这两个指标数据来源于资产负债表,反映企业的偿债能力。

(2)计算该企业的资产负债率、权益负债率。

资产负债率=负债总计/资产总计×100%

权益负债率=所有者权益合计/负债总计×100%

这两个指标数据来源于资产负债表,反映企业的负债情况。

(3)计算该企业的资产利润率、权益利润率。

资产利润率=利润总额/资产总额×100%

权益利润率=利润总额/所有者权益合计×100%

这两个指标数据来源于资产负债表和利润表,反映企业资产的盈利情况和权益的盈利情况。

第十章
会计报表分析

重点提示：会计报表的分析方法和偿债能力、盈利能力、营运能力等指标的计算方法，指标的分析和运用。

难点提示：杜邦财务指标分析方法，综合财务评价。

一、单项选择题

1. 与产权比率比较，资产负债率评价企业偿债能力的侧重点是(　　)。
   A. 揭示财务结构的稳健程度
   B. 揭示债务偿付安全性的物质保障程度
   C. 揭示主权资本对偿债风险的承受能力
   D. 揭示负债与资本的对应关系

2. 下列各项中，不会影响流动比率的业务是(　　)。
   A. 用现金购买短期债券　　B. 用现金购买固定资产
   C. 用存货进行对外长期投资　　D. 从银行取得长期借款

3. 下列财务比率中，最能反映企业举债能力的是(　　)。
   A. 资产负债率　　B. 经营现金净流量与到期债务比
   C. 经营现金净流量与流动负债比　　D. 经营现金净流量与债务总额比

4. 某公司2014年度销售收入净额为6 750万元，年初应收账款余额为400万元，年末应收账款余额为600万元，坏账准备按应收账款余额的10%提取。每年按360天计算，则该公司应收账款周转天数为(　　)天。
   A. 15　　B. 17　　C. 22　　D. 22.5

5. 在计算速动比率时，要把存货从流动资产中剔除的原因，不包括(　　)。
   A. 可能存在部分存货已经损坏但尚未处理的情况
   B. 部分存货已抵押给债权人
   C. 可能存在成本与合理市价相差悬殊的存货估价问题
   D. 存货可能采用不同的计价方法

6. 某企业存货(成本)周转次数为30次，销售毛利率为40%，则存货(收入)周转次数为(　　)次。

A. 12　　B. 40　　C. 25　　D. 50

7. 有时速动比率小于1也是正常的,比如(　　)。

A. 流动负债大于速动资产　　B. 应收账款不能实现

C. 大量采用现金销售　　D. 存货过多导致速动资产减少

8. 下列各项中,可能导致企业资产负债率变化的经济业务是(　　)。

A. 收回应收账款

B. 用现金购买债券

C. 接受所有者投资转入的固定资产

D. 以固定资产对外投资(按账面价值作价)

9. 其他条件不变的情况下,下列经济业务可能导致总资产报酬率下降的是(　　)。

A. 用银行存款支付一笔销售费用　　B. 用银行存款购入一台设备

C. 将可转换债券转换为普通股　　D. 用银行存款归还银行贷款

10. 已知经营杠杆系数为2,固定成本为4万元,利息费用为1万元,则利息保障倍数为(　　)。

A. 2　　B. 4　　C. 3　　D. 1

11. 某公司年末会计报表上部分数据为:流动负债60万元,流动比率为2,速动比率为1.2,销售成本100万元,年初存货为52万元,则本年度存货周转次数为(　　)次。

A. 1.65　　B. 2　　C. 2.3　　D. 1.45

12. 某公司2014年资产总额为5 000万元,股东权益为2 000万元,流动负债为500万元,则2014年年末长期资本负债率为(　　)。

A. 62.18%　　B. 45.76%　　C. 55.56%　　D. 34.64%

13. 某公司2014年销售收入净额为6 000万元。年初应收账款余额为300万元,年末应收账余额为500万元,每年按360天计算,则该公司的应收账款周转次数为(　　)次。

A. 15　　B. 17　　C. 22　　D. 24

14. 在其他条件不变的情况下,企业过度提高现金流量比率,可能导致的结果是(　　)。

A. 机会成本增加　　B. 财务风险加大　　C. 获利能力提高　　D. 偿债能力降低

15. 下列属于反映企业短期偿债能力的财务指标有(　　)。

A. 长期资本负债率　　B. 利息保障倍数

C. 权益乘数　　D. 速动比率

二、多项选择题

1. 利息保障倍数指标所反映的企业财务层面包括(　　)。

A. 获利能力 B. 长期偿债能力
C. 短期偿债能力 D. 发展能力

2. 影响净经营资产利润率高低的因素主要有( )。
A. 产品的价格 B. 单位成本的高低
C. 销售量 D. 净经营资产周转率

3. 影响速动比率的因素有( )。
A. 应收账款 B. 存货 C. 短期借款
D. 应收票据 E. 预付账款

4. 衡量偿债能力的方法主要有( )。
A. 比较债务与可供偿债资产的存量
B. 比较营业收入与所占用的资产
C. 比较偿债所需现金和经营活动产生现金流量
D. 比较偿债所需现金和筹资活动产生现金流量

5. 影响速动比率的因素有( )。
A. 应收账款 B. 存货
C. 预收账款 D. 一年内到期的非流动负债
E. 预付账款

6. 影响企业长期偿债能力的报表外因素有( )。
A. 为他人提供的经济担保 B. 未决诉讼案件
C. 售出产品可能发生的质量事故赔偿 D. 准备近期内变现的固定资产
E. 经营租入长期使用的固定资产

7. 在其他条件不变的情况下,会引起总资产周转率指标上升的经济业务是( )。
A. 用现金偿还负债 B. 借入一笔短期借款
C. 用银行存款购入一台设备 D. 用银行存款支付一年的电话费

8. 若流动比率大于1,则下列结论不一定成立的是( )。
A. 速动比率大于1 B. 营运资本大于零
C. 资产负债率大于1 D. 短期偿债能力绝对有保障

9. 影响速动比率的因素有( )。
A. 应收账款 B. 存货 C. 短期借款 D. 应收票据

10. 某公司目前的速动比率为1.25,以下业务会导致速动比率降低的有( )。
A. 用所生产的产品抵偿应付购买设备款
B. 从银行借入短期借款用以购买短期股票作投资
C. 赊购原材料一批
D. 用银行支票购买一台机床

11. 财务报表常见的危险信号包括(　　)。

A. 财务报告的形式不规范

B. 存在大额的关联方交易

C. 存在大额资本利得

D. 注册会计师出具拒绝表示意见的审计报告

12. 下列影响权益净利率高低的指标有(　　)。

A. 税后经营利润率　　B. 净经营资产周转次数

C. 税后利息率　　D. 净财务杠杆

13. 下列属于经营活动损益的有(　　)。

A. 资产减值损失　　B. 公允价值变动损益

C. 长期股权投资收益　　D. 债权投资利息收入

三、判断题

1. 某公司今年与上年相比,销售收入增长10%,净利润增长8%,资产总额增加12%,负债总额增加9%。可以判断,该公司权益净利率比上年下降了。　(　　)

2. 企业财务综合评价的主要内容是评价企业的盈利能力、偿债能力和成长能力,其中盈利能力是最重要的方面。　(　　)

3. 从股东的立场看,在全部资本利润高于借款利息率时,负债比例越小越好,反之亦然。　(　　)

4. 对企业来说,应加快存货周转,存货周转次数越高越好。　(　　)

5. 现金流量比率等于经营现金流量除以流动负债,公式中的"经营现金流量",通常使用现金流量表中的"经营活动产生的现金流入量",它代表了企业产生现金的能力。　(　　)

6. 短期权益性投资和长期权益性投资均属于经营资产。　(　　)

7. 应收账款周转率的计算不需考虑企业计提的减值准备的金额大小。　(　　)

8. 当企业净经营资产利润率高于税后利息率时,增加借入资金可以提高权益净利率。　(　　)

9. 流动比率越大越好。　(　　)

10. 营业周期越短的行业,合理的流动比率越低。　(　　)

11. 通常销售利润率较高的行业,其资产周转率较低;资产周转率较高的行业,其销售利润率较低。　(　　)

12. 应收账款周转天数越短越好。　(　　)

13. 甲公司2014年年末营运资本为500万元,乙公司营运资本为400万元,则甲公司2014年年末的短期偿债能力比乙公司好。　(　　)

14. 某企业非流动资产周转天数比上年增加了10天,流动资产周转天数比上年增加了20天,则表明该企业总资产周转天数比上年增加了30天。　(　　)

15. 当流动资产小于流动负债时，营运资本为负数，表明长期资本小于长期资产，财务状况不稳定。（　　）

四、业务题

1. 某公司 2014 年流动资产由速动资产和存货构成，存货年初数为 720 万元，年末数为 960 万元。其他资料如下：

单位：万元

项　　目	年初数	年末数	本年数或平均数
流动资产			—
长期股权投资	—	400	—
固定资产	1 000	1 200	—
总资产			—
流动负债（年利率 5%）	600	700	—
长期负债（年利率 10%）	300	800	—
流动比率	—	2	—
速动比率	0.8		—
流动资产周转率	—	—	8
净利率（所得税税率 40%）	—	—	624

假设企业不存在其他项目。

要求：（1）计算流动资产及总资产的年初数、年末数；（2）计算本年营业收入和总资产周转率；（3）计算销售利润率和权益净利率（净资产按平均值）；（4）计算利息保障倍数和财务杠杆系数。

2. 某公司 2013 年年末有关数据如下：

单位：万元

项目	金额	项目	金额
货币资金 短期投资 应收票据	300 200 102（年初 168）	短期借款 应付账款 长期负债	300 200 975
应收账款	98（年初 82）	所有者权益	1 025（年初 775）
存货	500（年初 460）	营业收入	3 000

续表

项目	金额	项目	金额
固定资产净值	1 286(年初 214)	主营业务成本	2 400
无形资产	14	财务费用	10
		税前利润	90
		税后利润	54

要求:(1)根据以上资料,计算该公司2013年的流动比率、速动比率、存货周转次数(成本)、应收账款周转天数、长期资本负债率、已获利息倍数、销售净利率、权益净利率(凡是分子分母涉及两张不同报表的指标,资产负债表中的数取平均数)。(2)假设该公司同行业的各项比率的平均水平如下表所示,试根据(1)计算结果,对本公司财务状况做出简要评价。

比率名称	同行业平均水平
流动比率	2.0
速动比率	1.0
存货周转次数(成本)	6 次
应收账款周转天数	30 天
长期资本负债率	40%
已获利息倍数	8
销售净利率	9%
权益净利率	10%

五、案例分析题

某股份有限公司是一家家用电器生产企业。公司2009年12月31日的股东权益总额为20亿元,负债总额为20亿元,资产总额为40亿元。2010—2013年,公司每年1月1日新增长期银行借款10亿元,年利率为5%,期限为10年,每年年末支付当年利息。

2010—2013年,公司实现的销售收入、净利润和息前税后利润,以及每年年末的股东权益、长期借款和资产总额如下:

单位:万元

项目	2010 年	2011 年	2012 年	2013 年
销售收入	100 000	200 000	350 000	500 000
净利润	2 000	6 000	12 000	16 000

续表

项目	2010 年	2011 年	2012 年	2013 年
息前税后利润	12 050	19 400	28 750	36 100
股东权益	202 000	208 000	220 000	236 000
长期借款	300 000	400 000	500 000	600 000
资产总额	502 000	608 000	720 000	836 000

假定：

（1）公司适用的所得税税率为33%，公司股东权益的资金成本为8%。

（2）公司负债除长期银行借款外，其他均忽略不计；公司长期借款利息（利率均为5%）自2010年起计入当期损益。

（3）公司及所在行业的有关指标如下：

项　　目	2010 年	2011 年	2012 年	2013 年
资产负债率（%）	52. 32	53. 21	55. 16	58. 23
总资产周转率（次）	0. 28	0. 31	0. 56	0. 67
净资产收益率（%）	1. 6	3. 63	6. 54	7. 81
销售增长率（%）	—	56	41	29

分析：（1）计算企业2010—2013年的资产负债率、总资产周转率、净资产收益率和销售增长率，并简要分析公司的偿债能力、营运能力、盈利能力和发展能力。（2）分析评价公司以会计利润最大化为核心的财务战略目标和以经济利润最大化为核心的财务战略目标的实现情况。

六、补充阅读资料

财务报表分析蓝田股份案例（部分）

一、公司业绩的情况及疑点

（一）公司利润的情况

蓝田股份于1996年发行上市，从公布的财务报告来看，该公司上市后一直保持着优异的经营业绩：上市后净资产收益率始终维持在极高的水平，最近三年更是高达28. 9%、29. 3%、19. 8%，每股收益分别为0. 82元、1. 15元和0. 97元，位于沪深两地上市公司前列。这对于一家经营传统农业的公司来说，无疑是超乎寻常的。

（二）公司利润的疑点及具体分析

1. 应收账款怎么会如此之少？

公司2000年销售收入18. 4亿元，而应收账款仅857. 2万元。2001年中期这一状况也未改变：销售收入8. 2亿元，应收账款3 159万元。在现代信用经济条件下，一家现代企业数额如此巨大的销售，都是在“一手交钱，一手交货”的自然经济状态下完成的，几乎难以想象。其水产品销售不可能是直接与每一个消费者进行交易，必然需要代理商进行代理，因此水产品销售全部“以现金交易结算”的说法是难以成立的；而销售收入达5亿元之巨的野藕汁、野莲汁等饮料，不可能也是以现金交易结算的吧？

2. 融资行为为何与现金流表现不符？

2001年中报显示，蓝田股份加大了对银行资金的依赖程度，流动资金借款增加了1.93亿元，增加幅度达200%。这与其良好的现金流表现不太相符。按照公司优秀的现金流表现，自有资金是充足的，况且其账上尚有11.4亿元的未分配利润，又何以会这样依赖银行借贷？2000年该公司实现经营性现金净流量7.86亿元，而投资活动产生的现金净流量则为-7.15亿元（绝大部分是固定资产投入），这两个数字极为相近，这是巧合吗？

3. 产品毛利率怎么会如此之高？

2000年年报以及2001中报显示，蓝田股份水产品的毛利率约为32%，饮料的毛利率达46%左右（同行的深深宝的毛利率约20%，驰名品牌承德露露毛利率不足30%）。从公司销售的产品结构来看，以农产品为基础的相关产品都应是低附加值商品，一般情况下，这种产品结构的企业只有在以下几种情况才会有如此高的毛利率：①产品市场被公司绝对垄断，产品价格由公司完全控制；②产品具有超常低成本的优势。从实际情况看，从公司现有的行业属性、市场环境、产品技术含量等方面进行评估，达到这样高的盈利水平的可能性有多大？

4. 巨额广告费用支出哪里去了？

公司2000年的野藕汁、野莲汁等饮料的销售收入达到5亿多元，而其中仅3 590万元是通过集团公司遍布于全国的销售网点销售的，仅占股份公司销售量的1.9%，2001年中报显示的情况也基本如此。而野藕汁、野莲汁在中央电视台投放的巨额广告费用应该是由“中国蓝田总公司”投放的，因为在股份公司的报表中找不到巨额的广告费用支出。这里是否存在着虚增股份公司利润的嫌疑？

5. 职工每月收入仅100多元？

从现金流量表“支付给职工以及为职工支付的现金”栏中看出，2000年度该公司职工工资支出为2 256万元，以13 000个职工计，人均每月收入仅144.5元。2001年上半年人均月收入为185元。如此低廉的收入水平，对于平均学历为大专水平的蓝田股份职工而言，对于历年业绩如此优异的蓝田股份而言，合乎情理吗？

年报显示，2000年利润总额5亿元。据清华大学经济管理学院肖星博士的分析，蓝田股份的利润事实上主要来源于洪湖水产公司。

在蓝田20万亩（1亩≈666.67平方米，下同）的可开发水面中，从生产者的角度分析利润构成，洪湖水产的利润来源有两块：一是承包给当地农户自由养殖的约1万亩水面，另一个是由公司职工经营的19万亩水面（不包括正在开发的3期工程的10万亩水面）。在自己职工经营的19万亩中又有约2万亩是用来搞生态旅游的，由一个生态旅游公司管理(包括对承包的一部分)进行管理。蓝田股份2000年年报以及2001年中报显示,蓝田股份水产品的毛利率约为32%,饮料的毛利率达46%左右。显然,其超额利润来自生态旅游和承包这两部分以外的特种养殖和饮料业务。

据记者掌握的资料,生态旅游公司2000年的收入占水产公司当年总收入的1/6。今年,客流量增加近一倍,日客流量达到1 000人,现金收入18万元左右。也就是说,旅游公司在不考虑淡旺季的情况下,去年的收入应是3 500万元。承包给农户的1万亩水面,去年农户每亩每年交给蓝田320元,除去固定资产以外的成本,蓝田每亩收益为200元左右,总收入为200万元。这样计算,水产公司的总收入应是2.5亿元,而不是报表所称的5亿元。

如果考虑固定资产的投入,包括庞大的围湖造堰工程,巨大的生态旅游的宾馆、景点等的基础建设,按照惯例,旅游景点至少要在五年以后才能开始盈利,即使从1996年建设生态旅游开发的2万亩水面算起,至今旅游业务刚过盈亏平衡点,是没有任何利润率可言的。那么,另外2.5亿元从何而来?

二、公司造假

据中国证监会1999年10月公布的查处结果,蓝田股份在股票发行申报材料中,伪造有关批复和土地证,虚增公司无形资产1 100万元;伪造三个银行账户1995年12月的银行对账单,虚增银行存款2 770万元;将公司公开发行前的总股本的8 370万股改为6 696万股,对公司国家股、法人股和内部职工股的数额作相应缩减,隐瞒内部职工股在1995年11月6日至1996年5月2日在沈阳产权交易报价系统挂牌交易的事宜。

问题还远不止欺诈上市。蓝田股份直到2001年中期的业绩仍难以让投资者信服。首先,业绩有控股股东操纵之嫌。蓝田股份虽声称公司已与控股股东做到“三分开”,但其“三分开”真假难辨。蓝田股份的经营活动与中国蓝田总公司关系密切,该公司董事、原董事长兼总经理瞿兆玉,同时任中国蓝田总公司法定代表人。中国蓝田总公司是蓝田股份第一大股东湖北洪湖蓝田经济技术开发公司的控股股东,两者间实际属“爷孙”关系。中国蓝田总公司作为蓝田股份的代销商,其代销数额虽不可观,但作用却惊人。中报显示,2001年上半年,中国蓝田总公司代销759.47万元商品,占当期蓝田股份销货的0.93%。而蓝田股份生产的野藕汁、野莲汁、红心鸭蛋等产品在中央电视台第一套节目黄金时间的广告及公交车、路牌等广告均由中国蓝田总公司支付费用,且蓝田股份没有承诺在未来支付该广告费用。蓝田股份的广告费如此开支,让头脑清醒的投资者疑窦丛生。问题在于两点:其一,高额广告费由中国蓝田总公司义务代付,蓝田股份的营业费用失真,净利润含大量水分。其二,中国蓝田总公司又有多大的能力继续负担这笔巨额费用而不需要任何回报?蓝田股份未来的业绩可能面临“缩水”。

其次,鱼塘里的业绩神话能维持多久?蓝田股份上市后的业绩增长令人惊叹。该公司1995年净利润2 743.72万元,1996年上市当年5 927万元,1997年至1999年三年分别为14 261.87万元、36 472.34万元和54 302.77万元。蓝田股份的业绩增长就似“放卫星”，几乎年年实现翻番增长，直到2000年后才出现萎缩，降至43 162.86万元。蓝田股份的业绩主要来自“神奇”的鱼塘效益。原总经理瞿兆玉曾称，几年来产品始终处于不愁销的状态。瞿兆玉介绍，洪湖有100万亩水面可以开发，蓝田股份现在只开发了30万亩，而高产值的特种养殖鱼塘面积只有1万亩，这种精养鱼塘每亩产值可达3万元，是粗放经营的10倍。据有关报道称，蓝田股份在精养鱼塘推行高密度鱼鸭配套养殖技术，每亩平均产成鱼由350千克提高到1 000千克，加上养鸭收入，每亩平均收入由1 400元提高到近万元，养殖成本降低20%。另外，蓝田股份在洪湖饲养的红心野鸭蛋供不应求，实现原料自给后，每枚可增加毛利0.3元。而同样是在湖北养鱼，去年上市的武昌鱼在招股说明书中称，公司6.5万亩鱼塘的武昌鱼，养殖收入每年5 000万~6 000万元，单亩产值不足1 000元。蓝田股份创造了武昌鱼30倍的鱼塘养殖业绩，其奇迹有多少可信度？

再次，应收账款之谜解释离奇。蓝田股份去年主营业务收入18.4亿元，而应收账款仅857万元。公司方面称，由于公司基地地处洪湖市瞿家湾镇，占公司产品70%的水产品在养殖基地现场成交，上门提货的客户中个体比重大，当地银行没有开通全国联行业务，客户办理银行电汇或银行汇票结算货款业务，必须绕道70千米去洪湖市区办理，故采用“钱货两清”方式结算成为惯例，造成应收账款数额极小。蓝田股份的这一解释引出新的疑问，该公司似乎在上市公司中又创一项奇迹，即近18亿多主营业务收入主要靠现金交易完成。稍懂财会知识的人士，势必对蓝田股份“钱货两清”方式结算下的销售收入确认产生怀疑。另外，蓝田股份去年野藕汁、野莲汁等饮料销售收入达5.29亿元，难道饮料销售是因市场供不应求而未出现应收账款吗？

最后，关联方其他应付款数额巨大。与其他上市公司的控股股东占用资金，导致上市公司其他应收款数额巨大相反，蓝田股份倒是占用了中国蓝田总公司等关联方巨额资金。2001年中报显示，关联方其他应付款余额2.22亿元。其中，向湖北洪湖蓝田经济技术开发公司借款2 884.4万元，其余均向中国蓝田总公司及其子公司借款，仅中国蓝田总公司直接借款就高达1.93亿元。如同代付广告费一样，中国蓝田总公司似在为蓝田股份尽某种义务，就连1999年因上市造假被处的行政罚款100万元代为垫付。一家年盈利近5亿元、未分配利润多达10亿元的上市公司，资金运用如此捉襟见肘简直让人难以理解。

三、蓝田造假，假在何处？

蓝田年报发布于3月1日，补充公告刊登于3月30日。一般性的技术差错隔几天就出来“打补丁”了，而蓝田的补充公告相隔一个来月，可见绝非小事。

该补充公告主要是就母公司报表中的“其他应收款”科目作补充披露。原来，母公司账下其他应收款高达16.44亿元，占其净资产21.78亿元的比重达75.48%。这么大一笔巨款借给谁了呢？读了补充公告，我们才知道，16.44亿元其他应收款中，应收全资子公司蓝田水产开发公司一家的账款达16.275亿元。这16亿多的欠款，主要包括两块：(1)水产公司1995年到1999年五年内创造的利润共10.88亿元，这些利润均“转作内部往来处理”,借回给水产公司;(2)母公司借给水产公司流动资金5.39亿元。

蓝田股份自1996年6月上市以来,母公司主业年年亏损,1996年、1997年、1998年、1999年几乎每年翻番的利润主要来自水产公司,这4年公司累计实现利润12.56亿元,而来自水产公司的就达10.88亿元,比例为86.63%;2000年和2001年中期蓝田股份利润分别为50 155万元和19 006万元,其中母公司的投资收益(主要为水产公司利润上交)为45 918万元和18 840万元,比例更高达92.27%和99.13%。1996年蓝田股份上市时对水产公司的投资仅1 600万元,到2000年年报投资已增至6.335亿元,而当年其贡献的利润就达4.59亿元,投资回报率高达72%。

由于蓝田股份从不披露水产公司报表,人们对水产公司怎么会有这么高的利润一直心存疑虑。这一则并不起眼的补充公告,终于让人们明白了,原来水产公司的高利润一上交母公司,做完报表后旋即“借”了回去,1996年以来累计“创利”16亿多元,借出去的“其他应收款”也是16亿多元。有意思的是,对水产公司历年实现的利润,均做“内部往来处理”的决定,据补充公告说,董事会曾于1998年元月、1999年3月和2000年元月分别做出过决议,蓝田股份却均未披露。这16亿多“利润”的一来一回又说明了什么?相信明眼人已经有所领悟。

也许是2000年年报被要求补充披露,到2001年中报,有关水产公司的主要指标作了重大调整。水产公司欠母公司的其他应收款从16.275亿元降为5.97亿元;母公司对水产公司的长期投资则由6.335亿元增至19.04亿元。公司解释说,主要是原来将10亿多利润作为借给水产公司的欠款,现在改为投资了。对19亿多元投资,水产公司上半年上交母公司投资收益1.88亿元,回报率近10%(比上文提及的全年72%的回报率低得多了,由此我们领教了财务科目稍作调整便会出现多大变化的财务游戏)。当然,这1.88亿元投资收益也没有像前几年那样立即“借出”,而是继续作为水产公司的追加投资。但是,是借款也好,是追加投资也好,一句话,水产公司的高额利润始终留在水产公司,并没有进入蓝田股份的银行账户。这同天津广夏的“高额利润”并没有进入银广夏户头何其相似!

蓝田股份上市以来始终以绩优示人,而且现金流也相当不错。例如,2000年和2001年中期净利润为4.31亿元和1.68亿元,经营活动产生的现金净流入为7.86亿元和1.34亿元。多年来人们总是以为,利润可以包装,可现金流不能包装,这正是市场对蓝田业绩一直有怀疑,可一直拿不出足够依据的原因所在。可是,现金流状况这么好的一家公司,上市以来仅2000年派过一次息,为10派2,4.46亿股共需流出现金近9 000万元。然而,中报显示,在应付股利栏下仍有5 400余万元,也就是说仅仅是流通股东的红利付出去了,非流通股大股东都还欠着。另外,公司还欠应交税金9 200多万元,其他应付款3.57亿元。现金流状况那么好却到处欠款,这一现金流到底是否真实?

在历次年报、中报中,公司总是提及其产品由中国蓝田总公司代销,可每年的代销额不过几千万元，而公司近两年销售收入却达18亿元之多，各地市场却又很少见到蓝田牌野藕汁、野莲汁、野鸭蛋等产品。这一类价格并不高的农副产品，真要销售18亿元，市场上将会有多大的影响！

值得注意的是，负责给蓝田审计的一直是原沈阳、现华伦会计师事务所的两位会计师，出具的始终是无保留意见的标准报告，当初的伪造银行存单和土地证上市、招股书和上市公告也都是由他们二人审计。蓝田从沈阳迁址到湖北，同两位会计师的友谊一直牢不可破。

四、股权之谜

记者调查获得的资料显示：1998年1月9日，由瞿兆玉签字向国家工商行政管理局递交了“企业申请变更登记注册书”，主要变更的地方有两处，企业法人名称由“中国农业物质供销总公司”变革为“中国蓝田总公司”，法定代表人由“张仲铭”申请变更为“瞿兆玉”。中国蓝田总公司出现后的一大怪事是，从诞生那天起与蓝田股份的关系就很微妙。在双方的关联交易中，蓝田股份似乎总在占便宜。蓝田股份上亿元的广告费都由中国蓝田支付，就连蓝田股份因为上市造假的行政罚款也是由中国蓝田垫付的，“无私奉献”精神似乎发扬到家了。

《财经》记者康伟平指出：“他说这两个公司就像我的两个儿子，我不能看着一个儿子有饭吃，另一个儿子没饭吃。”言下之意，资金在里面的流动是非常正常的。康伟平说显然不正常，而且这里面很蹊跷。“为什么它们共有一个法人，而股权上没有一点联系，可同时经济上的联系如此紧密？”

从已经判决的案件看，蓝田公司一律败诉。记者注意到：这11案件的被告是中国蓝田总公司、洪湖蓝田经济技术开发公司、湖北江湖生态农业股份公司，涉及的案由都是借款和担保。那这三家公司之间究竟是什么样的关系？据记者调查：ST生态，也就是蓝田股份的第一大股东是洪湖蓝田经济技术开发公司，它占ST生态总股本的35%。而洪湖蓝田的控股股东是中国蓝田总公司，因此ST生态是中国蓝田的孙公司。记者发现在2001年年报中，第一次公布了洪湖蓝田的股本情况，原来瞿兆玉个人是洪湖蓝田的第一大股东，出资1 300万元，持股比例是79%。这就不难理解瞿兆玉为什么说中国蓝田和蓝田股份是他的两个儿子了，不难理解中国蓝田为什么要“无私奉献”了。其实对于瞿兆玉来说，这两个公司就像他的两个口袋，资金移动就像是“左口袋到右口袋”。而圈钱是瞿兆玉控制蓝田系公司的主要目的。整个蓝田系公司欠银行的资金超出20亿元。而蓝田公司已经是空壳，股东权益是负数。在ST生态命悬一发之际，让我们一起回顾“蓝田神话”凋零的过程。

五、蓝田股份的启示

与银广夏、郑百文等造假上市公司相比，蓝田股份堪称最精致的假货，因为这个假货竟然还在很长时间里经得起专家的挑剔，且监管部门难以查到造假的直接证据。蓝田股份10月上旬公告正在接受中国证监会的调查，而该次调查其实已经是证监会一年以来第四次进驻蓝田股份，与第三次调查仅时隔一个月。据报道，证监会的有关人士承认，虽然证券市场上一直觉得蓝田股份疑团重重，但农业专家、农业管理官员对蓝田的经营和业绩都没有太多异议。例如，媒体曾对蓝田股份应收账款占主营业务收入比重较低及现金流过大提出质疑，而蓝田股份搬出农业问题专家的观点作解释，称农业企业的现金流过大是不得已而为之的普遍现象。如今蓝田股份虽被初步揭开利润造假的丑陋面目，但对商业银行和中小投资者来说似乎一切都晚矣。那么，是什么原因导致蓝田案如此滞后地被发现和查处，现行制度又该作何检讨呢？

（一）对上市公司违法行为的司法介入滞后

蓝田股份1999年被查出上市时存在严重的造假行为，涉及伪造有关批复和土地证，虚增公司无形资产，伪造银行账户，以及"压缩"公司公开发行前的总股本等违法行为。对此，蓝田股份只是被警告并罚款100万元，瞿兆玉也只是被处以警告并罚款10万元。记者在本报1999年11月3日刊登的《蓝田造假怎么罚?》一文中指出："蓝田股份造假的数额之大已属严重的经济犯罪，假若对这种'包装'行为打击不力的话，必然还会出现'后继'者。"孰料"后继"者竟然是蓝田股份的高管，在市场对这家公司极其敏感的背景下，利润造假仍在继续。要知道蓝田股份上市时存在的多项违法行为，早已经触犯《中华人民共和国刑法》，构成破坏社会主义市场经济秩序罪，有关责任人是应该蹲监狱的。就说伪造银行对账单虚增银行存款2 770万元，《刑法》第一百七十七条规定：伪造、变造金融票证的，处五年以下有期徒刑或者拘役；情节严重的，处五年以上十年以下有期徒刑；情节特别严重的，处十年以上有期徒刑或者无期徒刑。蓝田股份上市时造假行为涉案数额巨大，对有关责任人追究刑事责任不为过。如果1999年在监管部门给予行政处罚后就把蓝田案移送检察院，司法及时有效介入的话，蓝田股份的利润造假行为不会直至今日才被曝光。可见，以行政处罚代替刑事处罚等于姑息养奸，对上市公司违法行为的司法介入不能再姗姗来迟。

（二）现代企业制度只有形式的"架子"

蓝田股份前身是沈阳行政学院下属的校办企业。1992年，曾经担任沈阳行政学院副院长的瞿兆玉"下海"打造蓝田，第一件事就是对蓝田公司进行股份制改造。然而，用了十年左右的时间，蓝田股份搭起了建设现代企业制度的"架子"，本质上却演变成为一个家族企业。上市公司董事长是公司实际控制人的亲兄弟，总经理又是同族兄弟，这样的"亲上加亲"已经胜过私企改制上市的公司。更令中小股东惊讶的是，蓝田股份上市后迁址湖北省洪湖市瞿家湾镇，那里是瞿兆玉的老家，还大兴土木地建造起瞿氏宗祠及供瞿氏族人祈求平安的瞿氏青龙庙。年报上显示，13 000名职工2000年工资支出只有2 256万元，其实当地所有姓瞿的人都成了蓝田股份员工，连年满60岁的瞿姓老人也享受到公司提供的养老金。蓝田股份在不谙内情的中小股东看来是一家已建立起现代企业制度的上市公司，股权结构也不能称其不合理，第一大股东只持股35.7%。但是，现代企业制度最起码的产权特征，在蓝田股份恐怕从来都只是个摆设。出资者的所有权与法人财产权应该分离，出资者不能对属于自己的部分资产进行直接支配，是现代企业制度最低的要求。而蓝田股份的公司治理结构根本不存在，董事会被个别人操纵，瞿氏兄弟早已支配公司所有的资产。不可思议的是，这家以股份有限公司为组织形式的家族企业，经寻根溯源发现法律上的实际控制方应该是农业部。蓝田股份称，中国蓝田总公司是公司控股股东的母公司。工商登记资料显示，中国蓝田总公司的性质是全民所有制，投资人为农业部。

（三）控股股东信息披露盲点多

评价资本市场效率的强弱，信息的有效性是一个重要指标。而蓝田股份能够长期造假而不被发现，屡遭舆论质疑都有惊无险，很大程度上"得益"于信息披露制度的缺陷。无法让中小股东认识上市公司的控股股东，并动态掌握控股股东的经营风险，是现行信息披露制度的一大盲点。蓝田股份把许多费用因素往中国蓝田总公司身上一推，使本该早就暴露的问题得以体面地遮掩。蓝田案发说明针对控股股东的信息披露不足，势必使上市公司的信息披露质量大打折扣。蓝田股份与中国蓝田总公司控制的"大蓝田"究竟是怎样的关系？"大蓝田"的财务现状如何？这些都应该在市场上公开披露。而在相关信息不透明之前，谁也说不清楚"大蓝田"会给蓝田股份带来多少或有风险，及或有风险是否会导致蓝田股份退市、破产。另外，若信息披露更有效，蓝田股份几乎演变成家族企业的真相也不至于到现在才暴露。

资料来源：佚名．财务报表分析蓝田股份案例[EB/OL].(2007-11-12)[2008-07-03].http://www.china-cfo.com.

参考答案

一、单项选择题

1. B　2. A　3. D　4. D　5. D　6. D　7. C　8. C　9. A　10. B
11. B　12. C　13. A　14. A　15. D

二、多项选择题

1. AB　2. ABCD　3. ACDE　4. AC　5. AE　6. ABCE
7. AD　8. ACD　9. ACD　10. BCD　11. ABCD　12. ABCD
13. ABC

三、判断题

1. √　2. √　3. ×　4. ×　5. ×　6. ×　7. ×　8. √　9. ×　10. √
11. √　12. ×　13. ×　14. √　15. √

四、业务题

1. (1) 流动资产年初数 $=720+600\times0.8=1\ 200$（万元）

流动资产年末数 $=700\times2=1\ 400$（万元）

总资产年初数 = 1 200 + 1 000 = 2 200(万元)

总资产年末数 = 1 400 + 400 + 1 200 = 3 000(万元)

(2)营业收入 = [(1 200 + 1 400) ÷ 2] × 8 = 10 400(万元)

资产周转率 = 10 400/[(2 200 + 3 000) ÷ 2] = 4(次)

(3)销售利润率 = 624/10 400 × 100% = 6%

权益净乘数 = 平均资产/平均净资产 = 2 600/1 400 = 1.857 1

权益净利率 = 4 × 6% × 1.857 1 = 44.57%

(4)平均利息 = [(600 + 700) ÷ 2] × 5% + [(300 + 800) ÷ 2] × 10%

= 87.5(万元)

利息保障倍数 = [624 ÷ (1 − 40%) + 87.5]/87.5 = 12.89

财务杠杆系数 = [624 ÷ (1 − 40%) + 87.5]/[624 ÷ (1 − 40%)] = 1.08

2.(1)流动资产 = 300 + 200 + 102 + 98 + 500 = 1 200(万元)

速动资产 = 1 200 − 500 = 700(万元)

资产总额 = 1 200 + 1 286 + 14 = 2 500(万元)

流动比率 $= \frac{1\ 200}{300 + 200} = 2.4$

速动比率 $= \frac{700}{300 + 200} = 1.4$

存货周转率 $= \frac{2\ 400}{(500 + 460) \div 2} = 5$(次)

应收账款周转率 $= \frac{3\ 000}{(98 + 82 + 102 + 168) \div 2} = 13.33$(次)

应收账款周转天数 = 365/13.33 = 27.38(天)

长期资本负债率 $= \frac{975}{975 + 1\ 025} = 48.75\%$

已获利息倍数 = (90 + 10)/10 = 10

销售净利率 $= \frac{54}{3\ 000} \times 100\% = 1.8\%$

权益净利率 $= \frac{54}{(1\ 025 + 775) \div 2} \times 100\% = 6\%$

(2)从流动比率和速动比率分析看,企业偿还短期债务能力比较强,资产流动性较好。

从应收账款周转天数看,应收账款的管理效率较好。从存货周转率分析看,企业流动资产管理中存在明显问题,或存货积压较多,应采取措施予以改进。

长期资本负债率高于同行业水平,财务风险较大,影响企业未来的筹资。

从销售净利率和权益净利率分析看,企业盈利能力很低,可能是由于销售成本过高、存货周转慢所致。

五、案例分析题

(1)①计算相关财务指标。

项目	2010 年	2011 年	2012 年	2013 年
资产负债率(%)	59.76	65.79	69.44	71.77
总资产周转率(次)	0.22	0.36	0.53	0.64
净资产收益率(%)	1.00	2.93	5.61	7.02
销售增长率(%)	—	100	75	42.86

资产负债率=负债总额÷资产总额×100%

总资产周转率=销售收入÷平均资产总额

其中:平均资产总额=(年初资产总额+年末资产总额)÷2

净资产收益率=净利润÷平均净资产

其中:平均净资产=(年初净资产+年末净资产)÷2

销售增长率=(上年销售收入-下年销售收入)÷上年销售收入×100%

②简要财务分析。

从资产负债率来看,公司负债水平逐年提高,且大大高于行业平均水平,表明公司财务风险较大,偿债能力较差。

从总资产周转率来看,公司总资产周转速度尽管逐年提高,但仍然低于行业平均水平,表明公司营运能力不强。

从净资产收益率来看,盈利能力逐年提高,但仍未达到行业平均水平,表明公司盈利能力不强。

从销售增长率来看,公司销售增长速度逐年降低,但仍然高于行业平均水平,表明公司发展能力较强。

(2)公司实现的会计利润和净资产收益率均稳步增长,公司盈利能力逐年增长。

第十一章
会计规划

重点提示：成本性态、边际贡献和损益平衡分析的概念和方法，混合成本的分解；损益平衡分析常用方法——保本保利分析、安全边际分析及营业杠杆分析的原理与方法。

难点提示：固定成本、变动成本的“相关范围”的理解，安全边际、营业杠杆的计算和分析。

一、单项选择题

1. 某产品的单位变动成本为100元，计划销售1 000件，每件售价150元，欲实现利润20 000元，固定成本应控制在(　　)元。

A. 50 000　　B. 48 000　　C. 58 000　　D. 30 000

2. 甲产品的单位变动成本为50元，单价80元，固定成本20 000元，欲实现利润40 000元，可采取(　　)的措施。

A. 提高销量2 000件　　B. 降低固定成本4 000元
C. 降低变动成本5元　　D. 提高售价10元

3. 按照对业务量的依存关系，成本可以划分为(　　)。

A. 单位成本和总成本　　B. 产品成本和期间成本
C. 变动成本和固定成本　　D. 直接成本和间接成本

4. 边际贡献率的方程式为(　　)。

A. 利润 = 销售收入 - 变动成本 - 固定成本
B. 利润 = 销售量 - 边际贡献 - 固定成本
C. 利润 = 销售收入 × 边际贡献率 - 固定成本
D. 边际贡献总额 ÷ 销售收入总额 = 单位边际贡献 ÷ 销售单价 = 1 - 变动成本率

5. 企业的保本点是指达到盈亏平衡状况的业务量，下列表达式中，(　　)是错误的。

A. 边际贡献 = 固定成本
B. 销售量 ×(单价 - 单位变动成本) = 固定成本

C. 保本销售量 = 固定成本 ÷（单价 − 单位变动成本）= 固定成本 ÷ 单位边际贡献

D. 销售量 ×（单价 − 单位变动成本）− 固定成本

6. 若某一企业的经营状况处于保本点，则下列说法错误的是（　　）。

A. 销售收入和总成本是相等的　　B. 边际贡献不等于固定成本

C. 边际贡献等于固定成本　　D. 边际贡献减去固定成本后为零

7. 假设某企业生产甲产品，本期固定成本为 5 000 元，单位售价 16 元/件，单位产品变动成本为 12 元/件，则其保本点的收入应为（　　）元。

A. 15 000　　B. 20 000　　C. 16 000　　D. 18 000

8. 某公司年营业收入为 500 万元，变动成本率为 40%，经营杠杆系数为 1.5，财务杠杆系数为 2。如果利息增加 20 万元，那么，总杠杆系数将变为（　　）。

A. 3.75　　B. 3　　C. 5　　D. 8

9. 若安全边际率为 20%，正常销售量为 1 000 件，则保本点销售量为（　　）。

A. 200　　B. 800　　C. 600　　D. 400

10. 当营业杠杆系数为 1 时，下列表述正确的是（　　）。

A. 产销量增长率为零

B. 边际贡献为零

C. 息税前利润变动率等于产销量变动率

D. 利息费用为零

11. 保本点销售量指的是（　　）。

A. 收入等于生产成本时的销售量　　B. 成本等于利润时的销售量

C. 成本为零时的销售量　　D. 收入刚好等于成本加税金时的销售量

12. 用本量利分析法预测保本点销售量和销售收入时，对成本所做的分类是（　　）。

A. 可控成本和不可控成本　　B. 直接成本和间接成本

C. 制造成本和期间成本　　D. 固定成本和变动成本

13. 以下保本销售量的计算公式，正确的是（　　）。

A. $保本销售量 = \frac{利润总额}{销售单价 - 单位变动成本}$

B. $保本销售量 = \frac{固定成本 + 利润}{销售单价 - 单位变动成本}$

C. $保本销售量 = \frac{固定成本总额}{销售单价 - 单位变动成本}$

D. $保本销售量 = \frac{利润 - 固定成本}{销售单价 - 单位变动成本}$

二、多项选择题

1. 根据量本利分析，提高利润的途径有(　　　)。

A. 提高单位销售费用　　B. 提高单位边际收益

C. 增加销售量　　D. 提高固定成本

E. 降低变动成本

2. 下列说法不正确的是(　　　)。

A. 固定成本在销售收入中的比重大小对企业风险没有影响

B. 在某一固定成本比重的作用下，销售量变动对息税前利润产生的作用，被称为经营杠杆

C. 经营风险指企业未使用债务时经营的内在风险

D. 固定成本增大对财务风险的大小没有影响

E. 减少单位边际贡献会增加企业利润

3. 销售单价和成本变化对保本点的影响是(　　　)。

A. 单价降低保本点上升　　B. 单位变动成本降低使保本点上升

C. 固定成本上升使保本点上升　　D. 销售量上升使保本点上升

E. 单位变动成本降低使保本点下降

4. 分解混合成本的方法有(　　　)。

A. 合同检查法　　B. 技术测定法

C. 历史成本分析法　　D. 回归直线法

E. 盈亏平衡分析法

三、判断题

1. 管理费用多属于固定成本，所以管理费用预算一般是以过去的实际开支为基础，按预算期的可预见变化来调整。(　　)

2. 营业杠杆作用是由固定成本的存在引起的，营业杠杆具有放大企业风险的作用。(　　)

3. 销售收入减去变动成本的差额就是边际贡献。(　　)

4. 分解混合成本最常用的方法是技术测定法和历史成本分析法。(　　)

5. 营业杠杆可以用来衡量企业的经营风险，但是不能用于预测未来的营业利润和业务量水平。(　　)

6. 量本利分析通过对产品产量、成本、利润相互关系的分析，判断企业对市场需求变化适应能力的一种不确定性分析方法。(　　)

7. 在销售总成本已定的情况下，保本点盈亏临界点的高低取决于单位售价的高低：单位售价越高，保本点盈亏临界点越低；单位售价越低，保本点盈亏临界点越高。(　　)

8. 在销售收入已定的情况下,盈亏临界点的高低取决于固定成本和单位变动成本的高低。固定成本越高或单位变动成本越高,则盈亏临界点越高。 (　　)

9. 在盈亏临界点不变的前提下,销售量越大,企业实现的利润便越多(或亏损越少);销售量越小,企业实现的利润便越少(或亏损越多)。 (　　)

10. 在销售量不变的前提下,盈亏临界点越低,企业能实现的利润便越少(或亏损越多)。 (　　)

11. 经营杠杆能够扩大市场和生产等不确定性因素对利润变动的影响。 (　　)

四、业务题

1. 某企业产品的单位售价为 80 元,其成本 y 是销售额 x 的函数,即该企业总成本为:

$$y = 500\ 000 + 0.5x$$

要求:计算保本点的销售量和销售额。

2. 某企业只生产一种产品,售价 300 元/件,单位变动成本为 150 元,每年固定成本 30 万元,年销售 10 000 件,预计下年度销售量增长 20%。

要求:(1)计算该企业的保本销售量;(2)计算下一年度的预计利润。

3. 某企业生产 A 产品,本期固定成本总额为 128 万元,单位售价为 1 180 元,单位变动成本为 860 元。

要求:(1)用本量利分析方法求其保本点的销售量、销售收入。(2)若该企业本期要实现的计划利润为 32 万元,则销售量、销售收入应为多少?

4. 某企业生产甲产品,预计每件售价为 100 元,单位变动成本 70 元,固定成本总额为 420 000 元,预计销售 25 000 件。

要求:(1)计算甲产品保本点的销售量和销售收入、安全边际、预计销售量的预计利润。(2)如果每件售价提高为 120 元,预计销售 20 000 件,计算此时保本点的销售量、安全边际、预计利润。

5. 根据已知数据计算填列表格中的未知数(下列每种情况都是独立的)。

(1)生产一种产品

销售金额	变动成本	单位边际贡献	固定成本	税前利润	销售数量
	400 000	60		20 000	4 000
600 000			150 000	100 000	5 000
2 000 000		100	500 000	300 000	

(2)生产多种产品

销售金额	变动成本	边际贡献率	固定成本	税前利润
3 000 000	2 400 000			260 000
2 000 000		40%		150 000
		20%	350 000	100 000

五、案例分析题

【案例一】

资料:振兴公司是一家专门生产小型轮船的船舶公司。2014 年年底,由于市场规模扩大,总经理李浩准备扩充公司。现有如下两个备选方案:(1)增加雇佣人数,使其经营方式成为劳动密集型;(2)增加固定资产投资,购买自动生产设备,向资金密集型企业发展。

该公司 2013 年度的生产和销售量为 200 艘轮船,年固定成本为 3 000 000 元,单位变动成本为 75 000 元,销售单价为 100 000 元。李浩预计,如果公司规模扩大,其生产能力达年产 400 艘轮船,他也有能力将其全部售出。如果选择购买自动设备的方案,那么,以后的年固定成本将增至 6 000 000 元,单位变动成本降至 60 000 元;如果选择增加雇佣人数,单位变动成本仍为 75 000 元,固定成本增至 3 600 000 元。

分析:(1)计算产销量分别为 300 艘和 400 艘两种方案下 2015 年度的税前利润。(2)计算两种方案下税前利润相等时的产销量。(3)李浩对年销售 400 艘轮船充满信心,这将怎样影响他的决策?

【案例二】

资料:某医疗器械公司生产的水力制动升降仪用于帮助瘫痪病人。公司正常销量为 3 000 件时的制造及营销成本见下表:

水力制动升降仪的单位成本

单位制造成本	
变动材料	5 500
变动人工	8 250
可变间接费用	4 200
固定间接费用	6 600
单位制造成本小计	24 550
单位销售成本	
变动成本	2 750
固定成本	7 700
单位销售成本小计	10 450
单位成本合计	35 000

分析:(以下问题除了特殊情况外,均针对上表)假设各问题相互独立,而且正常销售单价为43 500元,忽略所得税和未在表中提及的成本。

(1)公司的保本销售量和销售额是多少?

(2)若将单价从43 500元降到38 500元,则市场预测每月销售量将增加到3 500件。若表中列出的资料所显示的成本习性模型无误,请判断这项措施是否可行,并分析这对每月销售量、成本、收入有何影响。

六、补充阅读资料

关于"相关范围"的举例说明

某企业租用一台设备,设备租金每台50 000元,该设备最大生产能力为6 000件。如果该企业的生产量将提高至10 000件,一台设备不能满足生产的需要,还需再租用一台,则此时租金总额已不再是50 000元,而应为100 000元(两台设备的租金)。如果一年租期已满,再续签合同时,由于通货膨胀原因,租金提高至每年每台60 000元,则租金总额增加到120 000元(两台设备租金),租金总额增加,导致固定成本总额增加。以上说明只是在一定日期和一定业务量范围内固定成本总额不变,超出这个范围就要发生变化。

与固定成本相类似,单位变动成本与业务量之间保持稳定的关系,也是在相关范围内的,超出这个范围也要发生变化。例如,当企业在产品投产的初期,批量较小,其单位产品所消耗的材料和人工成本较多;当正常生产批量较大时,其单位产品所消耗的材料和人工成本相应减少,并保持在一定水平;当生产批量超过了一定范围再增加时,其单位产品所消耗的材料和人工成本反而会增加,这是由于不经济的加班和非正常损耗引起的。此外,由于通货膨胀的影响,未来物价上扬,单位材料和人工成本也将上升。这些都说明单位变动成本不可能长期保持不变,而是受一定时期和一定业务量所制约的。

家乐福存货管理案例

目前我国制造业的物料管理中尚存在着许多有待解决的问题,但大型流通零售企业在近年的发展中都形成了很好的物流经验。特别是沃尔玛、家乐福等国际零售企业,在发展中形成了良好的存货控制、仓储管理、信息管理的系统。这些经验为我国制造业物料管理提供了良好的借鉴。物料管理分为需求估算、购料订货、仓储作业以及账务管理四个阶段,下面就从上述这四个阶段出发,结合零售业家乐福的做法进行具体阐述。

一、需求估算阶段

家乐福物料管理的第一个环节是计划环节(Plan)。制订周全的计划,可以防止各种可能的问题,也可以使人力、设备、资金、时机等各项资源得到有效充分的运用,规避大的风险。制订一个良好的库存计划,可以减少公司不良库存的产生,又能最大效率地保证生产的顺利进行。

(一)家乐福的库存计划模式

在库存商品的管理模式上,家乐福实行品类管理(Category Management)。一种商品入库之后,首先,POS 机实时收集库存、销售等数据并进行统一的汇总和分析,根据汇总分析的结果对库存商品进行分类。然后,根据不同的商品分类拟订适合的库存计划模式。家乐福会根据商品的类型设定不同的订货公式参数。根据安全库存量的方法,当可得到的仓库存储水平下降到确定的安全库存量或以下的时候,该系统就会启动自动订货程序。

(二)从家乐福获得的启示

(1)运用 ABC 法对物料分类管理,这就有助于管理部门为每一个分类的品种确立集中的存货战略。运用 ABC 分类法对所有物料进行分类。家乐福根据流量大、移动快速,流量适中以及流量低、转移速度慢三种情况,把物料分为 A、B、C 三类。

(2)根据品类管理制订不同的库存计划模式。大致而言,存货的管理模式有 7 种模式:A/R 法(订单直接展开法)、复仓法、安全存量法、定时定购法、定量定购法、MRP 法(用料需求规划法)以及看板法。在同一个企业中,同时可以存在两种甚至两种以上的库存计划模式,这取决于物料的类型和企业的管理制度。现假设一家制造企业的物料已经按照 ABC 分类的概念并结合自身的情况进行了品种分类,分别为 A 类物料、B 类物料和 C 类物料。A 类的特性为:流量大、移动快速,在企业物料中最为重要。对此类物料,要采取严密的管理方式和预测准确的库存计划,即使预测的成本较高,也要尽可能使无效库存数为零。管理模式可以是 MRP 方式。B 类的特征为:流量适中、重要性仅次于 A 类物料。对此类物料,要采用管理中度的管理方式,原则上同时容许少量风险的无效库存的存在,可以是采取安全存量的管理模式。C 类的特征为:流量低或转移缓慢,相对重要性也较低。管理方式上,采用宽松的管制即可,简化仓储出库、入库手续。管理模式是复仓法。

二、购料订货阶段

计划层面(Plan)的下一个层面即为实施层面(Do),也就是购料订货阶段。在选用合理的存货管理模式后,就根据需求估算的结果来实施订货的动作,以确保购入的货物能够按时、按量到达,保证以后生产或销售顺利进行。

(一)家乐福的购料订货模式

家乐福有一个特有的部门——OP(Order Pool),也就是订货部门,是整个家乐福的物流系统核心,控制整个企业的物流运转。在家乐福,采购与订货是分开的。由专门的采购部门选择供应商,议定合约和订购价格。OP 则负责对仓库库存量的控制,生成正常订单与临时订单,保证将所有的订单发送给供应商,同时进行库存异动的分析。作为一个核心控制部门,它的控制动作将它的资料联系到其他各个部门。对于仓储部门,它控制实际的和系统中所显示的库存量,并控制存货的异动情况。对于财务部门,它提供相关的入账资料和信息。对于各个营业部门,它提供存量信息给各个部门,提醒各部门根据销售情况及时更改订货参数或增加临时订量。

（二）从家乐福获得的启示

（1）在公司内部形成一个控制中心。在公司内部形成一个类似OP的专门控制部门，以它为中心，对企业其他各个部门形成控制，向财务提供资料，同时对各个营运部门形成互动的联系。在制造企业的内部，同样需要一个得力的存货控制中心。

（2）明确各个部门的职责。在订货流程中，如果各个部门的职责没有分清的话，订货的效率就不会很高，或者订货出错的概率大。在制造业中，我们必须清楚划分采购、仓库、财务、生产各个部门的职责，才能够提高物料管理的效率。

（3）优化进货流程。比较家乐福的订货流程，可以拟出制造业的一个进货流程：第一，电脑根据订货公式，计算自动订单；第二，由业务员人工审核确认后，由计算机输出，发给供应商；第三，供应商凭借计算机订单及订单号送货；第四，收货员下载订单到收货终端，持收货终端验收商品，未订货商品无法收货（严格控制未订货商品）；第五，上传终端数据至电脑系统，生成电脑验收单（超出订货数量商品，作为赠品验收或退还供应商）；第六，将电脑验收单加盖收货章后交给供应商作为结算凭证；第七，每日查验超期未到货订单汇总表，确保供应商准时送货。通过上述流程，可以达到优化进货流程的目的。

三、仓储作业阶段

（一）家乐福的仓储作业

家乐福的做法是将仓库、财务、OP、营业部门的功能和供应商的数据整合在一起，从统一的视角来考虑订货、收货、销售过程中的各种影响因素。仓库在每日的收货、发货之外，会将每日存货异动的资料传输给OP部门，OP则根据累计和新传输的资料生成各类分析报表。家乐福已逐步用周期盘点（Cycle Count）代替传统一年两次的“实地盘点”。实行了周期盘点后，可节省一定的人力、物力、财力，在两次实地盘点的时候没有必要兴师动众了，盘点的效率也得到了提高。

（二）从家乐福获得的启示

（1）加强仓库的控制作用。根据“战略储存”的观念，仓库在单纯的存储功能以外，还有更重要的管理控制的功能：第一，加强成品管理，有效维护库存各物料的品质与数量。第二，强化料账管理，依据永续盘存的会计理念进行登账管理。第三，加强稽核功能（统计功能），以料、账和盘点的数据为基准，及时提供库存资讯。第四，注重呆废料管理，通过制订呆废料分析表，利用检查及分析等手段使仓库中的呆废料突显出来，最大限度地减少存货损失。

（2）推行周期盘点。“周期盘点”以一个月或几星期为一个周期，根据品类管理对物料分类，同样也对所储存的物料进行盘点周期的分类，每一次盘点若干个储位或料项，根据盘点的结果进行调整，并生成周期盘点的相关报表。采用“周期盘点”可以达到缩短盘点周期，及早发现“人”的问题以及仓储管理中存在的问题。但周期盘点的实施需要企业财务、采购、仓库各个部门有更强的控制能力和相互间联系反应的能力。

四、账务管理阶段

账务管理是物料管理循环的最后一个环节，同时也是下一个循环的开始。账务管理包含两部分内容：一是指仓储管理人员的收发料账，另一部分则是财务部门的材料账。这两类账的日常登记和定期检查汇总称为物料的账务管理。账务管理最主要的目标是保证料、账准确，真实反映库存物料的情况。

（一）家乐福的账务管理

家乐福的做法是从整体的角度出发，考虑仓库、财务、采购各个部门的职责和功能，减少不必要的流程，最大限度地提高效率和减少工作周期。在家乐福，账务管理的基本结构包括三个部分：一是库存管制，由仓管制订；二是异动管理，由 OP 部门负责物料增减情况的登录；三是库存资讯，包括库存量查询在内，OP 提供有关管理需求的账面报表，财务提供有关财务需求的报表。

（二）从家乐福获得的启示

（1）利用计算机构建财务的结算流程。流程管理无处不在，无处不需。上面提到的进货流程是商品进出结算流程中的一环。同理，管理系统应具有一个完善的结算流程，即生成订单，依照订单验收商品并制验收单，依照验收单生成日期并计算出应结算日期，供应商交结算对账单，财务录入供应商结算单并在电脑系统中完成自动对账，在结算日计算机做结算并由财务开支票。在物料管理中账务阶段的最后就要以计算机作为流程管制的要点，环环相扣，让计算机真正成为管理过程的控制工具，从而保证料账管理的有效。

（2）财务人员参加周期盘点。周期盘点可以是仓库人员自动自发地，但必须有财务人员到场。由财务人员来组织参加周期盘点，一方面可以监督周期盘点的正确实施，维持盘点结果的准确性；另一方面也可以在部门与部门之间形成相互牵制、相互监督的关系。

资料来源：赵琪，张卓．家乐福存货管理案例[EB/OL]．（2007－02－05）[2008－06－26]．http://www.chain.bosslink.com.

背景资料：成立于 1959 年的法国家乐福集团是大卖场业态的首创者，是欧洲第一大零售商，世界第二大国际化零售连锁集团。现拥有 11 000 多家营运零售单位，业务范围遍及世界 30 个国家和地区。集团以三种主要经营业态引领市场：大型超市，超市以及折扣店。此外，家乐福还在一些国家发展了便利店和会员制量贩店。2004 年集团税后销售额增至 726.68 亿欧元，员工总数超过 43 万人。

2005 年，家乐福在《财富》杂志编排的全球 500 强企业中排名第 22 位。

从沃尔玛的成功看成本领先战略

一、背景介绍

迈克尔·波特认为,在激烈的市场竞争中,企业为了占据有利的战略地位并超越其竞争对手,有三种基本的竞争战略可供选择:成本领先战略、差异化战略和集中战略。成本领先战略又称低成本战略,其战略思想是企业通过各种努力来降低成本,使企业的总成本水平低于竞争对手,从而获得持久的竞争优势。奉行成本领先战略的企业一般会通过低成本、低价格手段与其对手展开竞争。成本领先战略如果能够推行到位,企业就能够迅速地占领市场并获得高于行业平均水平的利润;同时,该战略能够使企业掌握竞争的主动权。成本领先战略被当今企业广泛采用。

二、案例

美国沃尔玛连锁店公司是美国最大也是世界上最大的连锁零售商。1962 年沃尔玛的创始人山姆·沃尔顿在美国阿肯色州的罗杰成立了第一家沃尔玛门店;1990 年沃尔玛成为全美第一大零售企业;2002 年沃尔玛全球营业收入高达 2 198 112 亿美元,荣登世界 500 强的冠军宝座。沃尔玛每十年上一个新台阶,最终在其第一家沃尔玛门店成立 40 年后,坐上了令世界无数企业仰慕的头把交椅。

沃尔玛能够取得今日的成就,其中一个重要原因就是成功地实施了成本领先战略。沃尔玛把节约开支的经营理念作为实施成本领先战略的先决条件,将其物流循环链条作为实施成本领先战略的载体,利用发达的高科技信息处理系统作为成本领先战略实施的基本保障,在采购、存货、销售和运输等各个商品流通环节想尽一切办法降低成本,使其流通成本降至行业最低,商品价格保持在最低价格线上,然后利用成本优势打开市场,扩大市场份额,最终取得同等市场条件下的超平均利润,成为零售行业成本领先战略的经营典范。

三、案例分析

仅从物流循环链条的各个点上看沃尔玛是如何实施成本领先战略的。

(一)购货环节采取向工厂直接购货、统一购货和辅助供应商降低成本等方式来降低购货成本

(1)直接向工厂购货。很多商家采取的是代销的经营方式,以规避经营风险,沃尔玛却实施直接买断购货政策,而且对于货款结算采取固定时间决不拖延的做法。沃尔玛的平均应付期为 29 天,竞争对手凯玛特则需 45 天。这种购货方式虽然使沃尔玛面临一定的风险,但供应商的利益得到了保护,大大激发了供应商与沃尔玛建立业务的积极性,赢取了供应商的信赖并同供应商建立起友好融洽的合作关系,从而保证了沃尔玛的最优惠进价,大大降低了购货成本。据沃尔玛统计,沃尔玛实行向生产厂家直接购货的策略,使采购成本降低了 2% ~6% 。

(2)统一购货。沃尔玛采取中央采购制,尽量由总部实行统一进货,特别是那些在全球范围内销售的高知名度商品,如可口可乐等,沃尔玛一般将一年销售的商品一次性签订采购合同,由于数量巨大,其获得的价格优惠远远高于同行,形成他人无法比

拟的低成本优势。

(3)辅助供应商降低产品成本。沃尔玛通过帮助供应商改进工艺、提高质量、降低劳动力成本、分享沃尔玛的信息系统等,辅助供应商实现最低成本,从而提高收益率。

(二)存货环节采取建立高效运转的配送中心以保持低成本存货

配送中心的任务就是将供应商大量运达的商品配送至各分店。为提高效率,配送中心内部实行完全自动化,所有货物都在激光传送带上运入和运出,效率非常高,平均每个配送中心可同时为30辆卡车装货,并可为送货的供应商提供135个车位。配送中心的高效运转使商品在配送中心的时间很短,一般不会超过48小时。这种建立配送中心的方法,大大提高了库存周转率,缩短了商品储存时间,有效避免了公司在正常库存条件下由各店铺设置仓库所付出的较高成本。在沃尔玛各店铺销售的商品中,87%左右的商品由配送中心提供,库存成本比正常情况低了50%。

(三)在运输环节,沃尔玛自身拥有车队,有效地降低了运输成本

在整个物流链条中,运输环节是最昂贵的部分,如果运输车队省下的成本越多,那么整个物流链条节省的钱就会越多。为降低运输成本和提高效率,沃尔玛采取了自身拥有车队的方法,并辅之全球定位的高科技管理手段,保证车队总是处在一种准确、高效、快速、满负荷的状态。沃尔玛各店铺从向总部订货到实现补货仅需2天,而竞争对手需要4~5天才能实现补货一次。据沃尔玛自己的统计,沃尔玛的商品运往商店的成本,即进货费用占商品总成本的比例只有3%,而竞争对手该比例为4.5%~5%。这就保证了沃尔玛能以快速的服务和低廉的价格获得与竞争者同样的利润。

(四)日常经费管理环节进行严格控制

沃尔玛对于日常费用的控制可谓达到了极点,在行业平均水平为5%的情况下,沃尔玛整个公司的管理费用仅占公司销售额的2%。为维持低成本的日常管理,沃尔玛在各个细小的环节上都实施节俭措施。如办公室不配置昂贵的办公用品和豪华装饰,店铺装修尽量简洁,商品采用大包装,减少广告开支,鼓励员工为节省开支出谋划策等。另外,沃尔玛的高层管理人员也一贯保持节俭作风,即使是总裁也不例外,首任总裁山姆与公司的经理们出差,经常几人同住一间房,平时开一辆旧二手车,坐飞机也只坐经济舱。可以说,沃尔玛一直想方设法从各个方面将费用支出与经营收入比率保持在行业最低水平,这就使沃尔玛在日常管理方面获得了竞争对手无法抗衡的低成本管理优势。

四、启示

(一)找准适合的竞争战略并加以正确实施

沃尔玛能够取得今日的成就,很大程度上归功于其成本领先战略的正确运用。沃尔玛对于自己的经营对象非常清楚,它既不是产品也不是市场,而是成本。只有成本领先才是市场竞争取胜的关键。基于此,沃尔玛确立了成本领先的竞争战略并进行了正确实施。反观那些业绩平平、在夹缝中艰难生存的企业,他们绝大多数没有明确的

竞争战略,往往既不是低成本控制者,也不是独树一帜的产品或服务提供者,模糊不清的战略加之不恰当的实施策略与措施,使这类企业经常处于微利甚至亏损的状态。我国大部分零售企业就属于这种情况。在我国已加入世贸组织的今天,在大量外来零售企业以其明晰的竞争战略和强有力的竞争态势获取大量市场份额的时候,这些企业如果不尽早确定自己的竞争战略,创造出竞争优势,迟早要被市场所淘汰。因此,尽快确定符合企业自身发展的基本竞争战略并予以正确实施是我国零售业在激烈的市场竞争中取胜的关键。

(二)全员全过程参与成本领先战略的实施

成本领先战略的实施涉及企业的方方面面,因此不能只寄希望于企业当中的某一个环节或某一个部门,而是要求全员参与到成本控制中去,进而营造一种注重细节、精打细算、讲究节俭、严格管理、以成本领先战略为中心的企业文化,使一切行动和措施都围绕这个核心开展。

(三)及时与供货商结算货款,取得供货商的信任与合作,实现双赢

目前,我国一些零售商由于自身经营不善而长期拖欠供货商货款,或者为了提高自身的利润而采取向前压榨供货商利润的方式,如向供货商收取进场费、上架费、服务费等等,使供货商叫苦不迭,严重影响供货商的利益,根本谈不上双赢。

(四)由于真正做到成本领先,故能对消费者真正实施“天天平价,薄利多销”,博得消费者的高度信任

我国一些零售商实行的“天天平价”让消费者“想说爱你不容易”。同时,薄利多销更犹如一把“圆月弯刀”,表面上是让利出售,图个好销,骨子里却恨不能将“上帝”的血一股脑儿放掉!诸如:原价 1 888 元,现价 699 元,大玩吉祥数或准整数的数字游戏;迎新“大甩卖”,清仓“大处理”,大玩机不可失、时不再来的心理游戏;“买一送一”“满一百,送五十”,大玩投机取巧的文字游戏……凡此种种,任凭顾客慧眼擦得雪亮,总有蹊跷难以识破,除非你不买,否则伤心总是难免的。在这种充满欺诈的行为中,便宜也好,微利也罢,多半是一锤子买卖而已,怎能取得消费者的信任?

总之,在目前我国大力提倡建设和谐社会、节约社会的背景下,沃尔玛的成本领先战略无疑会给我国的企业带来启迪。

资料来源:任静. 从沃尔玛的成功看成本领先战略[J]. 会计之友,2007(5).

参考答案

一、单项选择题

1. D　2. A　3. C　4. D　5. D　6. B　7. B　8. A　9. B　10. C
11. A　12. D　13. C

【8-解析】选 A。原来的(固定成本 + 利息) = 200(万元),变化后的(固定成本 + 利息) = 200 + 20 = 220(万元),变化后的总杠杆系数 = 300 ÷ (300 − 220) = 3.75。

【9－解析】选B。因为安全边际率与盈亏临界点作业率二者之和为1，故盈亏临界点作业率为80%，而盈亏临界点作业率＝盈亏临界点销售量÷正常销售量，故盈亏临界点销售量为1 000×80%＝800。

【10－解析】选C。营业杠杆系数＝息税前利润变动率÷产销量变动率，根据营业杠杆系数的定义公式可知，当营业杠杆系数为1时，息税前利润变动率等于产销量变动率。

二、多项选择题

1. BCE　　2. ADE　　3. ACE　　4. ABC

三、判断题

1. √　2. √　3. ×　4. ×　5. ×　6. √　7. ×　8. √　9. √　10. ×
11. √

【1－解析】√。变动成本通常与业务量相关，而固定成本一般需以过去为基础进行调整。

【2－解析】√。由于固定成本的存在，其他条件不变的情况下，销售量发生较小变动会造成息税前利润发生更大的变动。

【11－解析】√。引起企业经营风险的主要原因是市场需求和成本等因素的不确定性，经营杠杆本身并不是利润不稳定的根源。但是，经营杠杆扩大了市场和生产等不确定性因素对利润变动的影响。

四、业务题

1. 由成本函数 $y=500\ 000+0.5x$ 可知，变动成本率为0.5，则边际贡献率是0.5。
保本点的销售额＝500 000÷0.5＝1 000 000（元）
保本点的销售量＝1 000 000÷80＝12 500（件）

2. （1）保本销售量＝300 000/（300－150）＝2 000（件）
（2）预计利润＝计划销售量×（单价－单位变动成本）－固定成本
＝10 000×（1＋20%）×（300－150）－300 000
＝1 500 000（元）

3. （1）保本点的销售量＝固定成本/（单件售价－单方变动成本）＝1 280 000÷（1 180－860）＝4 000件

保本点的销售收入＝单件售价×［固定成本/（单件售价－单位变动成本）］＝1 180×［1 280 000÷（1 180－860）］＝472×10 000元＝472（万元）

（2）假定利润32万元，则销售量＝（固定成本＋利润）/（单件售价－单位变动成本）＝（1 280 000＋320 000）/（1 180－860）＝5 000（件）

销售收入 = 单件售价 × 销售量 = 5 000 × 1 180 = 590(万元)

4. (1)甲产品保本点的销售量 = 420 000 ÷ (100 − 70) = 14 000(件)

甲产品保本点的销售收入 = 14 000 × 100 = 1 400 000(元)

安全边际 = 25 000 − 14 000 = 11 000(件)

预计利润 = 100 × 25 000 − 70 × 25 000 − 420 000 = 330 000(元)

(2)甲产品保本点的销售量 = 420 000 ÷ (120 − 70) = 8 400(件)

安全边际 = 20 000 − 8 400 = 11 600(件)

预计利润 = 120 × 20 000 − 70 × 20 000 − 420 000 = 580 000(元)

5. (1)生产一种产品

销售金额	变动成本	单位边际贡献	固定成本	税前利润	销售数量
640 000			220 000		
	350 000	50			
	1 200 000				8 000

(2)生产多种产品

销售金额	变动成本	边际贡献率	固定成本	税前利润
		20%	340 000	
	1 200 000		650 000	
2 250 000	1 800 000			

五、案例分析题

【案例一】

(1)产销量为 300 艘时:

购买自动生产设备的税前利润 = 300 × (100 000 − 60 000) − 6 000 000 = 6 000 000(元)

增加雇佣人数的税前利润 = 300 × (100 000 − 75 000) − 3 600 000

= 3 900 000(元)

产销量为 400 艘时:

购买自动生产设备的税前利润 = 400 × (100 000 − 60 000) − 6 000 000

= 10 000 000(元)

增加雇佣人数的税前利润 = 400 × (100 000 − 75 000) − 3 600 000

= 6 400 000(元)

(2)两种方案下税前利润相等时的产销量:

设:两种方案下税前利润相等时的产销量为 X

则:(100 000 - 60 000)X - 6 000 000 = (100 000 - 75 000)X - 3 600 000

通过计算得:X = 160(条)

(3)如果年产 400 艘轮船,李浩也有能力将其全部售出,他可能会选择购买自动生产设备的方案,因为该方案比增加雇佣人数的方案增加税前利润 360 万元(1 000 - 640)。

【案例二】

(1)公司的保本销售量和销售额:固定成本 = 3 000 × 7 700 = 23 100 000(元)

单位边际贡献 = 43 500 - 27 300 = 16 200(元)

保本销售量 = 23 100 000 ÷ (43 500 - 27 300) = 1 426(件)

保本销售额 = 1 426 × 43 500 = 62 031 000(元)

(2)单价从 43 500 元降到 38 500 元,市场预测每月销售量将增加到 3 500 件时的利润:

3 500 × (38 500 - 27 300) - 23 100 000 = 39 200 000 - 23 100 000 = 16 100 000(元)

按原来的销售数量和销售收入计算的利润:

3 000 × (43 500 - 27 300) - 23 100 000 = 48 600 000 - 23 100 000 = 25 500 000(元)

降价和增加销量使收入增加 = 3 500 × 38 500 - 3 000 × 43 500 = 4 250 000(元)

降价和增加销量使利润减少 = 25 500 000 - 16 100 000 = 9 400 000(元)

平均每件固定成本下降 = 7 700 - 23 100 000 ÷ 3 500 = 7 700 - 6 600 = 1 100(元)

虽然降价和增加销量使收入增加 425 万元,但是却减少利润 940 万元,利润的减少超过收入的增加,说明该方案不可行。增加销量使每件产品的固定成本减少 1 100 元,如果单价能够少降一些,提高产品的边际贡献,或许该方案可行。

第十二章 会计决策

重点提示：短期经营决策的差量分析法和量本利分析法，货币时间价值和现金流量原理，投资决策使用的净现值法、内涵报酬率法和回收期法。

难点提示：短期经营决策的差量分析法和量本利分析法，净现值法和内涵报酬率法。

一、单项选择题

1. 某人准备在3年后以100 000元购买一部汽车，若银行存款的复利年利率为10%，他现在应存入银行的款项是（　　）。

A. 70 100元　　B. 75 131元　　C. 76 221元　　D. 77 332元

2. 某一固定资产投资方案在经济上认为是有利的，其净现值的标准应该（　　）。

A. 为正数　　B. 等于0　　C. 为负数　　D. 小于0

3. 以下说法错误的是（　　）。

A. 资金时间价值是资金周转使用的结果

B. 资金周转时间越长，所获得的利润或价值增值应该越多

C. 资金时间价值是资金周转使用中由于时间因素而形成的差额价值

D. 资金即使不参与生产经营，也能产生时间价值

4. 某项目投资总额为1 200万元，当年建成并投产，预计投产后每年可增加利润300万元。该项目年折旧额为100万元，则该项目的投资回收期应该是（　　）。

A. 3年　　B. 4年　　C. 6年　　D. 12年

5. 年金的收付款方式有多种，其中每期期末收付款的年金是（　　）。

A. 普通年金　　B. 预付年金　　C. 递延年金　　D. 永续年金

6. 如果某一投资方案的净现值为正数，则必然存在的结果是（　　）。

A. 投资回收期在一年以内　　B. 获利指数大于1

C. 投资报酬率高于100%　　D. 年均现金净流量大于原始投资额

7. 在长期投资决策中，下列各项不属于建设投资的有（　　）。

A. 固定资产投资　　B. 开办费　　C. 经营成本　　D. 无形资产投资

8. 净现值法的优点不包括(　　)。

A. 考虑了资金时间价值

B. 考虑了项目计算的全部净现金流量

C. 考虑了投资风险

D. 可从动态上反映项目的实际投资收益率

9. 某企业于年初存入银行 10 000 元,假定年利息率为 12%,每年复利两次,已知(F/P,6%,5) =1.338 2,(F/P,6%,10) = 1.790 8,(F/P,12%,5) =1.762 3,(F/P,12%,10) =3.105 8,则第 5 年末的本利和为(　　)元。

A. 13 382　　B. 17 623　　C. 17 908　　D. 31 058

二、多项选择题

1. 属于净现值指标缺点的是(　　)。

A. 不能从动态的角度直接反映投资项目的实际收益率水平

B. 当各项目投资额不等时,无法用净现值法正确确定投资方案的优劣

C. 净现金流量的测量和折现率的确定比较困难

D. 没有考虑投资的风险性

2. 下列几个因素中会影响内涵报酬率的有(　　)。

A. 银行存款利率　　B. 市场利率

C. 投资项目有效年限　　D. 原始投资额

3. 下面有关资金时间价值的表述,正确的是(　　)。

A. 资金时间价值的实质是资金周转使用后的增值额

B. 资金时间价值不可能由“时间”创造,而只能由劳动创造

C. 资金时间价值只能用绝对数来表示

D. 资金时间价值的量无法进行计量

E. 只要把货币作为资金投入生产经营就能产生时间价值

4. 年金按付款方式不同分为(　　)。

A. 普通年金　　B. 预付年金　　C. 递延年金　　D. 永续年金

E. 终值年金

5. 从投资项目整个经济寿命周期来看,大概可以分为以下(　　)时点阶段。

A. 初始阶段　　B. 营业阶段　　C. 生产阶段　　D. 成长阶段

E. 终结阶段

6. 下列各项中,属于普通年金形式的项目有(　　)。

A. 零存整取储蓄存款的整取额　　B. 定期定额支付的养老金

C. 年资本回收额　　D. 偿债基金

E. 企业利润

三、判断题

1. 在短期决策中,往往存在很多不改变企业现有生产能力的方案,但是这些方案的选取会影响固定成本的数额。 ( )

2. 差量分析法中所指的"差量收入"是指两个备选方案的预期相关收入的差异数。 ( )

3. 短期经营决策的决策性质是战略性决策。 ( )

4. 在长期决策中,盈利状况远比现金流动状况更为重要。 ( )

5. 计算营业现金流量时可以不考虑非付现成本。 ( )

6. 所得税费用是企业的现金流出,所以企业更关心的是税后的现金流量。 ( )

7. 所谓的"成本分界点"就是两个备选方案预期单位成本总额相同情况下的业务量。 ( )

8. 只要是货币就具有时间价值。 ( )

9. 一般来说,国库券是一种基本没有风险的有价证券,在没有通货膨胀的前提下,其利率可以代表资金的时间价值。 ( )

10. 对于长期投资决策来说,其决策目标是现金的净流量而不是期间利润。 ( )

四、业务题

1. 某钢铁厂以铁矿石 A 为原料可生产出铁锭 B。铁锭 B 售价为每吨 5 000 元,每年产销量为 1 000 000 吨,单位变动生产成本为每吨 3 500 元,固定成本总额为 1 000 万元。如果进一步把铁锭 B 加工成钢材 C,钢材 C 售价为每吨 12 000 元。在铁锭 B 的进一步加工过程中,每吨铁锭 B 需投入直接人工 200 元,每吨铁锭 B 的产出需变动制造费 100 元。另外,还需购增加相关设备,每年折旧费为 1 000 000 元。每 2 吨钢材 C 的产出需 4 吨铁锭 B。

要求:按差量分析法计算铁锭 B、钢材 C 的差量收入、差量成本和差量利润,说明应当生产什么产品才是有利于企业的。

2. 星光机械厂生产某产品可选用三种设备加工,有关资料如下:

机床名称	每件产品加工费(元)	每批产品调试费(元)
普通车床	12	400
万能车床	8	800
数控车床	4	1 800

要求:按加工设备选择决策方法计算,确定在什么业务范围内采用什么车床是有利于企业生产的。

3. 资金成本率为10%,有三个投资方案,数据如下表:

期间	A方案		B方案		C方案	
	净收益	现金净流量	净收益	现金净流量	净收益	现金净流量
0		(20 000)		(9 000)		(12 000)
1	1 800	11 800	(1 800)	1 200	600	4 600
2	3 240	13 240	3 000	6 000	600	4 600
3			3 000	6 000	600	4 600
合计	5 040	5 040	4 200	4 200	1 800	1 800

要求:请比较A、B、C三个方案的净现值、内涵报酬率和投资回收期,然后选出你认为好的投资方案。

4. 某公司拟更新一台旧设备,其账面折余价值为10万元,如果目前出售可取得收入7.5万元,预计还可使用5年。该公司用直线法提取折旧。现该公司拟购买新设备替换原设备,以提高生产效率,降低成本。新设备购置成本为40万元,使用年限为5年,同样用直线法提取折旧,预计残值与使用旧设备的残值一致;使用新设备后公司的销售收入第一年可从100万元上升到115万元,第二至第五年的销售收入可从150万元上升到170万元,每年的经营成本将要从110万元上升到118万元。该企业的所得税税率为30%,资金成本率为10%。

要求:(1)计算更新设备比继续使用旧设备增加的投资额;(2)计算经营期各年增加的净利润;(3)计算固定资产提前报废所发生的净损失及其抵减的所得税;(4)计算各年的净现金流量;(5)通过计算差额内部收益率,说明该设备是否应当更新。

五、案例分析

企业短期经营决策实例

在企业日常经营管理过程中,经理人常常会面临具体问题,如:某份特殊订单该不该接?某种产品是自制还是外购?联合产品立即出售还是继续加工?亏损产品/部门该不该停产?既定产能下怎样组织产品生产更为有利?这些问题中有的是生产问题,有的是销售问题,但一般只涉及企业一年以内的有关经济活动,因此被称为短期经营决策问题。

在进行短期经营决策时,经理人运用管理会计中有关概念、方法,可以迅速有效地进行决策。其中,有些基本概念使用频率很高,例如成本习性(变动成本和固定成本)、贡献毛利、边际贡献、保本点、决策相关成本等。事实上,这些概念在短期经营决策中是十分重要的。下面用几个案例来讲一下这些概念在短期经营决策中的应用。

（一）某些特殊订单该不该接？

某冰激凌厂产能 2 000 万只，且只生产一种产品，目前只用 80% 产能，剩余产能 = 2 000 × 20% = 400（万只），该产品单位变动成本为 1.5 元，其中单位产品销售费用为 0.05 元，正常批发价 2 元一只。某批发商愿以每只 1.48 元的价格贴牌生产 200 万只，并自行承担相关销售费用。请问接不接这个订单？

（二）自制还是外购？

A 电子元器件公司今年要转产，但为了照顾原产品的客户，还将生产 10 000 个旧的电子元器件。已知公司自制 10 000 个电子元器件的成本为 8.20 元/个。公司大部分设备是租的，设备可以随时偿还，不需要支付违约金，但有一台为自有专用设备。公司已经购买了足够生产 5 000 个电子元件的材料，材料金额为 15 000 元，这些材料别无其他用途。自有专用设备的折旧额为 5 000 元。有一家公司愿意为 A 公司代加工这种旧的电子元器件，要价 6.50 元/个。A 公司是自制还是外购？

三、联合产品立即出售还是继续加工？

某些企业在生产过程中，投入一种原材料可以同时生产出几种最终产品（联合产品）。有些联合产品既可以立即出售，也可以进一步加工后再出售。因此对于联合产品应立即出售还是继续加工的决策问题，是联合产品生产企业或多步骤生产企业经常面临的问题。

某企业对 R 原材料进行加工，可同时生产 A 产品 6 000 千克（直接销售单价为 3 元），B 产品 4 000 千克（直接销售单价为 3.5 元），其联合成本为 16 000 元。若要进一步加工 A 产品，需追加成本 8 000 元，A 产品单位售价 4 元；继续加工 B 产品，需追加成本 6 000 元，B 产品单位售价涨到 6 元。A、B 产品应如何处理？

（四）如何在有限资源下组织生产？

假设某企业只有一条生产线，生产 A、B 两种产品，A 产品单位边际贡献 18，B 产品为 12，选择哪种产品是最佳方案？该企业每年的总产能为 20 000 机器小时，每小时可以生产 A 产品 1 件或 B 产品 2 件，应该生产哪种产品？

（五）旧设备是否需要更新？

在制造型企业经常会遇到设备更新的问题。下面看一个案例：

某公司年销售额为 200 000 元，除了折旧，年固定成本 70 000 元。公司考虑用新设备代替旧设备（设备使用期末残值为零），假设新设备购置成本 90 000 元，年变动成本 80 000 元，预期使用年限 5 年；旧设备原始成本 72 000 元，剩余账面价值 60 000 元，目前变卖价值 15 000 元设备使用期末残值为零。年变动成本 100 000 元，剩余使用年限 5 年。

资料来源：佚名．企业短期经营决策实例[EB/OL]．(2008 - 04 - 09)[2008 - 06 - 23]．http://www.fam365.cn/blog.51.

分析：是否应购买新设备？

六、补充阅读资料

沉没成本在经营决策中的应用

在企业的经营决策中，财会人员按照企业财务会计的利润计算知识处理沉没成本，而导致企业决策失误的现象时有发生。

事例 1：

某机械加工厂的成品库内，质量差的次品堆积如山。一天，厂长到成品库看到了这种情形，认为这种次品长期放在仓库里，会使正品没有地方容纳而不得不以高价租用市内的营业仓库，是非常不合算的。他决心将这些次品尽快处理，请有关部门拿出方案，进行讨论。

在讨论会上，负责销售的部门负责人提出直接作为废品处理，可卖得净收入约 100 万元。负责生产的部门负责人提出将次品拆卸成零件，再稍做加工后出售，估计最低能卖到 500 万元，但是拆卸加工费用按常规测算需约 200 万元，所以可赚 300 万元。目前企业拆卸加工能力充足。经大家详细讨论、分析，认为生产部门负责人的方案可行。

但当生产部门的方案即将付诸实施的时候，却遭到财会部门的强烈反对。财会负责人说，这些次品过去曾花了 400 万元的成本，目前账面余额 400 万元，尚未提任何跌价准备。如按生产部门的方案实施，不但赚不到钱，反而还要亏损 100 万元（因为销售额 500 万元 - 账面成本 400 万元 - 追加成本 200 万元 = -100 万元）。如此一来，企业今年的盈利目标肯定无法完成。

由于处理次品的方案遭到财会部门的反对，加之厂长又必须考虑完成上面下达的利润指标，一时无法判断，只好让次品在仓库里继续“睡大觉”，占据空间和保管费用。

对事例 1 的分析：这个事例系次品处理决策，一般稍有市场经营知识和意识的人，都会认为生产部、销售部负责人的主张是正确的，特别是生产部的主张对企业真正盈利决策最有利。财会部门负责人的盈亏观虽然符合企业财务会计制度关于利润计算的要求，会使企业会计报表获利，从而完成利润指标，但其主张不能促使企业真正获利，只能使次品给企业造成更大的损失。道理很简单，财会人员在计算盈亏时，将次品的 400 万元已投入成本作为扣减因素，而生产、销售部门在计算盈亏时未考虑此项沉没成本，这就是他们比较对象的基础不同。显然，在该决策中财会人员对此项沉没成本的处理是严重错误的，只能导致企业虚增资产和虚增利润，产生不实的会计信息。

事例 2：

X 公司在两年前用 240 万元购进了 A 专用成套设备，目前账面净值为 200 万元，折旧年限 12 年。为使问题简单起见，假定净残值为 0。最近，新产品展销市场出现了比 A 设备技术性能更好的 B 设备，技术寿命为 10 年，售价仅为 A 的一半即 120 万元；在生产相同产品时，在材料费和人工费方面，如按 X 公司目前的生产规模计算，B 比 A 每年能节省 30 万元。同行的一家 Y 公司立即注意到并采用了 B 设备，效果确实很好。

X 公司经理得知此消息后立即召开有关部门负责人会议，对应否购入 B 设备进行论证。若购入 B，就需淘汰现在使用的 A，其收益估计相当于清理费用。如果 A 按现有状态使用，估计还能使用 10 年，产品生产销售规模能基本维持不变。

在论证会上，首先生产部门的负责人发了言，认为应立即购入 B 设备，因为在今后的 10 年中，采用 B 比继续使用 A 能使产品成本节约 380 万元，一目了然，何乐而不为?

对生产部门负责人的主张，财会部门负责人发表了强烈的反对意见。理由如下：

第一，现有的 A 设备，购进后才使用 2 年，还是新的，尚能继续使用，没必要浪费资金；第二，若现在废除 A 设备购进 B 设备，若不考虑资金利息，10 年间的核算如下所示，结果不赚钱反而要亏损 20 万元：10 年间采用 B 设备取得的材料、人工费成本节约额 300 万元(30 万元×10 年) - B 设备折旧 120 万元 - 因采用 B 设备而处理 A 设备的损失 200 万元 = -20 万元。若是在这上面再加上因购买 B 新设备向银行借款的利息，损失会更大。按照现行会计制度，今年处理 A 设备，今年利润总额便会减少 200 万元。

如此完全相反的意见提出后，其他部门负责人在判断上也发生了分歧，支持财会部门负责人的意见者居然占多数。

对事例 2 的分析：这个事例系设备更新投资决策，一般人较难很快判断谁对谁错。其实，两人都有错。首先，生产部门负责人计算的采用 B 设备比采用 A 设备 10 年间节约的成本额 380 万元，是按独立的计划(方案)形式进行比较的，即重新选购 A 设备还是 B 设备，从二者选其一。显然这种算法不符合 X 公司目前的设备现状，即 A 设备已经投入使用，是否要把 A 设备更新为 B 设备的问题。事实上，如果将 A 设备更新为 B 设备，则 10 年间利润增加额应该为：10 年间采用 B 设备在材料与人工费方面节约额 300 万元(30 万元×10 年) - B 设备的折旧 120 万元 = 180 万元，这样年平均增加利润总额 18 万元(180 万元÷10 年)。其次，财会负责人的错误在于对将 A 设备更新为 B 设备与继续使用 A 设备的方案比较时，错误地多扣减了 A 设备的账面净值 200 万元沉没成本。显然，无论对 A 设备更新为 B 设备还是继续使用 A 设备，A 设备的账面净值 200 万元都是 X 公司的已投入成本，是计算企业损益的两方案共同扣减因素，故在计算投资决策的比较方案时应略去沉没成本这个因素。

其次，在 A 设备更新为 B 设备的方案中，将被淘汰的 A 设备的账面净值 200 万元损失按现行会计制度最终转入“营业外支出”来冲减利润，虽使企业当年不能完成利润指标，但会带来延迟交纳企业所得税的好处。二者方案更为精确的效益比较，尚需计算 10 年间现金流量及有关资金时间。

结论及建议

从上述事例及分析中可看出，如果沉没成本处理错了，将会造成严重的失误。此外，财会人员的损益观念受日常企业财务会计损益观根深蒂固的影响，管理会计的损益观不够敏锐。所以,企业财会人员参与计算决策方案时,不仅要谙熟财务会计知识,更要注意建立起正确的企业经营型损益观,正确处理沉没成本,掌握更多地为企业领导决策服务的管理会计知识与技巧。仅凭财务会计知识,不但有时不能帮助正确决策,反而会造成决策失误。

资料来源:佚名. 沉没成本在经营决策中的应用[EB/OL].(2007-11-12)[2008-06-15]. http://www.cwgw.com.

草原兴发财务分析

草原兴发是1993年赤峰大兴公司联合五家镇的几家公司发起并定向募集法人股和内部职工股设立的,后更名为"内蒙古草原兴发股份有限公司",1997年5月IPO并在深交所A股上市,1999年、2002年两次配股,配股后总股本40.91万股,流通股18.62万股。上市至今净资产收益率由11.67%下降至2.26%。

2005年禽流感导致公司不仅要停止禽类养殖,还要销毁大量禽类,本年度其财务状况雪上加霜。仔细分析草原兴发此前公布的财务报告,可发现它有以下可疑之处。

一、现金比率极高,而现金变化无几

2004—2005年货币资金的情况如下:

	2004年报	2005一季报	2005中报	2005三季报
合并报表货币资金(万元)	107 112.32	108 325.77	120 054.28	120 407.92
母公司报表货币资金(万元)	103 253.90	102 271.34	114 947.55	116 768.24

注:以上报告中无现金等价物,从未说明货币资金受限制

公司的现金约占总资产的1/4以上,现金比率非常高,而且95%以上的现金都集中在母公司。母公司为什么要囤积这么多现金,为何现金没有太多变化呢?是不是这些现金受到限制不能动用?2005年10月内蒙古禽流感暴发需要销毁大量家禽,向农户赔偿3亿元左右。主营业务受到极大影响的时候,草原兴发能否动用这12亿元账上的现金?

一般现金丰厚的公司都有大量利息收入,但草原兴发没有。草原兴发2005年上半年利息收入288万元,银行存款余额上半年都为11亿元左右,以此推算草原兴发的银行存款获得的年收益率为0.48%,而工商银行的活期利率就为0.72%,明显不符合逻辑。假设草原兴发的银行存款都是利率最低的活期存款,以年利率0.72%、半年利息收入288万元计算,实际存款至多8亿元。2004年年报披露的银行存款就有10.46亿元,2005半年报披露为11.69亿元,由此可推算银行存款有3.69亿元缺口。

二、流动资金不足,继续申请贷款

草原兴发在拥有12亿元现金的情况下,依旧资金紧张,不得不请大股东质押自己的股权来申请贷款。目前第一大股东赤峰市银联投资有限责任公司已经质押87 154 840股(占总股本21.30%)给建设银行,第二大股东赤峰大兴经贸有限责任公

司已经将 27 476 480 股(占总股本 6.72%)质押给中国银行,第三大股东赤峰万顺食品有限责任公司已经将 20 215 967 股(占总股本 4.94%)押给中国银行。三大股东总共为草原兴发申请到 3.35 亿元授信额度,主要用于草原兴发主营业务的开展及经营性周转。

企业既然有 12 亿元的现金在账上,为何还要麻烦大股东质押公司的股权来申请贷款?

三、四处举债,不惜花费巨额财务费用

草原兴发的短期借款、财务费用、净利润和资产收益率如下:

报告期	短期借款(元)	财务费用(元)	净利润(元)	净资产收益率
2005-9-30	1 493 050 000	56 180 070	41 322 102	2.08%
2005-6-30	1 404 000 000	39 565 116	24 671 561	1.35%
2005-3-31	1 379 000 000	21 754 866	8 689 359	0.44%
2004-12-31	1 469 000 000	76 451 627	44 046 067	2.26%
2003-12-31	1 236 526 000	76 977 702	39 016 431	2.08%
2002-12-31	981 566 000	58 665 432	70 902 962	6.73%
2001-12-31	519 000 000	27 248 088	79 405 014	8.08%
2000-12-31	202 300 000	9 088 036	66 865 019	7.12%

公司的短期借款一直都在增长,债台高筑,因此付出了巨大代价。从上表看,自从 2003 年起,公司的财务费用就远远超过了净利润。公司自 2003 年 1 月 1 日就有 4.4 亿元现金在账上,2004 年现金更是高达 10 亿多元,为何还要四处举债,而不动用账上的现金呢?

草原兴发从 2003 年起一直处于微利状态,而巨额现金也是在此时开始急剧蓄积起来的。公司业绩差的时候不但没有减少现金,反而大肆举债蓄积现金,究竟是何动机呢?

四、投资活动扑朔迷离

仔细观察草原兴发的财务报告,可以发现草原兴发 2003—2005 年这三年无形资产占总资产的比重在 31% ~39% 之间徘徊,而且购入无形资产和固定资产的现金流出大得惊人,但现金还是在急剧增加。这不禁让投资者担心其稳定性。

草原兴发 2003 年购建无形资产、固定资产、长期资产的现金支出为 10 亿元,其中用于构建无形资产的支出至少为 8 亿元,主要投向土地使用权。农业类公司投资土地使用权本来是很正常的。不过土地使用权的回收期非常长,而草原兴发依靠短期借款(2003 年借款流入的现金为 15 亿元,其中大部分是短期借款)融资,使得公司的偿债压力非常大,最后不得不借新债还旧债。2004 年借款流入的现金为 19 亿元,2005 年第三季报已达 21.6 亿元。2003 年巨额的无形资产投资虽然使得销售额由 2002 年的

16 亿元上升至21 亿元,但营业利润由也有2002 年的7 559 万元下降至4 067 万元,经营活动收到的净现金量由2002 年的11 528 万元下降至3 300 万元。由此可见投资没有带来经济效益,反而减少了利润。

2003 年8 亿多元的无形资产投资去向模糊,只简单公布了无形资产中土地使用权、非专利技术、专利权、商标注册费、软件的总额,土地使用权增加了8.6 亿元。对于如此巨大的投资支出,公司在年报上只公布了一个数字,也太过于简洁了。之前有个知名的农业上市公司舞弊,就是出在没有详细披露的巨额资产上。

五、天灾人祸齐降临

正当草原兴发因高额负债所带来的沉重负担苦苦挣扎时,天公不作美,禽流感疫情暴发。不仅禽类销售额急剧下降,而且病发点距离其生产基地仅100 千米,农户不再合作,销毁大量种鸡和商品鸡。截至2005 年12 月27 日,因禽流感疫情已实际赔付33 910 万元。在危难时刻,草原兴发选择申请贷款来缓解资金紧张的局势。难道账上的12 亿元现金不能动用吗?

资料来源:申草. 内蒙古造假三剑客:草原兴发,鄂尔多斯,亿利科技[EB/OL].(2007-11-01)[2008-07-23]. http://www.finance.sina.com.cn.

参考答案

一、单项选择题

1. B　　2. A　　3. D　　4. A　　5. A　　6. B　　7. C　　8. D　　9. C

【6-解析】选B。净现值是项目投产后各年净现金流量的现值合计与原始投资现值合计两者之差,获利指数则是两者之比。

【7-解析】选C。建设投资是指在建设期内按一定生产经营规模和建设内容进行的固定资产投资、无形资产投资和开办费投资等项投资的总称,它是建设期发生的主要现金流量。经营成本是经营期的现金流量。

【8-解析】选D。净现值法的优点有三:一是考虑了资金时间价值,增强了投资经济性的评价;二是考虑了项目计算期的全部净现金流量,体现了流动性与收益性的统一;三是考虑了投资风险性,因为折现率的大小与风险大小有关,风险越大,折现率就越高。但是,它不能反映项目的实际投资收益率。

二、多项选择题

1. ABC　　2. CD　　3. AB　　4. ABCD　　5. ABE　　6. BCD

【1-解析】选ABC。净现值指标考虑了投资的风险性,因为折现率的大小与风险大小有关,风险越大,折现率就越高,净现值就越小。

【2-解析】选CD。内涵报酬率指的是使项目的净现值为零的贴现率,而项目净

现值的计算与 C、D 有关，与 A、B 无关。

【6 - 解析】选 BCD。零存整取储蓄存款的整取额相当于普通年金的终值。

三、判断题

1. × 2. √ 3. × 4. × 5. × 6. √ 7. √ 8. × 9. √ 10. √

四、业务题

1. 根据上述资料，对铁锭 B 的处理有两种方案：一是直接出售；二是进一步加工为钢材 C 后出售。如果进一步加工成钢材 C，则：

钢材 C 产量 = 1 000 000 × 2/4 = 500 000（吨）

差量收入 =（500 000 × 11 000）-（1 000 000 × 5 000）= 50 000（万元）

差量成本 = 1 000 000 × 200 + 500 000 × 500 + 1 000 000 = 45 100（万元）

差量利润 = 50 000 - 45 100 = 4 900（万元）

计算结果表明，企业如果进一步加工成钢材 C 出售，利润会比直接出售铁锭 B 增加 4 900 万元，所以应将来铁锭 B 加工成钢材 C 出售。

2. 设 X_1 为普通车床与万能车床的成本分界点，X_2 为万能车床与数控车床的成本分界点，X_3 为普通车床与数控车床的成本分界点。则有如下方程：

$$\begin{cases} 400 + 12X_1 = 800 + 8X_1 \\ 800 + 8X_2 = 1\,800 + 4X_2 \\ 1\,800 + 4X_3 = 400 + 12X_3 \end{cases} \quad 解： \begin{cases} X_1 = 100（个） \\ X_2 = 250（个） \\ X_3 = 200（个） \end{cases}$$

可知：产品加工批量小于 100 时，采用普通车床成本最低，当产品加工批量大于 100 个但小于 250 个时，采用万能车床的成本最低；若产品加工批量超过 250 个，则采用数控车床最优。

3.（1）净现值法：

$$\begin{aligned} 净现值(A) &= 11\,800 \times (P, 10\%, 1) + 13\,240 \times (P, 10\%, 2) - 20\,000 \\ &= 11\,800 \times 0.909\,1 + 13\,240 \times 0.826\,4 - 20\,000 \\ &= 1\,669（元） \end{aligned}$$

$$\begin{aligned} 净现值(B) &= 1\,200 \times (P, 10\%, 1) + 6\,000 \times (P, 10\%, 2) + 6\,000 \times (P, 10\%, 3) - 9\,000 \\ &= 1\,200 \times 0.909\,1 + 6\,000 \times 0.826\,4 + 6\,000 \times 0.751\,3 - 9\,000 \\ &= 1\,557（元） \end{aligned}$$

$$\begin{aligned} 净现值(C) &= 4\,600 \times (P_A, 10\%, 3) - 12\,000 \\ &= 4\,600 \times 0.486\,9 - 12\,000 \\ &= -560（元） \end{aligned}$$

A、B 两项投资的净现值为正数，说明这两个方案是有利的，因而是可以接受的，C 方案净现值为负数，说明这个方案是不利的，因而应予放弃。A 和 B 相比，A 方案更好。

(2)内涵报酬率法:

①A 方案内涵报酬率

年份	现金净流量	贴现率 = 18%		贴现率 = 16%	
		贴现系数	现值	贴现系数	现值
0	(20 000)	1	(20 000)	1	(20 000)
1	11 800	0. 847	9 995	0. 862	10 172
2	13 240	0. 718	9 506	0. 743	9 837
净现值			(499)		9

内涵报酬率(A) = 16% + 2% × 9/(9 + 499) = 16. 04%

②B 方案内涵报酬率

年份	现金净流量	贴现率 = 18%		贴现率 = 16%	
		贴现系数	现值	贴现系数	现值
0	(9 000)	1	(9 000)	1	(9 000)
1	1 200	0. 847	1 016	0. 862	1 034
2	6 000	0. 718	4 308	0. 743	4 458
3	6 000	0. 609	3 654	0. 641	3 846
净现值			(22)		338

内涵报酬率(B) = 16% + 2% × 338/(22 + 338) = 17. 88%

③C 方案内涵报酬率

12 000 = 4 600 × (P,i,3)

(P,i,3) = 2. 609

内涵报酬率(C) = 7% + 1% × (2. 624 - 2. 609)/(2. 624 - 2. 577) = 7. 32%

A、B 两个方案的内涵报酬率均大于资金成本率 10%,可以接受,而 C 方案应放弃。

(3)投资回收期法:

①A 方案投资回收期

	现金流量	回收额	未回收额
原始投资	(20 000)		
现金流入			
第一年	11 800	11 800	8 200
第二年	13 240	8 200	0

回收期 = 1 + (8 200/13 240) = 1. 62(年)

②B 方案投资回收期

	现金流量	回收额	未回收额
原始投资	(9 000)		
现金流入			
第一年	1 200	1 200	7 800
第二年	6 000	6 000	1 800
第三年	6 000	1 800	0

回收期 = 2 + (1 800/6 000) = 2.3(年)

③C 方案投资回收期

回收期 = 原始投资额/每年现金净流入量

回收期 = 12 000 ÷ 4 600 = 2.609(年)

A 方案的投资回收期最短为 1.62 年,C 方案回收期最长为 2.609 年。综合考虑,应该选择的最优方案为 A 方案,因为 A 方案净现值是三个方案中最高的,投资回收期却最短,内涵报酬率略低于 B 方案;B 方案次之,C 方案应当放弃。

4. (1)更新设备比继续使用旧设备增加的投资额 = 新设备的投资 - 旧设备的变价净收入 = 40 - 7.5 = 32.5(万元)

(2)更新决策每年增加的折旧 = (40 - 7.5)/5 = 6.5(万元)

经营期 1 ~5 年每年增加的经营成本 = 118 - 110 = 8(万元)

经营期 1 ~5 年每年总成本的变动额 = 8 + 6.5 = 14.5(万元)

经营期第 1 年增加的销售收入 = 115 - 100 = 15(万元)

经营期 2 ~5 年每年增加的销售收入 = 170 - 150 = 20(万元)

所以,经营期第 1 年增加的净利润 = (15 - 14.5) × (1 - 30%) = 0.35(万元)

经营期第 2 ~5 年每年增加的净利润 = (20 - 14.5) × (1 - 30%) = 3.85(万元)

(3)固定资产提前报废发生净损失 = 10 - 7.5 = 2.5(万元)

因固定资产提前报废发生净损失抵减所得税 = 2.5 × 30% = 0.75(万元)

(4) $\Delta NCF_0 = -32.5$(万元)

$\Delta NCF_1 = 0.35 + 6.5 + 0.75 = 7.6$(万元)

$\Delta NCF_{2-5} = 3.85 + 6.5 = 10.35$(万元)

(5) $-32.5 + 7.6 \times (P/F, \Delta IRR, 1)\ 10.35 \times (P/A, \Delta IRR, 4) \times (P/F, \Delta IRR, 1) = 0$

当 $I = 14\%$ 时, NPV = 0.62

当 $I = 15\%$ 时, NPV = -0.20

$(\Delta IRR - 14\%)/(15\% - 14\%) = (0 - 0.62)/(-0.2 - 0.62)$

$\Delta IRR = 14.76\% \geqslant 10\%$

由于差额内部收益率大于资本成本 10%，所以应该更新。

五、案例分析

（一）某些特殊订单该不该接？

分析：从表面分析，1.48 元低于变动成本 1.5 元，不仅不能弥补固定成本，连变动成本都弥补不了，而且远远低于原来 2 元的批发价。但是由于工厂的剩余产能还有 400 万元，大于客户订单 200 万元，且如果接受了批发商的订单，工厂不需要负担额外的销售费用，这样就节省了 0.05 元的单位销售费用，使该笔订单的单位变动成本变为 1.45 元，低于订单价格 1.48 元，进而产生 0.03 元的单位边际贡献，显然工厂是可以接受这个订单的。在对工厂的销售、生产、营销策略没有任何影响的情况下，接受该笔订单可增加贡献毛利 6 万元。

（二）自制还是外购？

分析：从财务会计的角度看，通过计算设备租金、自有设备折旧费、直接材料、直接人工、变动性制造成本、其他固定成本等费用，得知 A 公司自制 10 000 个电子元件的成本为 8.2 元/个，远高于外购的 6.50 元/个，公司应该选择外购。

但按管理会计的理念，应该从相关成本角度出发，分析外购或自制的两种方案中，哪些是相关成本，哪些是不相关成本。由于自有设备折旧费、其他固定成本、已购买的材料不会因为自制或者外购决策而发生变化，因此是沉没成本，与决策不相关；另一半生产所需材料与决策相关，设备租金、人工、变动性制造成本都与决策相关。外购总成本高于自制 3 000 元，所以 A 公司应该选择自制。

（三）联合产品立即出售还是继续加工？

分析：通过计算，如果继续加工 A，增量收入为（4 - 3）×6 000 = 6 000 元，增量成本 8 000 元，增量利润为 - 2 000 元；继续加工 B，增量收入为（6 - 3.5）×4 000 = 10 000 元，增量成本 6 000 元，增量利润为 4 000 元。因此，A 产品应该立即出售，B 产品应该加工后出售。

这种问题决策的重点在于明确产品分离之前，联合成本已经发生，属于沉没成本。只要进一步加工带来的增量收入超过相应的增量成本，就值得进一步加工。

（四）如何在有限资源下组织生产？

分析：进行决策时我们不要把目光放到产品本身的边际贡献上，而应该关注企业的资源瓶颈如何利用。该企业每年的总产能为 20 000 机器小时，每小时可以生产 A 产品 1 件或 B 产品 2 件，所以 A 产品：单位边际贡献 18 ×20 000 = 36 万，B 产品：单位边际贡献 12 ×40 000 = 48 万，所以应该生产 B 产品。

（五）旧设备是否需要更新？

分析：用传统会计分析方法，通过对销售额、变动成本、其他固定成本、折旧、旧设备变卖、净收益等一系列数据的复杂对比、计算，可以得出购买新设备可增加净收益 25 000 元。

使用旧设备每年的收益 = 200 000 − 70 000 − 60 000 ÷ 5 − 100 000 = 18 000(元)

5 年的总收益 = 18 000 × 5 = 90 000(元)

使用新设备每年的收益 = 200 000 − 70 000 − 90 000 ÷ 5 − 80 000 = 32 000(元)

5 年的总收益 = 32 000 × 5 = 160 000(元)

新旧设备总收益的差异 = 160 000 − 90 000 = 70 000(元)

而运用管理会计思维,从相关成本角度分析:新设备带来的变动成本 5 年节省 100 000 元,加上旧机器的变卖价值 15 000 元,减去新机器的成本 90 000 元,便可直接看出购买新设备可增加净收益 25 000 元,购买新设备比继续使用旧设备更有利。

通过上述案例可以看出,面对复杂的业务情况,我们不要被杂乱的数据迷惑视线,只要找出与决策相关的成本、信息,就可以去伪存真,迅速、有效地进行各项经营决策,进而合理利用经济资源,取得最佳经济效益。

第十三章
会计控制

重点提示：标准成本的制订与责任会计基本原理成本差异计算与分析，成本中心、利润中心和投资中心的业绩考核。

难点提示：成本差异的计算与分析，成本中心、利润中心和投资中心的业绩考核。

一、单项选择题

1. 制定标准成本属于(　　)。
   A. 事前控制　　B. 事中控制
   C. 事后控制　　D. 事中与事后控制相结合的控制
2. 产品成本和责任成本是两个不同的概念，它们(　　)。
   A. 既相互区别又相互联系　　B. 是完全相同的
   C. 是完全不同的　　D. 成本计算对象不同
3. 考核成本中心的成本指标只能是(　　)。
   A. 财务成本　　B. 产品成本　　C. 制造成本　　D. 责任成本
4. 对利润中心的考核是通过(　　)指标来进行的。
   A. 销售收入　　B. 边际贡献　　C. 税前净利　　D. 可控成本
5. 剩余收益是一个(　　)。
   A. 相对数指标　　B. 绝对数指标　　C. 全面指标　　D. 综合指标

二、多项选择题

1. 责任会计的原则包括(　　)。
   A. 可控性原则　　B. 反馈性原则
   C. 责权利相结合原则　　D. 目标一致性原则
   E. 相关性原则
2. 成为责任中心必须具备的条件有(　　)。
   A. 有相对独立的地位，能独立承担一定的经济责任

B. 有一定的管理和控制能力

C. 上级管理能间接控制下属中心的管理活动,使之与企业管理总目标相协调

D. 有独立核算的条件

E. 综合的管理能力

3. 投资中心是要求同时对(　　)进行控制。

A. 利润　　B. 收入　　C. 成本　　D. 投资

E. 费用

4. 成本中心是指能够对(　　)负责的责任中心。

A. 成本　　B. 收入　　C. 利润　　D. 费用

E. 收益

5. 对于投资中心投资进行的考核时,主要采用的指标是(　　)。

A. 投资报酬率　　B. 投资的盈利

C. 剩余收益　　D. 投资增加的收入

E. 降低的成本

三、判断题

1. 制造成本的高低将直接影响企业当期的销售成本水平,但是对当期的损益影响不大。(　　)

2. 一般在制定标准成本时都是用“数量标准”乘以“价格标准”来确定的。(　　)

3. 材料成本脱离标准的差异,人工成本脱离标准的差异,制造费用脱离标准的差异,都可以分为“数量差异”和“价格差异”。(　　)

4. 标准成本是控制成本开支、衡量实际成本水平、评价工作业绩的尺度。(　　)

5. 计算数量差异要以标准价格为基础。(　　)

6. 制造费用标准成本是用工时标准单耗除以固定制造费用标准分配率来计算的。(　　)

7. 变动制造费用的用量差异又称为变动制造费用的开支差异。(　　)

8. 成本中心的成本控制只能由管理人员来执行。(　　)

9. 利润中心是指只对收入和利润进行控制的责任单位。(　　)

10. 企业的责任中心分为成本中心、利润中心和投资中心三大类型,三大中心的责、权、利要求一样。(　　)

四、业务题

1. 企业本月生产甲产品 400 件,使用材料 2 500 千克,材料单价 55 元/千克;直接材料的单位标准成本为 3 元,即每件甲产品耗用 6 千克直接材料,每千克材料的标准

价格为 50 元。

要求:(1)计算直接材料的价格差异;(2)计算直接材料的用量差异;(3)计算直接材料的成本差异。

2. 企业本月生产甲产品 400 件,实际使用工时 890 小时,支付工资 7 565 元,直接人工标准成本是 16 元/件,即每件产品标准工时为 2 小时,标准工资为 8 元/小时。

要求:(1)计算直接人工效率差异;(2)计算直接人工工资率差异;(3)计算直接人工的成本差异。

3. 某企业甲产品单位工时标准为 2 小时/件,标准变动费用分配率为 5 元/小时,标准固定制造费用分配率为 8 元/小时。本月预算产量为 10 000 件,实际产量为 12 000 件,实际工时为 21 600 元,实际变动制造费用与固定制造费用分别为 110 160 元和 250 000 元。

要求:(1)计算单位产品的变动制造费用标准成本;(2)计算单位产品的固定制造费用标准成本;(3)计算变动制造费用效率差异;(4)计算变动制造费用开支差异;(5)计算两种差异法下的固定制造费用耗费差异;(6)计算两种差异法下的固定制造费用能量差异。

4. 假设大地公司只生产一种产品(甲产品),甲产品的标准成本资料如下:

成本项目	标准用量	标准价格	标准成本(元)
直接材料	5 千克/件	3 元/千克	15
直接人工	3 小时/件	6 元/小时	18
变动制造费用	3 小时/件	4 元/小时	12
合计			45

甲产品 20×7 年 11 月的实际成本资料如下:(11 月共生产甲产品 4 000 件)

成本项目	实际用量	实际价格	实际成本(元)
直接材料	4 千克/件	4 元/千克	16
直接人工	2 小时/件	7 元/小时	14
变动制造费用	2 小时/件	5 元/小时	10
合计			40

要求:(1)根据上述资料计算成本差异;(2)分析说明成本差异产生的原因。

五、案例分析

成本控制案例:邯钢——项目成本逆向分解

钢铁行业是多流程、大批量生产的行业,生产过程的高度计划性决定了必须对生产流程各个工艺环节实行高度集中的管理模式。为了严格成本管理,一般依据流程将整个生产线划分为不同的作业单元,在各个作业单元之间采用某些锁定转移价格的办法。而邯钢在成本管理方面率先引入市场竞争手段,依据市场竞争力为导向,分解内部转移成本,再以此为控制指标,落实到人和设备上,将指标责任与奖罚挂钩,强制实现成本目标,达到系统最优。

“倒”出来的利润

对邯钢而言,要挤出利润,首先需要确定合理先进、效益最佳化的单位产品目标成本。公司根据一定时期内市场上生铁、钢坯、能源及其他辅助材料的平均价格,编制企业内部转移价格,并根据市场价格变化的情况每半年或一年进行一次修订,各分厂根据原材料等的消耗量和“模拟市场价格”核算本分厂的产品制造成本,也以“模拟市场价格”向下道工序“出售”自己的产品。获得的“销售收入”与本分厂的产品制造成本之间的差额,就是本分厂的销售毛利。销售毛利还需要作以下两项扣除:一是把公司管理费分配给分厂做销售毛利的扣除项,一般采用固定的数额(根据管理费年预算确定);二是财务费用由分厂负担,一般根据分厂实际占用的流动资金额参考国家同期同类利率确定。作这两项扣除后,就形成了本分厂的“内部利润”。

如三轧钢分厂生产的线材以前每吨成本高达 1 649 元,而市场价只能卖到 1 600 元,每吨亏损 49 元。经过测算,这 49 元全部让三轧钢分厂一个生产单元消化根本做不到。如果从原料采购到炼钢、轧钢开坯和成材各道工序的经济指标都进行优化,达到历史最高水平,就可扭亏为盈。邯钢三轧钢厂发现,为使产品的包装质量符合公司要求,修卷减去的线材头尾一个月上百吨,由此造成的损失超过 6 万元。为了降低成本三轧钢厂对卷线机进行了技术改造,在充分保证包装质量的前提下,轧用量降低了 40%,吨材成本下降 8 元。其他流程环节也纷纷采取不同手段降低成本:开坯的二轧钢厂挖潜降低 5 元/吨坯,生产钢锭的二炼钢厂挖潜降低 24.12 元/吨钢,原料外购生铁每吨由 780 元降到 750 元以下。这样,环环相扣,$8+5+24.12+(780-750)>49$,亏损变为了盈利。

当时,总厂分别对各生产单元下达了目标成本,其中对三轧钢分厂下达了吨材 1 329 元的不赔钱成本指标。这一似乎高不可攀的指标,给了分厂压力,但又是合理的。因为这既是从市场“倒推”出来的,又是根据分厂的历史水平并比照先进水平测算出来的,再下调就意味着邯钢要出现亏损。压力就变成了动力。面对新的成本目标,只能扎实工作,努力实现。

三轧钢分厂组成专门班子,也将工段进行层层分解,将总厂下达的新成本“倒推”的办法,测算出各项费用在吨钢成本中的最高限额。比如各种原燃料消耗、各项费用指标等，大到840多元（时价）1吨的铁水，小到仅0.03元的印刷费、邮寄费，横向分解落实到科室，纵向分解落实到式段、班组和个人，层层签订承包协议，并与奖惩挂钩，使责、权、利相统一，使每个单位、每个职工的工作都与市场挂起钩来，经受市场的考验，使全厂形成纵横交错的目标成本管理体系。

为促使模拟市场核算这一机制的高效运转，当然需要严格的奖惩机制保驾护航。在考核方法上，公司通常给分厂下达一组目标成本和目标利润。分厂制造成本低于目标成本，即形成成本降低额或称贷差，作为计奖或不“否决”奖金的依据，反之则“否决”奖金。实际内部利润大于目标利润的差额，通常也被当作计奖的依据。在现实中，有的公司以考核成本降低额为主，有的以考核内部利润为主。由于成本降低本身就是增加内部利润的因素，有的公司为了避免重复计奖，就将成本降低额从内部利润增加额中扣除，作为增加内部利润的计奖基数。在保证基本收入前提下，加大奖金在整个收入中的比例，奖金约占工资的40%～50%；设立模拟市场核算效益奖，按年度成本降低总额的5%～10%和超创目标利润的3%～5%提取，仅1994年效益奖就发放了3 800万元。结果，三轧钢分厂拼搏一年，不仅圆满实现了目标，而且扭亏为盈，当年为总厂创利润82.67万元。

协同的正向循环

这种用以市价为基础的内部成本倒推分解法，把产品成本、质量、资金占用、品种结构等因素纳入完整的考核体系之中，给了成本中心更大的责任和压力，使分厂在有限的决策权之下，有了除降低成本以外的增利手段。分厂增强了危机感和紧迫感。由于实行优质优价的定价原则，鼓励分厂提高产品质量以增加“销售收入”，也使他们有了寻求质量与成本最佳结合点的权利；利息作为内部利润的扣除项，有利于量化资金占用水平，鼓励分厂压缩资金占用；通过对不同品种合理定价，鼓励分厂结合市场需求调整产品结构。项目成本倒推分解这种方法从根本上改变了各个流程成本控制于总成本控制之间的关系，使个人将自己对总成本控制的贡献直观相关联，个人的晋升与发展也与这些贡献相关联，从而形成了良性循环。

邯钢推行项目成本分解制后，在1993年以来国内钢材价格每年降低的情况下保持利润基本不减，1994—1996年实现利润在行业中连续三年排列第三名，1997—1999年上升为第二名。1999年邯钢钢产量只占全国钢产量的2.43%，而实现的利润却占全行业利润总额的13.67%。冶金行业通过推广邯钢经验，钢材成本大幅度降低，1997年以来全行业成本降低基本与钢材降价保持同步，1999年成本降低还超过了钢材降价的幅度，不仅使全行业经济效益呈现恢复性提高，而且为国民经济提供了廉价的钢材，缩小了高于国际钢价的价格差，增强了中国钢铁工业的国际竞争能力。

事实上，不只在钢铁行业，其他有色金属业、机械行业、化学工业、制糖业、造纸业等都具有邯钢这种大批量多流程生产的特点。邯钢成功地实施“模拟市场核算、倒推单元成本、实行成本否决、全员成本管理”这一全新的企业经营机制，因此在全国掀起了学邯钢的一轮浪潮。

分析:(1)你认为邯钢的“模拟市场核算、倒推单元成本、实行成本否决、全员成本管理”的精髓是什么?(2)其他与邯钢一样具有这种大批量多流程生产特点的行业,应该怎样学习邯钢的成本控制成本管理方法呢?

资料来源:周锡冰. 成本控制案例:邯钢——项目成本逆向分解[J]. 中国商业评论,2005(7).

六、补充阅读资料

成本控制案例:格兰仕——固定资产虚拟扩张

规模和效益有时候并不同步,与规模相伴而行的固定资产投资成为很多工业企业难以摆脱的达摩克利斯之剑。一旦销售出现问题,这柄利剑就会落下。广东格兰仕充分结合中国人力、土地廉价优势,采取 OEM 的方式换取生产线,然后采取内部挖潜,利用生产线的剩余生产能力为自己生产产品。这种使用权的虚拟扩张方式迅速构造了格兰仕竞争力的成本动因,创造了微波炉制造、光波炉制造第一的世界奇迹。

降价成长的优美曲线

“价格战”是企业竞争中最残酷也是最有效的手段,没有什么比价格战更能摧残企业资源的方式了,但是格兰仕却将这个手段发挥到了极致。

当梁庆德将企业改名为格兰仕(GALANZ)的时候,他就已经立志要创出一个闪耀全球的品牌。1993 年格兰仕第一批 1 万台微波炉正式下线,虽然销售步履艰难,但是梁庆德的目光已经聚焦在 100 万台的数量级。到了 1996 年,格兰仕微波炉产量增至 60 万台,随即在全国掀起了大规模的降价风暴,当年降价 40%。降价的结果是格兰仕产量增至近 200 万台,市场占有率已经达到 47.1%。此后,格兰仕高举降价大旗,前后已经进行了 9 次大规模降价,降幅最低为 25%,一般都在 30% ~40%,被业界誉为“价格杀手”。

规模扩大带动的是成本下降,微波炉降价又直接扩大了市场容量,企业资金回流也相应增加,企业规模再次扩大,成本再次下降……这个简单的循环引起了中国微波炉一波又一波的价格战。至今,微波炉的年产销售量已达到 1 500 万台,国内市场占有率高达 70%,国际市场占有率高达 35%,演绎了一条优美的成长曲线。

价格屠夫的真正底牌

格兰仕能够打“价格战”的基础就是从大规模中获取规模效益,但是从另一方面来看,与规模扩大相伴生的就是固定投资的增大。一个企业最大的投资是设备投资,制造企业的设备投资更是庞大。这不仅仅会影响企业现金流,固定资产的折旧还会导致价格竞争力的下滑。

与收购国外企业或者生产线相反,格兰仕走了一条虚拟联合规模扩张的路子,不仅没有动用自有资金投资固定资产,而是将别人的生产线一个个地搬到了内地,建这些厂用的还是别人的钱。规模的扩大不仅仅没有让格兰仕背上沉重的成本包袱,反而成为克敌制胜的不二法门。格兰仕通过固定资产的虚拟式扩张完美地为价格战做了一个经典注解。

本来格兰仕没有微波炉的变压器生产线,但格兰仕有质优价廉的生产能力。在认清了自己的优势以及对方的目标后,梁庆德运用成本优势的支点,"虚拟"出了自己的生产线。以微波炉的变压器为例,格兰仕开始时分别向日本和欧洲进口,从日本的进口价为23美元,从欧洲的进口价为30美元。梁庆德对欧洲的企业说:"你把生产线搬过来,我们帮你干,然后8美元给你供货。"日本的企业在成本的挤压下倍感煎熬,这时,梁庆德对日本企业说:"你把生产线搬过来,我们帮你干,干完后5美元给你供货。"于是,一条条先进的生产线都逐渐搬过来了,规模大了,专业化、集约化程度高了,成本也大幅度降下来,格兰仕现在生产变压器的实际成本只要4美元。

与此同时,格兰仕每天实行三班倒24小时工作,一条生产线可创造出相当于欧美企业的6~7条生产线的产能。"我们拼进去的是工与费,换回来的是一周六天的生产效益",不分昼夜的格兰仕将对手远远抛在后面。扣除为别人代工生产的时间,格兰仕还可以保证满足自己的产量要求。加之双方的工资水平、土地使用成本、水电费、劳动生产率等相差较大,并且大大节约了固定资产投资,格兰仕获得了其他企业无可比拟的总成本优势。

紧接着,格兰仕趁热打铁,进一步整合国际资源,从元配件再到整机,又开始直接为跨国公司做OEM。目前格兰仕已经同200多家跨国公司建立了合作关系,许多跨国公司将附加值微薄的微波炉等产业战略转移到格兰仕,通过优势互补,格兰仕实现了生产力水平的进一步提升。目前,格兰仕制造的变压器等配套元器件一年的产能已突破2 000万个,其中一半左右的产量要返销到发达国家,在磁控管、定时器、微动开关、集成电路、微型电机等元器件、零部件的生产制造方面同样达到了国际一流水准。

虚拟扩张的整合思维

格兰仕这种虚拟扩张的要诀在于其特殊的资源嫁接方式,一方面利用了中国的劳动力优势和庞大的市场规模,另一方面将国外的生产线拿过来又无形中得到了国外现成的市场,这又为规模的扩张提供了市场支持。现在在格兰仕的生产车间堆满了花花绿绿的盒子,贴着GE、晶石、翡利(英文名称Fillony)、哈利士(英文名称Harvard)各色标志的微波炉从这里运往世界各地。

这种通过合理整合全球家电产品生产力的方式,不仅大大降低了成本,而且成功地甩掉了市场风险、固定资产投资风险等"三大风险",平衡地并购了全球多家家电企业,顺利地实现了资本、市场的同步扩张,从而使自己能够在一轮价格战中立于不败之地。

经济师梁庆德对价格战有着独到的理解:"这个看似很简单的策略背后是一个价值链条,你必须最大可能地掌控这个价值链条,才能拥有别人所没有的降价空间。"利用类似办法,格兰仕将自己的触角伸入到了空调行业,先后引进了80条组装及零配件生产线。格兰仕的出口额已经从2004冷冻年度(指2003年秋天至2004年夏天)的国内企业第三名冲向第二名。

资料来源:周锡冰. 成本控制案例:格兰仕——固定资产虚拟扩张[J]. 中国商业评论,2005(7).

参考答案

一、单项选择题

1. A　2. A　3. D　4. B　5. B

二、多项选择题

1. ABCD　2. ABC　3. BCD　4. AD　5. AC

三、判断题

1. ×　2. √　3. √　4. √　5. √　6. ×　7. ×　8. ×　9. ×　10. ×

四、业务题

1. (1)直接材料的价格差异 = 2 500 × (55 − 50) = 12 500(元)

(2)直接材料的用量差异 = (2 500 − 400 × 6) × 50 = 5 000(元)

(3)直接材料的成本差异 = 实际成本 − 标准成本 = 2 500 × 55 − 400 × 6 × 50
= 137 500 − 120 000 = 17 500(元)

2. (1)直接人工效率差异 = 890 × (7 565 ÷ 890 − 8.00) = 890 × (8.50 − 8.00)
= 445(元)

(2)直接人工工资率差异 = (890 − 400 × 2) × 8 = (890 − 800) × 8 = 720(元)

(3)直接人工的成本差异 = 实际成本 − 标准成本 = 7 565 − 400 × 2 × 8
= 7 565 − 6 400 = 1 165(元)

3. (1)单位产品的变动制造费用标准成本 = 2 × 5 = 10(元)

(2)单位产品的固定制造费用标准成本 = 2 × 8 = 16(元)

(3)变动制造费用效率差异 = (21 600 − 12 000 × 2) × 5 = −12 000(元)

(4)变动制造费用开支差异 = (110 160/21 600 − 5) × 21 600 = 2 160(元)

(5)固定制造费用耗费差异 = 250 000 − 10 000 × 2 × 8 = 90 000(元)

(6)固定制造费用能量差异 = (10 000 × 2 − 12 000 × 2) × 8 = −32 000(元)

4. (1)直接材料差异:

①直接材料的价格差异 = 4 000 × 4 × (4 − 3) = 16 000(元)

②直接材料的用量差异 = (4 000 × 4 − 4 000 × 5) × 3 = −4 000 × 3 = −12 000(元)

③直接材料的成本差异 = 16 000 − 12 000 = 4 000(元)

最低直接人工差异:

①直接人工效率差异 = (4 000 × 2 − 4 000 × 3) × 6 = −4 000 × 6 = −24 000(元)

②直接人工工资率差异 $=4\ 000\times2\times(7-6)=8\ 000$(元)

③直接人工的成本差异 $=(4\ 000\times2\times7)-(4\ 000\times3\times6)=-16\ 000$(元)

$=8\ 000-24\ 000=-16\ 000$(元)

变动制造费用差异:

①变动制造费用效率差异 $=(4\ 000\times2-4\ 000\times3)\times4=-16\ 000$(元)

②变动制造费用开支差异 $=(5-4)\times(4\ 000\times2)=8\ 000$(元)

③变动制造费用总差异 $=(4\ 000\times2\times5)-(4\ 000\times3\times4)=-8\ 000$(元)

$=-16\ 000+8\ 000=-8\ 000$(元)

(2)分析说明成本差异产生的原因略。

五、案例分析

(1)邯钢在成本管理方面率先引入市场竞争手段,依据市场竞争力为导向分解内部转移成本,再以此为控制指标,落实到人和设备上,将指标责任与奖罚挂钩,强制实现成本目标,达到系统总和最优。其精髓是在企业内部实行市场化,全员参与成本管理。

(2)其他的企业向邯钢学习成本控制成本管理的方法时,应该从实际出发,根据自身的特点和管理要求来进行。首先,企业应建立完善的成本控制责任制,任何管理活动都应建立在责权利相结合的管理体制基础上,才能取得成效。其次,搞好成本预测,确定成本控制目标。成本预测是成本计划的基础,为编制科学、合理的成本控制目标提供依据。成本预测对提高成本计划的科学性、降低成本和提高经济效益,具有重要的作用。再次,在生产经营环节进行全方位的成本管理。成本控制是贯穿在企业供应、生产、销售的每个环节的。成本管理是企业生存和发展的基础和核心。